人文社会科学通识文丛 | 总主编◎王同来

关于**经济学**的100个故事

100 Stories of Economics

陈鹏飞◎编著

南京大学出版社

图书在版编目(CIP)数据

关于经济学的100个故事 / 陈鹏飞编著. —南京：
南京大学出版社，2012.6(重印)
(人文社会科学通识文丛 / 王同来主编)
ISBN 978-7-305-08072-2

Ⅰ.①关… Ⅱ.①陈… Ⅲ.①经济学-青少年读物
Ⅳ.①F0-49

中国版本图书馆 CIP 数据核字(2011)第 015908 号

本书经上海青山文化传播有限公司授权独家出版中文简体字版

出版发行	南京大学出版社
社　　址	南京市汉口路22号　邮　编　210093
网　　址	http://www.NjupCo.com
出版人	左　健
丛书名	人文社会科学通识文丛
书　　名	关于经济学的100个故事
编　　著	陈鹏飞
责任编辑	王日俊　　　　编辑热线　025-83592193
照　　排	南京南琳图文制作有限公司
印　　刷	常州市武进第三印刷有限公司
开　　本	787×960　1/16　印张 15.25　字数 330 千
版　　次	2012年6月第1版　2012年6月第3次印刷
ISBN	978-7-305-08072-2
定　　价	32.00 元

发行热线　025-83594756
电子邮箱　jryang@nju.edu.cn

＊版权所有，侵权必究
＊凡购买南大版图书，如有印装质量问题，请与所购
　图书销售部门联系调换

江苏省哲学社会科学界联合会
《人文社会科学通识文丛》编审委员会

主　　　任　王同来
成　　　员（按姓氏笔画为序）

　　　　　　王月清　左　健　叶南客　汤继荣
　　　　　　刘宗尧　陈冬梅　杨金荣　杨崇祥
　　　　　　李祖坤　吴颖文　张建民　陈玉林
　　　　　　陈　刚　金鑫荣　高志罡　董　雷
　　　　　　潘文瑜　潘时常

文丛总主编　王同来
文丛总策划　吴颖文
选题策划组　王月清　杨金荣　陈仲丹
　　　　　　　倪同林　王　军　刘　洁

概 述

自从亚当·斯密(Adam Smith)在公元 1776 年发表《国富论》(*The Wealth of Nation*)以来,经济学在各学科甚至实务领域的应用已有了相当长的时间,而其方法论的严谨性也是举世所公认的,例如国际学术最高荣誉的诺贝尔奖中也设有经济学奖,可见本学科的重要性和受世人重视的程度。

在全球化的今天,随着信息技术的发展、各国间合作与竞争的加强、社会分工的进一步明确,了解经济学、研究经济学尤显重要。现代经济学是研究混合经济条件下,稀缺资源的合理配置与利用的科学。根据研究对象和所要解决问题的不同,经济学又分为微观经济学、宏观经济学两个部分。

微观经济学研究个人角色——家庭、企业、社会——在经济舞台上的表现。宏观经济学关心的是经济社会作为一个整体到底发生了什么事情。

此类研究都涉及到国家经济发展、企业合理规划和人们的日常起居,用详细的理论和普遍的例证使经济学发展速度达到了令不少学科望尘莫及的地步,使经济学被誉为社会科学中的"皇后"。

在现实中,我们的生活也时刻被经济学的影子所萦绕,就连你的婚姻都充满着经济学的味道。虽然如此,但真正了解经济学并能为己所用的人却为数不多。

土豆炖牛肉本是一道非常简单而美味的食物,可我们真正将二者合而为一却经过了几百年。因为我们不知道自己是否具备绝对优势和相对优势优势而拒绝物品交换。

我们都知道"鱼和熊掌不能同时兼得的道理",却时常选择错误。本来在一定时间内,我们可以获取 100 万的广告费,却偏偏为了织一件只有 25 块钱的毛衣,而白白损失了 100 万。为什么会这样,因为你不懂机会成本,不知道哪种选择更能给你带来效益。

　　人人都爱精打细算，但这种"细算"却往往使我们处在路径依赖中，就好比走上了一条不归之路，惯性的力量使这一选择不断自我强化，让我们轻易走不出去，因为我们心疼那些沉没成本。

　　……

　　经济跟我们的生活的确息息相关，所以掌握一些经济学原理，以便使自己在面对问题时作出的抉择更加理性、更合理。但问题是，随手翻开那些充满图标和数字的经济类书籍，枯燥的词句、生涩的阐述、深奥的理论，讲述的尽是些普通老百姓无法理解的东西。我们编著这本书就是基于这类情况。

　　本书力主简约不简单，透过我们日常生活中一些众所周知的故事，以及一些名人的成功案例等，来诠释经济学的理论与方法，并分析、解释经济学领域的各种现象。

目 录

第一部 微观经济学故事

1. 土豆炖牛肉的来龙去脉——交换的缘起　2
2. 哥伦布的契约与错误——创新与偶然性　5
3. 不做家务的彼德——比较优势与贸易　7
4. 为什么鲁军能以少胜多——X效率理论　9
5. 处于淡季的航空公司——固定成本与可变成本　11
6. 为什么他们只有150元的工资——工资的决定　14
7. 高工资为什么换不来高效率——效率工资的作用　16
8. 小麦炼钢术——自由贸易　19
9. 灯塔公营还是私营——产权保护　21
10. F省煤矿怎么就成了私人的——外部性与市场失灵　23
11. 交通事故防患于未然——安装红绿灯的成本　25
12. 劣币何以驱逐良币——格雷欣法则　27
13. 天安门城楼游览证书——炫耀性消费　30
14. 谁为奢侈品税收付出代价——弹性与税收归宿　33
15. 渔翁为什么要大不要小——消费欲望与需求　36
16. 萧何何以月下追韩信——人才经济学　39
17. 谁泄漏了大庆油田的情报——信息经济学与情报经济学　42
18. 杜莎夫人蜡像馆不良行为——公共地悲剧　44
19. 涨价幅度急增的羊肉粉——限制价格　46
20. 受政府保护的小本产业——支持价格　48
21. 驴子的坏主意——信用经济　51
22. 小偷也懂经济学——成本效益　53
23. 明星织毛衣的机会成本——机会成本　55
24. 诚信是最好的竞争手段——诚信与长远利益　57
25. 请兑现你的承诺——诚信与发展　59

目 录

26. 偷瓜的成本——个人信用	61
27. 三个女郎和边际量——边际成本和边际效益	63
28. 开宝石加工店的米开朗琪罗——经济中的风险与防范	65
29. 解决污染的办法——科斯定理成立的条件	67
30. 养狗与扰民——交易成本	69
31. "大长今"缘何作假——建全市场体制	71
32. 从石头到稀世珍宝——价格的决定	73
33. 生命的价值——效用理论	75
34. 死比活更值钱——消费者剩余	77
35. 乞丐的三代祖宗——经济流动性	79
36. 老太太买菜——信息与搜寻成本	81
37. 孔融让梨——收入分配与经济发展	83
38. 曾子杀猪的原委——外部性消除	85
39. 为什么生产煤的人没有煤烧——相对过剩与供需平衡	88
40. 拉面经济——劳务输出	90
41. 倒卖火车票的该与不该——自由市场	92
42. 镉污染"造就"女儿国——排污权交易	94
43. 用诚实换来国王宝座——诚实的价值	96
44. 为什么汽车都是你们的——仇富与原罪	98
45. 从玉箸看亡国——棘轮效应	100
46. 经济学中的木桶定律——利润与风险防范	102
47. 可怜天下父母心——机会成本	104
48. 日本人说了算——控股权的实效性	106
49. 税收带来的"无谓损失"——资源配置与效率	108
50. 要风景还是要产权——产权的重要性	110
51. 另一只"看不见的手"——价格歧视	112
52. 婚姻中的经济学——交易成本和机会成本	114
53. 老翁娶少女的经济学分析——商业交易	116
54. 穷人经济学——马太效应	118
55. 可怕的沉没成本——路径依赖	121
56. 主流经济学家的消费——效用最大与边际效用递减	123
57. 消费换来享受还是债务——住房投资	125

58. 都是倒卖批文惹的祸——寻租行为　　127

第二部　宏观经济学故事

59. 囚犯命运掌握在谁手里——最优政策　　130
60. 如何分粥才公平——制度的作用　　133
61. 花钱的艺术——总需求决定理论　　135
62. 每天进步1%——技术进步与经济增长　　137
63. 气象家的生财经——预期的形成与作用　　139
64. 卢卡斯的辉煌与尴尬——理性预期革命　　142
65. 宏观调控不是筐——宏微观经济政策的不同　　145
66. 小作坊的1 231美元的投入——投入与增长　　147
67. 吃狗屎换来GDP——国民生产总值　　149
68. 傻瓜与股市——股市中的价格和需求量　　151
69. 圈地运动的另类诠释——房地产与供求　　153
70. 第一张邮票的价值——邮市和价值　　155
71. 通货膨胀的外实内虚——通货膨胀　　157
72. 机制才是硬道理——机制的作用　　160
73. 凯恩斯的最大笨蛋理论——期货的利与弊　　162
74. 亚洲金融风暴中的蝴蝶效应——金融危机与货币危机　　164
75. 破窗缘何又被击破——破窗理论　　166
76. 克林顿也没办法——自然失业　　168
77. 失业中的多米诺骨牌效应——隐性失业　　170
78. 就业难的经济学分析——中国就业问题　　172
79. 卖水与买水的道人——货币与交换　　174
80. 从"9·11"看恐怖主义对美国经济的影响——短期与长期　　177
81. 微软垄断与反托拉斯政策——垄断与反垄断法　　180
82. 我们所认识的经济学家——像经济学家一样思考　　182
83. 小布什减税失败——持久收入假说　　184
84. 贸易逆差导致美国净资产流失了吗——货币的含义与功能　　187
85. 雅浦群岛上的"费"——货币的意义　　189

第三部　经济学其他相关故事

86. 猎人与猎狗的博弈之道——效率与收益递减	194
87. 皇帝为什么要杀掉功臣——代理理论	197
88. 哈雷彗星和少校——决策信息传递失真	200
89. 夜叉的烟幕弹——信息的不完全性	202
90. 老鼠的风险——风险型决策	204
91. 小老板的困惑——经营权和所有权	206
92. 与鲨鱼有关的100枚金币分配法——收益最大化	208
93. 平均主义下的南郭先生——平均与分配	211
94. 超级明星超级Fans——明星效应和广告效应	213
95. 借"洋"鸡生"土"蛋——境外投资	215
96. 四大美女值多少钱——美女效应	217
97. 老人的决策——风险投资	220
98. 与人交往中的经济学——竞争与适应	222
99. 亏本买卖也得做——固定成本和可变成本	224
100. 捐钱还是捐物——社会福利	226
历年获诺贝尔经济学奖名单一览表	228

第一部
微观经济学故事

1. 土豆炖牛肉的来龙去脉
——交换的缘起

> 机会成本就是为了得到某种东西所必须放弃的其他东西。即使牧羊人种土豆和养牛都擅长,两相比较,他生产其中一样东西的机会成本仍然会偏高,而生产另一种东西的成本则会偏低。因此带来比较优势的压抑,那么人们自然会选择从事机会成本较低的活动。

很久以前,在一个村落里,住着三十多户人家,他们都过着自给自足的简朴生活。其中有两户人家,一个是牧羊人,另一个是农夫。牧羊人家里养了很多健硕的奶牛和绵羊,然后生产牛羊肉自行消费;农夫有一块肥美的田地,以种植土豆为生。

无论艳阳高照还是暴风骤雨,他们每天都要工作8个小时来生产牛肉和土豆,才能维持生计。他们觉得这很好,彼此之间也从未想到用自己的东西来跟对方交换。

这种情况经过N年之后依然没有什么变化,直到有一天,牧羊人不小心将一个土豆掉进了他的牛肉汤里,当他品尝到跟以前完全不一样的美食时,他突然对自己的牛羊肉充满了反感。这时候,每天闻着隔壁美味肉汤的农夫,也开始讨厌自己的土豆食品。他们望望彼此,心照不宣地进行了食品的交换。就这样,自给自足的经济格局被打破。

简单的交换之后,大家都尝到了甜头,随着社会的发展,牧羊人和农夫都可以生产对方的产品。不过他们怎样选择分配自己的产品呢?他们每天的工作时间都是8小时,牧牛人生产一斤土豆的时间是30分钟,生产一斤牛肉的时间是40分

钟,而农夫生产一斤土豆的时间是 15 分钟,生产一斤牛肉的时间是 80 分钟。那么他们的生产函数如下:

时间与产量\生产者	生产1斤土豆时间(t)	生产1斤牛肉时间(t)	8小时平均产量（土豆）	8小时平均产量（牛肉）
牧羊人	30	40	16	12
农　夫	15	80	32	6

这样的一种状况使得农夫和牧羊人都有自己的优势。牧羊人更适合生产牛肉,农夫更适合生产土豆,这样一来导致了分工,牧羊人专门生产牛羊肉,农夫专门生产土豆。这样的状况维持了一段时间,交换使得他们的生活更好。

过了一点时间之后,由于牧羊人有了足够的资金,所以他出去学习专业的知识和技能,回来后他生产土豆的效率大大提高,比农夫的效率还要高,10 分钟可以生产一斤土豆。他们的生产函数变为:

时间与产量\生产者	生产1斤土豆时间(t)	生产1斤牛肉时间(t)	8小时平均产量（土豆）	8小时平均产量（牛肉）
牧羊人	10	40	48	12
农　夫	15	80	32	6

这样,牧羊人就想:我的生产效率都比农夫高,我是否还需要同农夫进行贸易呢?

有一天,村里来了一位经济学家,他看到这样的状况之后,就赞同牧羊人和农夫进行交易。他认为,在不交易的情况下,牧羊人的最优是生产 6 斤牛肉 24 斤土豆,而农夫的最优生产是 3 斤牛肉和 16 斤土豆。他找来农夫,让他专门生产土豆,生产 32 斤的土豆,牧羊人用 3 斤牛肉跟他换 14 斤土豆,那么农夫的产量变成了 3 斤牛肉和剩下的 18 斤土豆。农夫的状况变好了——增加了 2 斤土豆。

现在来分析牧羊人,他的生产变成 9 斤牛肉和 12 斤土豆,他用 3 斤牛肉向农夫换了 14 斤土豆,牧羊人的产量变成了 6 斤牛肉和 26 斤土豆。牧羊人的状况变好了——增加了 2 斤土豆。

牧羊人很奇怪,问经济学家,怎么就变好了?经济学家就说,在大家看来,你什么都比农夫强,你具有绝对的优势。但是有绝对优势的同时,你必然在比较优势的条件下,某一方面不如农夫。可以这样说,你生产一斤牛肉的时间,只能用来生产 $48 \div 12 = 4$ 斤土豆。而对于农夫来说,他生产一斤牛肉的时间,可以用来生产

32÷6＝5.3斤土豆,这么说,对与总体来说,农夫生产土豆更有优势。

农夫和牧羊人的故事还在继续,贸易的好处已经昭然若揭,在贸易中农夫和牧羊人都尝到了甜头:大家都能吃到土豆炖牛肉,而且收益不菲。所以无论是生产单样产品的自给自足,或者生产多样产品的自给自足都无法达到交换的效果。因为交易本身还存在一个机会成本的问题。所谓机会成本就是为了得到某种东西所必须放弃的其他东西,即使牧羊人种土豆和养牛都擅长,两相比较,它生产其中一样东西的成本仍然会偏高,而生产另一种东西的成本则会偏低。因此带来比较优势的压抑,那么人们自然会选择从事机会成本较低的活动。对于牧羊人来说,他生产一斤土豆的成本要比生产一斤牛肉的成本高得多,所以他只有生产牛肉才能获得最大利润,而农夫恰恰相反。所以既有土豆炖牛肉吃,又能获利的,只有选择适合自己的,然后拿出多余的与他人交换。

小知识

乔治·施蒂格勒(George J. Stigler)

乔治·施蒂格勒,1911年1月17日生,美国经济学家,曾为爱荷华州立大学助理教授,明尼苏达大学助理教授、副教授、教授,布朗大学(Brown University)教授,哥伦比亚大学教授,芝加哥大学华尔格林美国机构杰出服务经济学教授。重要著作有:《公民与国家:管制论文集》、《经济史论文集》、《产业的组织》、《生产与分配理论》、《价格理论》等。于1982年获得诺贝尔经济学奖。

2. 哥伦布的契约与错误
——创新与偶然性

> 偶然性在经济生活中比比皆是,经济研究不要过分追求所谓的必然性;巧妙的错误比笨拙的真理更能推动经济学的发展。

哥伦布在航海之前,与西班牙国王和王后订立了契约,契约详细规定了双方的权利与义务。国王与王后对哥伦布发现的新大陆拥有宗主权,而哥伦布对前往新大陆经商的船只可以征收10%的税,对自己运往西班牙的货物实行免税。这是一条很重要的契约。可以说正是这个契约确保了哥伦布航海的经济动力,促使他努力发现新大陆的财富。反观中国明代,郑和下西洋前可能与皇帝订立合同吗?非但不能,而且郑和及其一切航海船只与行为均属于皇帝私人所有,是一次政治性的私人出巡。世界经济史上有哥伦布,但没有郑和,尽管后者下西洋的规模可以称得上亘古未有。

哥伦布的航海掀起了一个新时代,我们经常这么说。可是哥伦布怎么会有这么大的能量?其实,就在于其自身的利益。哥伦布在航海之前与西班牙王室有契约,这个契约是他自身利益的一个保障。如同雇主和雇员签订的合同一样。就哥伦布来说,他还是个具创新才能的人,为什么别人没有出海航行,为什么哥伦布会想到跟王室签订合同,为什么只有他留名于世,比他更早发现好望角的人怎么就没有这么幸运? 这里除偶然性因素外,还跟哥伦布这个人的创新性分不开。

什么是创新呢?创新这个概念是美国经济学家熊彼特在1912年出版的《经济发展理论》一书中提出的。他给创新下的定义是"生产要素的重新组合"。其形式包括五种:引进一个新产品,开辟一个新市场,找到一种新原料,发明一种新的生产

工艺流程,采用一种新的企业组织形式。熊彼特认为,创新是社会经济进步的动力。创新不等于发明,是把已有发明运用于实际。哥伦布并不是第一个发现新大陆的人,但他将这种发现付诸了行动,使世人知道有这么一些地方。他的发现给欧洲带来了新市场,虽然这种市场的建立有点扭曲和不正当,但毕竟使很多封闭的国家和人民惊醒:原来世界如此之大,我们的外面还有比我们更厉害的人。他的这一创新,应该说推动了世界文明发展。

不过,虽然"哥伦布"这个名字经过几百年后仍旧众人皆知,但他对新大陆的认识还是存在很多误差的。关于这点,莱斯特·瑟罗在他的《资本主义的未来》一书中说:"哥伦布很聪明,他知道地球是圆的,但他在计算上出了错,以为地球的直径只有它实际长度的3/4。他还把东去亚洲的陆地距离估计得过长,把西去亚洲的水路距离估计得太短。这些错误混合在一起使他误认为印度距离加纳利群岛不远,因此他的船上只带有那么多水,若没有美洲,哥伦布和他的所有水手都会渴死,他们也就不会青史留名了。"这一言论的含义是:偶然性在经济生活中比比皆是,经济研究不要过分追求所谓的必然性;巧妙的错误比笨拙的真理更能推动经济学的发展。

> **小知识**
>
> **沃西里·里昂惕夫(Wassily Leontief)**
>
> 沃西里·里昂惕夫(1906年8月5日—1999年2月5日)是一位俄罗斯裔经济学家,后移居美国任教于哈佛大学。他是1973年诺贝尔经济学奖的得主,因为其"投入产出理论"对经济学的贡献。主要著作有:《投入产出的经济学》、《美国经济结构研究》、《经济学论文集》、《美国的经济结构,1919—1929》等。

3. 不做家务的波德
——比较优势与贸易

> 比较优势是做同一件工作的机会成本的大小。各方生产并出售自己有比较优势的产品或劳务,购买自己不具有比较优势的产品或劳务,各方都可以获益。

彼德是一名优秀的厨师,退休后对餐饮依旧情有独钟的他常到许多举行派对(家庭聚餐)的家中主厨。他文化不高,但心灵手巧,做家务更是麻利。然而,虽然家务这种活对他来说易如反掌,但是,他还是请人来做这一切。有朋友问他为什么不自己干家务。他笑笑说这样合算。别看他不知道经济学,其实他的行为表明他是按经济学的一个重要原理——贸易有利于双方——行事的。

应该说,彼德无论做饭还是做家务都很麻利,他雇的小时工珍妮哪方面都不如他。那仅仅由于彼德做家务好,他就应该做家务吗?我们可以用经济学中机会成本和比较优势的概念来说明这一点。

机会成本是把资源用于一种用途时所放弃的另一种用途。对彼德来说,资源是时间。彼德做家务的机会成本是他为了做家务而放弃当厨师的时间。或者说,是彼德做一个小时家务而放弃的当一小时厨师所赚的钱。比较优势是他与珍妮相比较做同一件工作的机会成本大小。

假如做同一件家务,彼德需要1小时,珍妮需要2小时。这说明彼德做家务效率高,他比珍妮有绝对优势。但彼德当厨师每小时工资是30美元,珍妮如果不当小时工到肯德基店工作每小时工资为5美元。如果彼德把一小时用于做家务,他就要放弃当一小时厨师的 30 美元收入,即彼德做一小时家务的机会成本为 30 美元。

珍妮在彼德家做两个小时家务要放弃在肯德基店工作两小时赚到的 10 美元,即珍妮做同样家务的机会成本为 10 美元。做同样的家务,彼德的机会成本为 30 美元,珍妮的机会成本为 10 美元。我们说,机会成本小的一方有比较优势,即在做家务上珍妮有比较优势。

现代经济社会中,贸易——无论是个人之间的贸易、一国各地区之间的贸易、国际贸易,甚至如果外星球有人的话也可以包括星际贸易——的基础不是绝对优势,而是比较优势,各方生产并出售自己有比较优势的产品或劳务,购买自己不具有比较优势的产品或劳务,各方都可以获益。这就是贸易有利于双方的原因。

以彼德和珍妮的例子来说,如果彼德以低于 30 美元而高于 10 美元的价格雇佣珍妮做家务,双方都可以获利。例如,雇用珍妮做两小时家务,每小时工资 7.5 美元,共 15 美元。这样,彼德把这做家务的一小时用于当厨师可赚 30 美元,支付珍妮 15 美元后还有 15 美元剩余。珍妮做家务每小时比在肯德基多赚 2.5 美元,共多赚 5 美元。他们各自从事自己有比较优势的事情,然后相互交换,双方收入都增加了。彼德没有学过什么机会成本和比较优势,但他实际是按这一原则办事的,他所说的"合算"其实就是我们讲的这一套道理。

过去我们习惯用互通有无来解释贸易,而且认为弱的一方在贸易中总处于劣势,强的一方总要透过贸易来剥削弱的一方。由此也就强调事事不求人的自力更生。这其实是一种误解。贸易中强的一方尽管生产效率高,有绝对优势,但并不会在各方面都有比较优势;弱的一方尽管生产效率低,没有绝对优势,但必定在某些方面有自己的比较优势。贸易不是产生于绝对优势,而是产生于比较优势。各方无论绝对优势如何,都有自己的比较优势,所以贸易有利于双方。这也是经济全球化最终有利于各国的基本原因。

4. 为什么鲁军能以少胜多
——X效率理论

> 莱宾斯坦认为,可以计量的生产要素投入并不能完全决定产量。决定产量的除了生产要素的数量外还有一个托尔斯泰所说的未知因素,即 X 因素。就军队的情况而言,这个 X 因素是士气;就企业生产而言,是其内部成员的努力程度。由资源配置最优化引起的效率称为"资源配置效率",由这种 X 因素引起的效率称为"X 效率"。这两种效率同样都会使产量增加。

托尔斯泰的巨作《战争与和平》被认为是人类有史以来最伟大的小说。书中不仅反映了当时的俄国现实和俄罗斯人民的爱国主义精神,而且有许多颇富哲理的议论。在书中托尔斯泰指出,一个军队的战斗力是它的士兵人数和某个未知数的产物。这个未知数就是军队的"士气"。关于士气在战争中的重要性也是有据可证的,比如中国的《曹刿论战》。

鲁庄公十年春,势力越来越强大的齐国,为了争得霸主之位,向各诸侯国展开了进攻,以希让他们诚服。鲁国作为一个小国,最早成了待宰羔羊。鲁庄公不得不作出迎战决定。曹刿得知这事后请求和庄公一起出战。后来在长勺交战中,由于曹刿高超的指挥才能,齐军大败,鲁军乘胜追击,一举获胜,一时名声大噪。

曹刿之所以能赢一场漂亮的仗,主要靠指挥有方,借助士气。"一鼓作气,再而衰,三而竭。"他抓住头通鼓能振作士兵的士气,二通鼓时士气减弱,到三通鼓时士气已近消失的原理。在敌方鸣完三鼓后才让自己的士兵出击,鲁兵士气正旺,所以以少胜多,得以大胜。

从故事可以看出,鲁国胜利的决定因素是士兵们旺盛的士气。假如齐国鸣完第一鼓后,鲁庄公不听曹刿的意见,马上命令自己寡弱的士兵去跟庞大齐军交战,那肯定是鸡蛋碰石头,鲁国无论如何也不会胜利的。可见,战争中"士气"是至关重要的。针对这一"士气",出生于俄国的美国经济学家莱宾斯坦提出了与托尔斯泰观点类似的 X 效率理论。

莱宾斯坦认为,可以计量的生产要素投入并不能完全决定产量。决定产量的除了生产要素的数量外还有一个托尔斯泰所说的未知因素,即 X 因素。就军队的情况而言,这个 X 因素是士气;就企业生产而言,是其内部成员的努力程度。由资源配置最优化引起的效率称为"资源配置效率",由这种 X 因素引起的效率称为"X 效率"。这两种效率同样都会使产量增加。

X 效率之所以存在是因为企业是个人的集合体,企业的整体效率取决于内部每个人的行为。企业中的大多数人在大多数情况下并不能实现最大化行为,即不能付出自己最大的努力。

个人在行为中总存在安于现状的惰性倾向。由于信息的不完全性,企业成员与企业之间的契约也是不完全契约。

就工资和奖金来说,如果我们无论干什么工作,干多少,只有一两千块钱的工资,那么人的积极性就会受挫,会出现"反正我干多少还是这么点工资,与其累着自己,还不如少干点"的心理,这种心理的滋生,就会使整个企业的 X 效率降低。相反,如果领导承诺某项业务上达到多少万的业绩,可以给员工多少提成或什么奖励来刺激他们的积极性,那么个体成员就会考虑自身利益最大化,从而积极投入工作。如果这种积极性得到了一定回报,那么员工投入工作中的激情也就越多,企业产量相应也会增加。就企业上层管理者来说,努力营造一个团结、合作、健康的集体,会使企业利润最大化。

可见,内部刺激不足或人际关系紧张、外部刺激减弱,都会削弱个人的努力程度。如果这些因素影响了企业内每个人的努力程度,企业就会出现 X 低效率的情况。据统计,欧美国家 X 低效率带来的损失不会低于国民生产总值的 5%。

在我国经济中,特别是国有企业中存在着相当严重的 X 低效率,或者托尔斯泰所说的"士气"不足。引起这种现象的原因仍然是制度。产权不明确,缺乏一套适用的激励与监督机制是 X 低效率的根本原因。因此,国有企业的脱困绝不仅仅是某一时期扭亏为盈,而是要有制度创新。一时的扭亏为盈不以制度创新为基础,以后也许又会扭赢为亏。

5. 处于淡季的航空公司
——固定成本与可变成本

> 长期中成本都是可变的,但短期中成本要分为固定成本与可变成本。用于固定生产要素的支出(如民航公司的飞机的维修费、工作人员的工资)是固定成本,用于可变生产要素的支出(汽油费)是可变成本。

米兰女士是某航空公司的股东,她坐自己公司的飞机时发现 200 个座位的机舱内只有 40 人左右。她碰到了好几次这样的情况,对公司前途颇为忧虑,于是,她去请教一位经济学家朋友查尔斯是否把该公司股票抛出。

查尔斯的分析是从经济学中短期与长期的区分开始的。在经济学中,短期与长期不是一般所说的时间长短概念,是指生产要素的变动性。在短期中,生产要素分为固定生产要素与可变生产要素的变动性。固定生产要素是不随变量变动而变动的生产要素。如民航公司的飞机、工作人员等,无论飞行次数、乘客人数多少,这些生产要素是不变的。可变生产要素是随产量变动而变动的生产要素,如民航公司所用的汽油以及其他随飞行次数与乘客人数而变动的生产要素(如乘客的事物、饮料)。在长期中,一切生产要素都是可变的,飞行次数与乘客人数多时可以多买飞机,多雇工作人员,难以经营也可以卖飞机或解雇工作人员,所以,无固定与可变生产要素之分。每个企业由于所用固定生产要素与可变生产要素多少不同,调整的难易程度不同,短期与长期的时间长度也不同。民航公司增加或减少飞机和专业人员都不容易,所以长期的时间要长一些。

与此相应,长期中成本都是可变的,但短期中成本要分为固定成本与可变成本。用于固定生产要素的支出(如民航公司的飞机维修费、工作人员的工资)是固定成本,用于可变生产要素的支出(汽油费)是可变成本,两者之和为短期总成本。分摊到每位顾客的成本为平均成本,包括平均固定成本与平均可变成本。

航空公司和任何一个企业一样,从长期来看,如果收益大于成本,就有利润;如果收益等于成本,就无利润;如果收益小于成本,就会破产;只要收益与成本相等就可以维持下去。这个道理谁都懂,关键是航空公司短期内能维持下去的条件是什么?

查尔斯告诉米兰,她的公司仍在经营说明票价肯定高于(最少等于)平均可变成本。公司买的飞机短期内无法卖出去,雇用的工作人员也不能解雇。即使不飞行,飞机折旧费和工资仍然是要付的。尽管乘客不多,但这些乘客带来的收益大于(或等于)飞行时汽油及其他支出,就可以继续飞行。比如说,如果飞行一次成本为

2万美元,其中固定成本为1万美元,可变成本为1万美元,只要机票为250美元时,乘客大于(或等于)40人就可以飞行下去。如果乘客为40人,运送每位乘客的平均可变成本为250美元,票价为250美元,这时就是停止营业点。如果顾客再多几个,那么,还可以弥补一些固定成本,经营就更有利了。

这就是说,当企业在经营状况不良(飞机乘客不足)时是否停止关键在于可变成本,可以不考虑固定成本。固定成本已经支出,可以说是没办法再收回。在短期内,只要价格等于平均可变成本就可以维持。在长期中,无所谓固定成本与可变成本之分,还要考虑总收益与总成本,或者价格与平均成本的关系。

查尔斯讲完这些道理,米兰明白了,她的公司乘客少是因为现在是淡季,这时只要能收回可变成本经营下去,在旺季乘客多时就可以赚钱了。所以,她马上打消了抛出公司股票的想法。

小知识

瓦格纳(Wagner Adolf)

瓦格纳(1835—1917),新历史学派的主要代表,生于德国的埃朗根。瓦格纳早期主张自由主义,但以后转为对自由主义经济学的批判。他强调国家在经济生活中的作用,国家是社会改良的支柱,宣传"国家社会主义",既反对古典政治经济学,也反对马克思主义。他对银行学、统计学和财政学都进行了广泛研究。著有:《政治经济学读本》、《财政学》、《政治经济学原理》、《社会政策思潮与讲坛社会主义和国家社会主义》等。

6. 为什么他们只有150元的工资
——工资的决定

> 劳动市场上，工人提供劳动，这就是劳动的供给；企业雇佣劳动，这就是劳动的需求。当劳动的供给与需求相等时，就决定了市场的工资水平，称为均衡工资。因此，工资水平的高低取决于劳动的供求。

银川富宁街一家面馆生意兴隆，3名年轻服务生跑前跑后，端盘子、擦桌子、倒茶水、拖地板……忙得不可开交，一个个稚气未脱的脸颊上流淌着汗水。一位吃面的顾客问一位女服务生："生意这么好，老板一个月发给你多少工资？"女孩低声回答："300元。"顾客吃完面，出门时看到了正在烤羊肉串的一个小伙子，于是又问了小伙："一个月挣多少钱啊？"小伙子回答："不多，就300块。"这位顾客感叹着走了：这么少的工资怎么能维生呢？同样的地方，在一家花被厂干活，女工们的工资却只有150元。看到这样的情景，很多人都愤愤不平，认为面馆和花被厂的老板都是典型的剥削分子，这么少的工资怎么让这些服务人员维生呢？这不是剥削是什么？其实造成这种低工资现象的原因，除了跟老板压低工资有关外，还跟社会的劳动力总需求脱不了关系。

按经济学家的说法，工资是劳动的价格，它也和任何一种物品与劳务的价格一样取决于供求关系。劳动市场上，工人提供劳动，这就是劳动的供给；企业雇佣劳动，这就是劳动的需求。当劳动的供给与需求相等时，就决定了市场的工资水平，称为均衡工资。因此，工资水平的高低取决于劳动的供求。

无论是面馆老板支付给服务生的300元，还是花被厂老板每月支付给女工的150元，工资是高还是低，都是取决于供求的状况。在小老板所在的地方，农村有大量剩余劳动力，农民每月的收入也远远低于150元的水平，因此会有大量农村劳力想来此找份工作。做花被或在饭馆做服务生都是一种极为简单的工作，任何人都可以担任。当农村存在大量剩余劳动力时，从事这一简单工作的人是很多的，这就是说，劳动力的供给是很大的。但当地工业并不发达，像这样生产花被的企业也不多，对这种简单劳动的需求并不大。根据供求规律，供给多而需求少，工资水平低就是正常的。小老板能以每月150元的工资雇到他所需要的工人，说明从供求关系来看，这种工资水平还是合理的。

工资低而产品价格高，小老板当然利润丰厚。既然允许私人企业存在与发展，这样丰厚的利润也无可厚非。无论开饭馆还是花被厂，老板们的意图都是赚取高额利润。小老板并不是慈善家，他办企业的目的是实现利润最大化。在产品价格既定时，增加利润只有压低成本，所以，小老板只要能雇到工人就尽量压低工资成本是一种理性行为，无可非议。美国经济学家刘易斯曾指出，在发展中国家里，当劳动供给无限时，以低工资雇佣劳动是利润的主要来源，这种利润可用于投资，对经济发展是有利的。应该说，从整个社会的角度看，小老板赚了钱或用于投资扩大生产，或用于消费刺激需求，都是对社会有利的。

小知识

色诺芬（Xenephon）

色诺芬（约430BC.—354BC.）是古希腊著名的经济学家、史学家、思想家。色诺芬是最早使用"经济"这个词的人，他写过许多经济学著作，如《经济论》、《雅典的收入》、《论税收》等。他丰富的学术著作和经济思想给后人从事经济领域研究提供了宝贵的精神财富。

7. 高工资为什么换不来高效率
——效率工资的作用

> 效率工资,指的是企业支付给员工比市场平均水平高得多的工资,促使员工努力工作的一种激励与薪酬制度。它的主要作用是吸引和留住优秀人才。

F公司是一家生产电子产品的公司。在创业初期,依靠一批志同道合的朋友,大家不怕苦不怕累,从早到晚拼命干。公司发展迅速,几年之后,员工由原来的十几人发展到几百人,业务收入由原来的每月十来万发展到每月上千万。企业大了,人也多了,但公司领导明显感觉到,大家的工作积极性越来越低,对利益也越来越计较。

F公司的老总一贯注重思考和学习,为此特别到书店买了一些有关企业经营管理方面的书籍来研究,他在介绍松下幸之助的用人之道一文中看到这样一段话:"经营的原则自然是希望能做到'高效率、高薪资'。效率提高了,公司才可能支付高薪资。但松下先生提倡'高薪资、高效率'时,却不把高效率摆在第一个努力的目标,而是借着提高薪资来提高员工的工作意愿,然后再达到高效率。"他想,公司发展了,确实应该考虑提高员工的待遇,一方面是对老员工为公司辛勤工作的回报,另一方面是吸引高素质人才加盟公司的需要。为此,F公司重新制定了报酬制度,大幅度提高了员工的工资,并且对办公楼进行了重新装修。

高薪的效果立竿见影,F公司很快就聚集了一大批有才华、有能力的人。所有的员工都很满意,大家的热情高,工作十分卖力,公司的精神面貌也焕然一新。但这种好势头不到两个月,大家又慢慢恢复到懒洋洋、慢吞吞的状态。这是怎么啦?

透过F公司出现的情况,可以折射出两个问题。一是高工资带来高效率;二是未能明确区分效率工资和基本工资。

效率工资,指的是企业支付给员工比市场平均水平高得多的工资,促使员工努力工作的一种激励与薪酬制度。它的主要作用是吸引和留住优秀人才。

效率工资理论认为,如果工资高于市场均衡水平,企业经营会更有效率。因为

7. 高工资为什么换不来高效率——效率工资的作用

现代企业中无一不是采取流水线式的一条龙生产。在一个流水线上,工人之间是高度依赖的,只要其中一个工人疏忽、怠工,就会给生产效率、产品质量带来灾难性的影响,正所谓"100－1＝0"。怎样使工人更加敬业呢?靠严格的监视吗?即使能够做到"全程"监督,由此带来的监视成本也会极其高昂。在这种情况下,提高工资不失为明智的选择。然而效率工资能否降低单位总劳动成本,成为真正意义上的效率工资,受到一系列因素的制约。

1. 效率工资是一种礼物交换行为。在效率工资理论中,有一个基本假定:企业的效率工资是用来交换员工的加倍工作,而员工的加倍工作也是用来获取企业的高工资。社会关系中的互惠原则是效率工资起作用的基本条件。

2. 一旦发现偷懒行为立即严惩偷懒者,是企业理想的做法。在效率工资理论中,效率工资要起激励、约束作用,必须按照游戏规则严惩偷懒者。这是保证效率工资起作用的重要前提。只有这样,员工才会努力工作。因此,能否保证凡被发现违纪者一律受到严惩,是效率工资能否奏效的重要因素。

3. 效率工资水平的确定具有主观性。员工对企业的认同感如何,员工关系的亲密程度以及对外部失业情况和经济形势的判断都影响效率工资水平以及效率工资的实际效用。从这一意义上说,企业是否主动支付员工工资,是否拥有良好的信誉和名声,尤其是在劳动关系上的名声及企业文化的建设水平都会影响员工对效率工资的判断,进而影响效率工资的有效性。

从刚刚提高工资后,员工表现出来的热情可以看出:工资提高后,工人更加忠于公司、珍惜自己的工作,流动率和缺勤率都下降了,生产效率提高了。也就是说,高工资改善了工人纪律,推动了企业的发展。

然而,这种工资的提高只表现在单位内部,实际上它的平均水平并不高于市场平均水平,如果员工从这个单位走出去或跳槽,凭借他们的才能肯定能找到工资更高的企业。这就说明,F公司的老总虽然从松下先生的企业管理中获得启示,但他并未搞清楚效率工资和高工资之间的区别,单纯以为只要单位内部调高了工资,就能创造高效率。

另外,效率工资的前提是,奖罚分明,即出现偷懒现象应严惩不贷,可这点在工资调整中并未体现出来。这会导致一些员工偷懒心理的滋长,而这对那些积极性很高的员工来说,有点不公平。

对于F公司的上层来说,这个效率工资到底开出多少才会起到激励作用呢?这主要取决于以下一些因素:其他厂商支付的工资、失业率、工人怠工被抓住的概率等。如果其他厂商支付的工资更低,该厂商并不需要支付很高的工资就可以诱使工人努力工作。

失业率对效率工资的影响也不可低估。失业率高时,厂商不必支付很高的工资,因为工人一旦被解雇将很难找到相同的工作,对工人来说,高失业率意味着被解雇的成本增加。

此外,如果工人怠工被发现的概率很低,厂商则需要支付很高的效率工资。

厂商确定适宜的效率工资需要充分考虑以上种种因素。实际工资低于效率工资,则不能发挥激励作用;高于效率工资,则加大成本,增加企业负担,抬高失业率,出现高工资和高失业率并存的现象。

小知识

威廉·配第(William·petty)

威廉·配第,英国人,资产阶级经济学家。其主要贡献是最先提出了劳动决定价值的基本原理,并在劳动价值论的基础上考察了工资、地租、利息等范畴,他把地租看作是剩余价值的基本形态。配第区分了自然价格和市场价格。他还提出了"劳动是财富之父""土地是财富之母"的观点,由此,他认为劳动和土地共同创造价值。显然,这种观点和他的劳动价值论是矛盾的,它混淆了使用价值的生产和价值的创造。

8. 小麦炼钢术
——自由贸易

> 自由贸易可以迅速地改善我们的生活,进出口贸易可以拉动国民经济。对于我们来说,时时刻刻处于贸易的包围之中。换句话说,贸易改变了我们的生活,使我们的生活质量更高。

　　自由贸易还未在各国间大规模形成之前,各国政府对于本国经商者与他国经商者的贸易有着严格的界定。这对于商人们来说,利润空间无疑大大缩水,所以他们想尽办法使自身利益最大化。

　　西方甲国每吨钢的价格为 1 000 元,每吨小麦的价格为 200 元。与其相邻的乙国,每吨钢的价格为 10 000 元,每吨小麦价为 100 元。很显然,甲国钢材价格比乙国低,相反,乙国的小麦价格则比甲国低。从中可见,甲国有生产钢材的优势,而乙国有生产小麦的优势。如果允许自由贸易,各国优劣互补会达到共赢,资源也将会得到最有效的配置。但很不幸,甲国将自由贸易视为非法。

　　不久,乙国出现了一个发明家,他发现了一种极低成本的炼钢方法,即不需要工人,也不需要矿石,唯一的原料是本国的优势产品——小麦,但生产过程发明家却秘而不宣。由于这项发明导致乙国钢材疯狂跌价,许多炼钢厂被迫倒闭,一些失业的工人干脆去当农民,专门种植可以用来炼钢的小麦。同时,由于这项发明降低了乙国诸多产品的成本,乙国人的生活水平也有了极大的提高。

　　后来,甲国派人秘密调查后发现,这位发明家根本没有炼钢,而是将小麦运到甲国换取钢材。严格讲这位"天才"不是什么发明家,而是一个不折不扣的经济学家。

  这个故事完全是假设的,但它形象地告诉我们,自由贸易可以迅速改善我们的生活,进出口贸易可以拉动国民经济。对于我们来说,时时刻刻处于贸易的包围之中。换句话说,贸易改变了我们生活,使我们的生活质量更高。以前我们只是在本国内进行交换,穿自己生产的衣服鞋帽,吃自己种植的东西,开自己生产的车。如何加大各国间的贸易往来,加强彼此间的联系,使各国可以互补短缺,获得自己最想获得而且高质量的东西呢?这就涉及到了对外贸易的问题。

  所谓的对外贸易(Foreign Trade)是特指国际贸易活动中,一国或地区同其他国家或地区所进行的商品、劳务和技术的交换活动。这是立足于一个国家或地区去看待它与其他国家或地区的商品贸易活动。它主要以出口贸易和进口贸易为表现形式。

  作为对外贸易,并不是政府机构命令他们生产你所要生产的东西,而是在交换中双方都可以获利,也就是在本书中我们提到次数最多的"双赢"。小麦和钢材的交换,不仅满足 A、B 两国所需,而且还提高了国民生产总值,改善了人民生活水平。

小知识

乔治·阿克尔洛夫(George Akerlof)

  乔治·阿克尔洛夫,1940 年出生于美国康涅狄格州的纽黑文。他对市场的不对称信息研究具有里程碑意义。他引入信息经济学研究中的一个著名模型是"柠檬市场"("柠檬"一词在美国俚语中表示"次品"或"不中用的东西")。阿克尔洛夫的研究范围较广,包括货币理论、金融市场、宏观经济学等,并曾在贫困和失业理论、犯罪与家庭、社会习俗经济学等领域发表过大量研究论著,其中有:《稳定增长——在危急关头吗?》、《"柠檬市场":质量的不确定性与市场机制》、《货币需求短期趋向:对老问题的新展望》、《一位经济理论家的故事书》、《泡沫经济学》、《经济学与恒等式》等。

9. 灯塔公营还是私营
——产权保护

> 产权又称财产权,指拥有某种财产的权力。产权是一个法律概念,完备的产权包括使用权、决策权、收益权和让渡权。产权经济学的代表科斯认为,灯塔可以是私人建设和私人运营的,而且私人运营往往比政府运营效率更高。但私人只有使用权,没有拥有权。

浓雾弥漫的夜晚,一艘行驶在大西洋上的轮船发现前方隐约闪烁着一盏灯光,水手赶紧报告船长:"前方的船发来信号,要我们的船向右转。"船长让他给对方的船回信号,要它向左偏离。信号发出去后,对方的船没有作出反应,气愤的船长再次发出指令,要水手告诉对方说:"我是船长,请你改变你的航向。"这一次,对方回了一个信号:"还是请你改变航向吧。"船长开始愤怒了,他对水手说:"告诉他,我是大不列颠的吉姆船长,让他马上给我改变航向。"信号又发过去了。这时,对方打回了一个信号:"对不起,我是灯塔。"终于,船长命令他的船向右偏离。

作为安全的象征,17世纪之前,灯塔在英国还是名不见经传的。随着水路交通的发达和各地之间买卖往来的频繁,夜间航船事故频繁发生,这与黑夜中无法预知暗礁不无干系。然而17世纪初期的英国只有两座由领港公会建造的灯塔,为了减少损失,私人船主只能自己投资兴建灯塔,不过建造时必须避开领港公会的特权。建好塔后,私营的投资者还需要向政府申请特权,准许他们向过往的船只收费。这一手续是要多个船主联名签字,说明灯塔的建造对他们有益,也表示愿意付过路钱后政府才能批准。私营灯塔都是向政府租用地权建造的,租期满后,由政府收购转给领港工会经营。政府收购灯塔的价格依据租约年限和地点而定,收购过程中,其中有 4 座灯塔的收购价格在 125 000 英镑至 445 000 英镑之间。1842 年之后,英国就再也没有私营的灯塔了。

几百年来,经济学家对于灯塔有许多评论,这些评论均围绕着政府保护产权的思想展开。

传统上经济学家一直认为灯塔非由政府兴建不可,因为灯塔散发的光芒虽然功德无量,可是船只可以否认自己真的需要靠灯塔指引,或者过港不入,所以民营的灯塔可能收不到钱,而且灯塔照明的成本是固定的,与多一艘船或少一艘船无关。因此,灯塔不应该收费,而应该由政府经营。

英国经济学家穆勒在他的《政治经济学原理》中讲:"确保航行安全的灯塔、浮标等设施,也应该由政府来建立和维护,虽然船舶在海上航行时受益于灯塔,却不可能让船舶在每次使用时支付受益费,所以谁也不会出于个人利益的动机建立灯塔,除非国家强制课税,用税款补偿建立灯塔的人。"

到了二十世纪七十年代初,经济学家保罗·A·萨缪尔森认为:灯塔难以收费是一个问题,就算是容易收费,在经济原则上也是不应该收费的,所以灯塔由政府建立并不仅仅是因为经营会有收费的困难,这实际上是政府必要的服务职能。他说:"这里有一个典型的例子说明由政府机构提供的一种公共物品。灯塔使生命和货运安全,但守塔人不能伸出手去向航船收取费用。即使能够收取,对使用它们服务的船只强制实行一种经济收费,也不符合有效率的社会目标。"这一思想是从灯塔的社会作用考虑了政府保护财产的作用。

然而产权经济学的代表科斯认为,灯塔可以是私人建设和私人运营的,而且私人运营往往比政府运营效率更高。租期满后,政府收购私人灯塔然后交由领港工会管理和继续收费,这也是一种保护私人财产的方式。

10. F省煤矿怎么就成了私人的
——外部性与市场失灵

> 外部性又称外部效应,指某一种经济活动所产生的对无关者的影响。这就是说,这种活动的某些成本并不由从事这项活动的当事人(买卖双方)承担,而由与这项活动无关的第三方承担,这种成本被称为外在成本或社会成本。

李雷今年41岁,去F省矿之前在M地经营一家旅馆,手中积攒了一笔钱,正当他为如何让钱增值而发愁时,接到一个在F省经营煤矿的M地老乡的电话,邀请他"一起去开煤矿"。

李雷当时心里就犯了嘀咕:"前几年不是关了好多小煤矿嘛,现在过去是不是风险太大了。"但同乡的一番话打消了他的顾虑:"你放心吧,现在这边的M地矿主太多了,而且个个都赚了大钱。说句实话吧,现在说是采煤,实际上采的是'黄金'。"

李雷狠了狠心,带上大部分积蓄,只身赴F地挖"黄金"去了。一年多过去了,李雷不但收回了所有投资,煤矿也正在一步步走向盈利。据李雷介绍,如今在F地靠煤炭发财的M地人越来越多,"早几年来的人多半已到了投资回报期,现在都是'日进斗金'。当地政府中的某些人也获利不菲。"

私自开采煤矿在我国是违法的,之所以这种现象屡禁不止主要说明了一件事:市场经济中外部性与市场失灵的关系。

外部性又称外部效应,指某一种经济活动所产生的对无关者的影响。这就是说,这种活动的某些成本并不由从事这项活动的当事人(买卖双方)承担,而由与这项活动无关的第三方承担,这种成本被称为外在成本或社会成本。同样,这种活动的某些收益也非从事这项活动的当事人获得，而由与这项活动无关的第三方获得，这种收益被称为外在收益或社会收益。在前一种情况下，称为负外部性；在后一种情况下，称为正外部性。

开煤矿对F地的影响就是存在外部性的情况，因为煤矿的开采给整个国民经济带来了好处。这是一个虽反常但必然的局面。然而，有说法称M地煤商控制了F省60%的中小煤矿，煤炭年产量8 000万吨，占F省煤炭年总产量的1/5，全国的1/20；在F省投资兴办煤矿的M地民营煤矿年产量只有2 000多万吨。虽然政府损失了6 000万吨煤，但政府对于这些煤矿存在无暇顾及或资金运转不足的情况，如果由这些私人矿主来开采，就短期来说，第一可以节省国家投入，第二可以满足其他行业对煤炭的需求量。不过长期来看，这种做法同时也给国家带来了每年6 000多万吨的煤炭损失。

根据经济学原理，每个人都为自己的利益最大化从事经济活动，透过价格的协调实现了社会资源配置的最优化，这就是市场机制可以实现经济效率的观点。但是，在存在外部性时，这种市场机制完善性的观点遇到了挑战。

在不存在外部性时，生产者为了利润最大化进行生产，消费者为了效用最大化进行消费。当价格调节使供求相等时，生产者实现了利润最大化，消费者也实现了效用最大化，即整个社会就实现了经济福利最大化。当存在外部性时，情况就不是这样了。

当与某项经济活动相关的双方都实现了利益最大化时，却给第三方带来了成本和收益，使供求相等的价格决定的资源配置并不等于整个社会经济福利的最大化。因为在负外部性情况下，生产者的成本（私人成本）加外在成本（社会成本）大于消费者的收益。在正外部性的情况下，消费者的收益（私人收益）加外在收益（社会收益）大于生产者的成本。这两种情况都没有使社会经济福利最大化，或资源配置最优化。价格的自发调节没有实现资源配置最优化就是经济学家所说的市场失灵。换句话说，在存在外部性的情况下，价格起不到应有的作用。

就某种程度而言，F地人这种不顾公共利益而一味见缝就钻的取向，也确实显示着市场失灵。出于资本逐利的天性，倘若政府不能对其实行有效的疏导、引导，则必然陷于被动的、事后的、四处扑火式的疲于应对中，更不必说合理运用更具经济人理性的民营资本服务于经济体效率提升的长远大计了。"开金矿"现象的发生、兴起、发展，它的生命轨迹中时时表现出市场失灵与政府失灵的相互强化。这是一个典型的案例，而其根本性的破解之道则如达格尔所指出的，政府的权力应该是强大同时又被有效限定了的，从而使追求私利的冲动为着私利的目的不得不去做增进公共利益的事。

11. 交通事故防患于未然
——安装红绿灯的成本

> 红绿灯作为一种公共物品,对它进行成本—收益分析相应要难以量化一些。有数据表明,如果使用红绿灯作为交通标志,那么这个路口车祸的死亡发生率从 1.6% 降到了 1.1%。虽然安装红绿灯的成本是 50 000 元,收益只是挽救了一些人的生命,似乎无足轻重。其实对于一起车祸来说,除了损失很多无价的生命外,一些有形和无形的资产也严重受损。

有位客人到某人家里做客,看见主人家灶上的烟囱是直的,旁边又有很多木材。客人告诉主人说,烟囱要改曲,木材须移去,否则将来可能会有火灾,主人听了不以为然,心里还取笑此人胆小。

不久,主人家里果然失火,四周的邻居赶紧跑来救火,最后火被扑灭了。于是主人烹羊宰牛,宴请四邻,以酬谢他们救火的功劳,但是并没有请当初建议他将木材移走,烟囱改曲的人。

有人对主人说:"如果当初听了那位先生的话,今天也不用准备宴席,而且也不会有火灾的损失,现在论功行赏,原先给你建议的人没有被重视,而救火的人却是座上客,真是很奇怪的事呢!"

主人顿时醒悟,赶紧去邀请当初给予建议的那个客人来吃酒。

能防患于未然,更胜于治乱于已成之后。近年来我国的交通事故呈上升趋势,大多数事故的产生与路口没有安装红绿灯有直接关系。红绿灯应该说是安全的符号,两种不同的颜色告诉人们应该怎样走才能确保安全。红绿灯就像是故事中建议将木材移走的人,听劝的人能够防微杜渐,确保人身安全;不听劝的人可能瞬息丢失性命或致残、致伤。

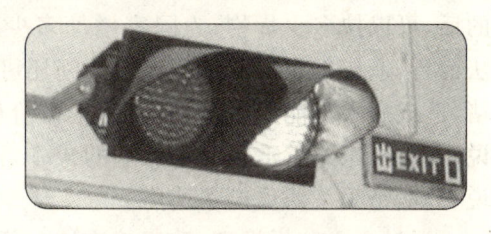

生命是无价的，一旦不小心丧生在车轮之下，生命的价值也不过值几万的赔偿金罢了。所以在经济学家看来，生命的价值可以随着死亡后获得的不同赔偿价格来衡量。

生命的价值到底是多少呢？如果我们拿着几十万甚至几百万的财产跟一个人的生命去交换，没有人会愿意，他会说生命是无价的。然而当人们开着车或步行走过一个路口时，却不愿意花几分钟的时间来确保自身的安全。时间作为一种无形的资本，在人们闯红灯的这个阶段似乎显得异常珍贵。因为没有红绿灯，没有足够引起注意，所以安全系数下降，生命就可能瞬间结束了，在这个时候人们一直积攒下来的时间资本却变成了永恒不变的固定资本，再也没有人可拿来利用了。所以生命应该说是无价的。

对于个人而言，不愿多等几分钟，不肯多花 10 000 块钱购买有防撞气囊或防爆装置的轿车，是不是意味着他们对自己生命的估价没有 10 000 元呢？

公共决策和私人决策常常都本着节约的原则，尽管生命无价，但我们却无力为它支付昂贵的保险。正如我们无法给所有白血病患者提供巨额的骨髓移植费用一样，社会福利取决于一个国家的经济发达状况和道德认可程度，但这并不说明生命是有价的。

另外，红绿灯作为国家财产的一部分，政府在安装的时候都会权衡安装红绿灯的成本。

红绿灯作为一种公共物品，对它进行成本—收益分析相应要难以量化一些。有数据表明，如果使用红绿灯作为交通标志，那么这个路口车祸的死亡发生率从 1.6%降到了 1.1%。虽然安装红绿灯的成本是 50 000 元，收益只是挽救了一些人的生命，似乎无足轻重。其实对于一起车祸来说，除了损失很多无价的生命外，一些有形和无形的资产也严重受损。打个比方来说，两辆车相撞，死了两个人一只狗，而且两辆车也受损严重。本来对于修理厂来说，可以增加利润，但透过检查后发现，两辆车因为严重受损，无法修补，只能报废。（细想一下如果这两辆车不损坏的话，可以拉多少货物，为国家增加多少 GDP。）另外，因为交通阻塞，很多车辆无法前行，造成很多人耽误工作。中间还可能出现的问题是，有心脏病人的救护车被堵，造成病人不能及时抢救死亡，生命价值折损的同时，也使医院效益下降。所以说，如果国家只看重安装红绿灯的成本，而不估量车祸带来的损失，对国民经济来说，只能是丢了西瓜捡了芝麻。

透过上文分析推理，政府就应该在每个路口都安装上红绿灯。

12. 劣币何以驱逐良币
——格雷欣法则

> 劣币驱逐良币法则,即格雷欣法则,意为在双本位货币制度的情况下,两种货币同时流通时,如果其中之一发生贬值,其实际价值相对低于另一种货币的价值,实际价值高于法定价值的"良币"将被普遍收藏起来,逐步从市场上消失,最终被驱逐出流通领域,实际价值低于法定价值的"劣币"将在市场上泛滥成灾。

有两位面包师傅,他们在城市的繁华地段各选了一家店铺,一个在东,一个在西,自产自销面包。一位师傅卖的面包松软香甜,馅料又多又可口,价格也十分合适,对于顾客童叟无欺;另一位师傅虽然做的面包不仅馅料不足,而且又干又硬,时不时还缺斤少两,有时还趁天黑,将过期产品卖给顾客,不过面包的价钱却比第一位师傅店里低一半。对于顾客来说,会选择哪一家的面包呢?

知道底细的人可能会异口同声地说,第一位师傅的面包会热销。其实不尽然,为什么这么说呢?因为这里包含了劣币驱逐良币的法则。

我们提到的劣币驱逐良币法则,即格雷欣法则,意为在双本位货币制度的情况下,两种货币同时流通时,如果其中之一发生贬值,其实际价值相对低于另一种货币的价值,实际价值高于法定价值的"良币"将被普遍收藏起来,逐步从市场上消失,最终被驱逐出流通领域,实际价值低于法定价值的"劣币"将在市场上泛滥成灾。

大多数人都有过这样的经历,当钱包里既有新钱又有旧钱的时候,大家都愿意把旧钱花出去买东西,留下"新票"。道理很简单,出于对新钱的偏好。从这种偏好中,就出现了格雷欣法则的萌芽。

自从人类给金钱以一定的币值时起,这一法则就起作用了。追溯到古罗马时代,人们就习惯从金银钱币上切下一角,这就意味着在货币充当买卖媒介时,货币的价值含量就减小了。古罗马人不是傻瓜,他们很快就觉察到货币越来越轻。当他们知道货币减轻的真相时,就把足值的金银货币积存起来,专门使用那些不足值的货币。这个例子说明:坏钱把好钱从流通领域中排挤出去了。为控制这一现象的蔓延,政府发行了带锯齿货币,足值货币的边缘都有细小的沟槽。如果货币边缘的沟槽被挫平,人们就知道这枚货币被动过手脚。

在现实情况中,拿金币和银币来说,金银的开采成本、市场供求是不太可能完全同步变化的,于是当金相对于银来说更为贵重时,人们必然地储存更有价值的金而使用相对来说价值较低的银,因为交换时是以法定比价而不是实际比价来计算的。如果银相对来说更为贵重时,劣币就成了金,银变成了良币。

进入纸币流通时代,货币的不足值性更加明显,国家也必须有更加有力的手段来杜绝假币。也正是在这时,格雷欣法则开始受到一些学者的质疑。事实上,没有良币出现,或者有强有力的政府禁止良币的使用,劣币也不能一直使用下去。

一个十分明显的例子,在民国末年,法币贬值,物价飞涨,民间开始使用银元,拒收劣币。此时的民国政府虽说对付解放军不行,禁止百姓使用银元进而没收银元,发行银元券还是可以的。但是百姓并不因此就接受银元券了,许多私人机构开始以大米为薪金,社会交换退化到了物物交换时代。

问题的根源在于,劣币驱良币并不是产生于竞争的前提条件下。每一套货币的发行都是由国家强制人民接受的,尽管付款的一方很乐意使用劣币,但收款的一方却不会甘愿接受,只有在国家能保证收款方接受的劣币能够继续流通的时候,劣币才能得以继续存在,这条规律才能继续起作用。

换句话说,如果国家滥用发行货币的权利,透过"劣币驱良币"的把戏来掠夺民间财富,这个过程可以说是政府败坏自己信誉的过程。当这个消费过程超过了一定限度的时候，人民也是有可能拒绝所谓的法定货币，透过自由的选择使得货币自发地建立新规律的。

小知识

效果最直接的经济学家——罗伯特·蒙代尔

1999年，美国哥伦比亚大学教授罗伯特·蒙代尔因为对不同汇率制度下的货币与财政政策以及最优货币区域作出了影响深远的分析，"欧元之父"的光环罩在了他的头上，欧元的出现也给了他足够的信心。随后，蒙代尔又想将其思维推广到其他地区，例如亚元的提出。

13. 天安门城楼游览证书
——炫耀性消费

> 制度经济学派的开山鼻祖凡勃伦认为,个人对虚荣效用的追求总是导致社会浪费,因为一个人从炫耀性商品中所得的虚荣效用正是另一人所失去的效用,因而一切用于追求虚荣效用的资源都被浪费性地消耗了。

黄金周时,A先生陪朋友B先生上了一次天安门城楼。他上次登上天安门城楼是二十世纪八十年代末的事了,城楼较以前没什么大的变化,只是多了一处出售"天安门城楼游览证书"的柜台,出于某种好奇心,他特别留意了这个"新事物"。

只见柜台上摆放着几台计算机,还有专用的打印机和相关设备,证书是早已准备好的(只要再打印上游客的名字和日期即可),做得特别精美,分了好几页,其中印有天安门的图片以及简介,证书封面是暗红色,正中有金色的一行大字"天安门城楼游览证书",证书外面还有个白色外套,整体看起来就像是现在的大学录取通知书。证书内文正为"(打印游客姓名)同志,登上天安门城楼游览,特此证明。×年×月×日"。游人若想购买证书,只要交十元钱并登记了自己的姓名,工作人员两分钟内就能把证书办好。朋友B先生来自偏远地方,难得有机会到北京,他憨厚地说道:"以前总是在电视上看到国家领导人在天安门城楼上特别威风,现在我来了,也有种君临天下的感觉。一定要办个证书留作纪念,好让别人知道我登上过天安门城楼,回去也好向他们炫耀炫耀。"于是,他便掏了10元钱,办了张天安门城楼游览证书。

很多时候,我们买一样东西,看中的并不完全是它的使用价值,而是希望透过这样东西显示自己的财富、地位或者其他方面,所以,有些东西往往是越贵越受人

13. 天安门城楼游览证书——炫耀性消费

追捧，比如一辆高档轿车、一部昂贵的手机、一栋超大的房子、一场高尔夫球、一顿天价年夜饭……制度经济学派的开山鼻祖凡勃伦称之为炫耀性消费，他认为，那些难于种植并因此昂贵的花并不必然比野生的花漂亮；对于牧场和公园，一头鹿显然没有一头牛有用，人们喜欢前者是因为它更加昂贵，更能显示自己的财富。

凡勃伦还认为，个人对虚荣效用的追求总是导致社会浪费，因为一个人从炫耀性商品中所得的虚荣效用正是另一人所失去的效用，因而一切用于追求虚荣效用的资源都被浪费性地消耗了。下面从新古典经济学理论出发，对炫耀性小区中个人消费决策效率进行分析。在炫耀性小区里由于消费者能够从消费炫耀性商品中得到虚荣效用，但这种虚荣效用并不能带给消费者任何物质上的满足，它的存在实质上造成了商品相对价格及资源配置的扭曲，从而导致社会效率的损失。下面用一个图来说明，在炫耀性小区中，虚荣效用是如何导致消费者作出非最优选择而造成效率损失的。

在炫耀性小区中，如果所考察的消费者并不重视高层次，即满足条件 $\lambda p = 0$ 时，由前面的分析可知，消费者在一定预算约束下的最优选择策略应满足条件 $U_1/U_2 = p$，即消费者的最优选择点位于无差异曲线与预算线的切点处。如果所考察的消费者重视高层次，即满足条件 $\lambda p \neq 0$，由第二部分的命题知道，消费者能够从炫耀性商品的消费中获得虚荣效用，因而他会在收入中多分配一些份额于炫耀性商品的消费。下面我们考察同一个消费者在重视高层次、不重视高层次两种不同状态时的最优决策问题，由于在两种情况下该消费者有不同的效用函数，因此有不同的无差异曲线。

如图，曲线 I_1、I_2 表示该消费者在不重视个人所处层次时的无差异曲线，虚线 $I'_{\lambda p}$ 表示该消费者在重视个人所处层次时的无差异曲线，此时的无差异曲线图随着 λp 值的不同而不同。

按照凡勃伦物品的定律，如果价格下跌，炫耀性消费的效用就降低了，这种物品的需求量就会减少。对于一位凡勃伦物品的崇拜者，同样是这部 20 万元的手机，如果现在 1 万元卖给他，他也许根本不屑一顾；同样是一顿 20 万元的年夜饭，如果现在请他免费品尝，大概也会被拒绝。对于 A 先生的 B 朋友来说，如果他的家在北京，那他绝对不会花 10 元的钱去买那个证书的，哪怕免费，他也不会要。因为这些物品里只剩下实际使用效用，不

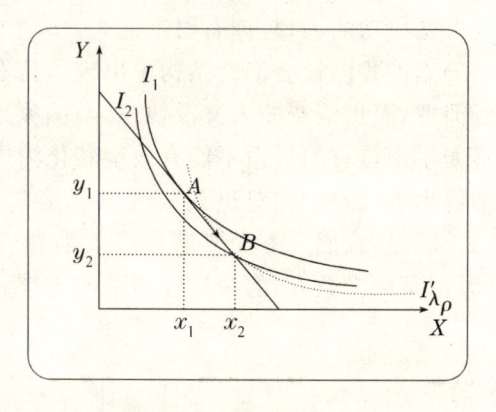

再有炫耀性消费效用。

在金钱文化的主导下,炫耀性消费可以说遍及社会的每一个角落,其表现形式也可以说是林林总总、无所不包。炫耀消费与商品的竞争相结合,一种是自我消费,另一种是代理消费。

自我消费的炫耀性是透过对财产的浪费来显示其对财产的占有。在《金钱的爱好准则》中,凡勃伦说明,在财产私有制度下,由于金钱财富成为区别荣耀和博得尊敬的基础,它也就成为评价一切实物的标准,无论是宗教、美感、实用性还是对物的占有,都是以显示金钱为目的。在《服装是金钱文化的一种表现》中,则描述了人们在服装上的好强斗胜和极力奢侈,说明他们如何借此夸耀自己的财富,表现自己的有钱和浪费性消费。

同时,代理消费也是炫耀性消费的一种重要的表现形式。这种代理消费者又可以分为两大群体:一个群体是穿特制号衣,住宽敞仆役宿舍的奴仆;另一个群体是在饮食、衣着、住宅和家具等方面浪费的主妇和家庭的其余成员。这些代理消费者的消费行为也只是为了证明其主人具有足够强的支付能力,从而为其主人增添荣誉而已。

从另一个角度看,炫耀并非缺点,它对我们这个社会起着很大的建设性功能:正是透过炫耀,财富才获得不断积累的动力;正是透过炫耀,一个人对财富拥有的满足才能折射到另外一个人的梦想中,并转化为一群人追求财富的动力——也就是说,从主观上讲,一个人透过炫耀获得了"追求财富并得到财富"的成就感;从客观上讲,一群人在这个人的炫耀性消费的刺激下获得追求财富的动力:有资格炫耀的人是成功的人,是拥有财富的人。

当前我国社会消费结构中出现了特有的"富人低消费"现象:有钱人很多选择低消费,而想消费的人又没钱,这与国家宏观经济扩大内需的政策预期完全相悖,富人手中持有的货币不能有效地转化为推动消费升级的购买力。商品就不能全部销售出去,造成"相对过剩",这也许是二十世纪三十年代经济危机产生的症结之一。所以,我们一方面要满足广大消费者的普通需求,另一方面也要满足一些人(哪怕是极少数人)的炫耀性消费的需求。

14. 谁为奢侈品税收付出代价
——弹性与税收归宿

> 供给缺乏弹性的商品当由于价格上升需求量减少时,供给量减少有限,税收就主要由生产者承担。相反,供给富有弹性的商品当价格由于税收上升时,需求减少,供给大幅度减少,税收就主要由消费者承担。

公元前271年,赵奢担任当时赵国的最高税务长官。赵奢在中国赋税思想史上的主要贡献,是他坚持以法治税。他认为,以法治税是以法治国的一项重要内容,破坏税法会导致国家法制削弱,而国家的法制一旦遭到破坏,社会就会陷入混乱,国家就会衰弱,诸侯就会乘机进攻,政权就会灭亡。他指出:"不奉公则法削,法削则国弱,国弱则诸侯加兵,诸侯加兵是无赵也。"赵奢有法律面前人人平等的民主思想。他认为,税法不仅平民百姓必须遵守,贵族官僚也必须履行其纳税义务,这就是执行公平。做到了执行公平,国家就会强盛,政权就会巩固。当时的朝廷都很赞同他这种思想,每年都以公平纳税来增加国库。但后来,有一年因为国家发生战事,国库亏空。群臣商议以增加财主富农的地税来充实国库,农民的税收保持不变。然而这一新法推出不久,首先提出反对的竟然是贫民。为什么会出现这种情况呢?我们可以用经济学的原理来分析。

我们知道,直接的纳税人并不一定是税收的最终承担者。如果税收直接由纳税人承担,这种税就是直接税,如个人所得税、财产税、遗产税等;如果税收并不由纳税人直接承担,而是可以转嫁给其他人,这种税就是间接税,如营业税等。这种税在生产者与消费者之间分摊,谁最终承担税收负担就是税收归宿问题。对于这些贫困的农民来说,他们使用的多数土地都是从地主那里承包来的,朝廷加大了地主的土地税,而地主又把这种税费转嫁到了农民身上。这样一来,农民不但没得到好处,反而比以前更贫困了。这也是1990年,美国国会通过了对游艇、私人飞机、珠宝、皮革、豪华轿车这类奢侈品征收新的奢侈品税,却遭到工人和低收入者反对的原因。

支持这项税的人认为,这些奢侈品全部由富人消费,这种税也必然由富人承担。向富人收税以补助低收入者,平等又合理。但实施之后反对者并不是富人,而是生产这些奢侈品的工人,其中大部分是这项税所要帮助的低收入者。为什么这些并不消费奢侈品的人反而反对这项税呢?当对一种商品征税时,这种税收由生产者承担,还是由消费者承担,主要取决于该商品的需求弹性与供给弹性。所以,税收归宿问题要根据弹性理论来分析。

需求弹性是某种物品价格变动所引起的需求量变动程度,用需求量变动百分比与价格变动百分比的比值来表示。一般商品分为需求富有弹性与需求缺乏弹性两种情况。当一种商品需求量变动百分比大于价格变动百分比时,该商品就是需求富有弹性;反之,当一种商品需求量变动百分比小于价格变动百分比时,该商品就是需求缺乏弹性。需求越缺乏弹性说明消费者对这种商品的依赖性越大,即使价格大幅度上升,需求量减少的也很少。因此,需求缺乏弹性的商品当价格由于税收而上升时,需求量减少有限,税收就主要由消费者承担。相反,需求富有弹性的商品当价格由于税收而上升时,需求量可以大幅度减少,税收就主要由生产者承担。

供给弹性是某种物品价格变动所引起的供给量的变动程度,用供给量变动百分比与价格变动百分比的比值来表示。一般商品分为供给富有弹性与供给缺乏弹性两种情况。当一种商品供给量变动百分比大于价格变动百分比时,该商品就是供给富有弹性;反之,当一种商品供给量变动百分比小于价格变动百分比时,该商品就是供给缺乏弹性。供给越缺乏弹性说明生产者改变产量的可能性越小,即使价格大幅度变动,产量变动也很有限。因此,供给缺乏弹性的商品当由于价格上升需求量减少时,供给量减少有限,税收就主要由生产者承担。相反,供给富有弹性的商品当价格由于税收上升时,需求减少,供给大幅度减少,税收就主要由消费者承担。

总之,一种商品需求越富有弹性而供给越缺乏弹性,税收就主要由生产者承担,需求越缺乏弹性而供给越富有弹性,税收就主要由消费者承担。

游艇这类奢侈品正属于需求富有弹性而供给缺乏弹性。这是因为,这类商品并非生活必需品,而且替代产品多。当这类商品由于税收而提高价格时,消费者可以用国外旅游、盖更大的房子、打高尔夫球这类同样高档的消费来替代。即使没有合适替代品,不消费这类奢侈品也可以把钱作为遗产留给后人。所以,当价格上升时,需求量大幅减少,需求富有弹性,但生产这类商品的企业短期内难以转产其他产品,供给缺乏弹性,税收实际上落到了生产者身上。

生产这些奢侈品的企业不仅要承担税收,还面临需求减少引起两种后果:一是企业不得不减少生产,二是企业不得不降价。这就使这类企业生产经营困难,不得不解雇工人。这个行业所有者利润减少,工人收入减少。本来这些行业的工人大多属于低收入工人,是这种"劫富济贫"政策要帮助的对象,结果反受这种政策之害。生产奢侈品企业的所有者与工人深受高奢侈品税之害,又承担了绝大部分这种税收。所以,这种税并没有受到富人的反对,而主要受到这些行业工人与工会的反对。美国国会迫于压力在1993年取消了这种奢侈品税。

　　税收归宿是经济学中一个重要的问题。如果不考虑需求与供给弹性来征税,结果可能适得其反。在开征一种新税或提高原有税种税率时,决策者一定要谨慎从事。

小知识

最理论的经济学家——萨缪尔森

　　1970年,保罗·安·萨缪尔森他发展了数理和动态经济理论,将经济科学提高到新的水平。他的研究涉及经济学的全部领域,对经济学的贡献不言而喻,每当人们想起经济学的时候,第一个印象就是这个戴着眼镜、一脸学术气息的萨缪尔森。

15. 渔翁为什么要大不要小
——消费欲望与需求

> 构成需求的两个因素是购买欲望与购买能力，两者缺一都不能成为需求。不掌握经济规律，特别是消费品变化规律是很难正确判断哪些商品应该扩大需求，哪些商品应该缩小需求，因而也就无法在动态中实现需求与供给在总量和结构上的均衡。

一个渔翁河边钓鱼，看样子他的运气还不错，只见银光一闪，一会儿就钓上来一条。但是很奇怪的是，每逢钓到大鱼，渔翁就会把它们放回水中，只有小鱼才放到鱼篓里。在旁边观看他垂钓良久的人迷惑不解，问道："你为什么要放掉大鱼，而留下小鱼呢？"

钓鱼的人回答说："我只有一个小锅，怎么能煮得下大鱼呢？而且小鱼更鲜啊！"

鸦片战争以后，英国商人为打开了中国这个广阔的市场而欣喜若狂。当时英国棉纺织业中心曼彻斯特的商人估计，中国有4亿人，假如有1亿人晚上戴睡帽，每人每年用两顶，整个曼彻斯特的棉纺织厂日夜加班也不够，何况还要做衣服呢！于是他们把大量洋布运到中国，结果与他们的期望相反，中国人没有戴睡帽的习惯，衣服也用自产的丝绸或土布，洋布根本卖不出去。

按当时中国人的购买能力，还是有相当一部分人可以消费得起洋布的，为什么英国人的洋布卖不出去呢？关键在于中国人没有购买欲望。经济学家认为，构成需求的两个因素是购买欲望与购买能力，两者缺一都不能成为需求。英国人失算的原因正在于不了解中国国情，没有考虑到中国人的购买欲望。就像渔夫一样，他所需要的都是一些能放进他锅里的小鱼，如果超出了他的锅所能容纳的范围，就算

15. 渔翁为什么要大不要小——消费欲望与需求

大鱼被送到他的手里，他照样会把它们放归到海里。

购买欲望取决于消费者个人的偏好，这种偏好又取决于消费者的物质与精神需要、文化修养、社会地位等因素。但消费者作为社会的人，其偏好与社会消费习俗密切相关。消费习俗作为社会习俗的一部分取决于一个社会的文化历史传统与经济发展水平。

鸦片战争后的中国仍然是一种自给自足的封建经济，并在此基础上形成了保守、封闭的社会习俗，对外国的东西采取强烈的抵制态度。就像渔夫一样，小锅装小鱼已经成了约定俗成的事情，见到大鱼后，尽管他也知道大鱼肉更多，刺更少，可他还是主观上去排斥它，而不是考虑什么好方法来对待这些大鱼使自己获利。鸦片战争后，洋布和其他洋货在中国受到抵制是很正常的。当然，消费习俗和消费偏好是可以改变的。企业可以透过多种方法影响消费习俗和消费者偏好，创造出消费者的购买欲望。

大家都知道，总需求小于总供给会导致经济萧条，所以只能靠扩大消费、刺激消费者的购买欲望来消除，可以说，这是扩大需求的唯一正确途径和方法。不过问题是如何扩大消费需求。凯恩斯主义扩大需求，带有很大的主观随意性，不考虑微观效果和供求在结构上的吻合，不注意遵循客观经济规律和市场机制的要求，这是其理论上的严重缺陷之一。结果是扩大需求的效果极差，直接导致供求结构失衡，如甲商品过剩，却扩大乙商品需求，就可能引起滞胀。不掌握经济规律，特别是消费品变化规律是很难正确判断哪些商品应该扩大需求，哪些商品应该缩小需求，因而也就无法在动态中实现需求与供给在总量和结构上的均衡。

那么，什么是消费品变化规律呢？它包括哪些内容？从单个消费品的生命周期来看，其经历了三个阶段。

第一阶段是初期发展阶段，产品刚被发明出来，价格较贵，产量也较低，大多数人买不起。这个阶段的特点是产品产量增长较缓慢，需求量也较小。

第二阶段是快速发展阶段，该产品的生产技术已经成熟，能大批量生产，价格也降了下来，再加上人们对它的需求迅速增加。这个阶段的特点是产品产量和需求量增长很快，人们的需求迅速得到满足。

第三阶段是发展缓慢甚至停滞或消亡阶段，由于在第二阶段，该商品得到大规模发展,已基本满足人们需要,需求达到饱和,因此只能随着人口增长而缓慢增长,如果有替代商品出现,该商品还会消亡。这个阶段的特点是产品需求增长较慢,产量也相应增加较小,处于相对停滞或消亡状态。

消费品虽然种类繁多,数不胜数,并且随着科学技术进步,新的消费品不断被发明创造出来,但对全部消费品(包括服务)来说,它们不可能同时处于生命周期的同一发展阶段。

在一定时期,有的商品处于生命周期的第一发展阶段,该类商品称为第一类商品;有的商品处于生命周期的第二发展阶段,该类商品称为第二类商品;有的商品处于生命周期的第三发展阶段,该类商品称为第三类商品。这样,全部消费品可分为上述三类商品。

随着生产发展,供给增加,处于生命周期第一阶段的商品要转入第二阶段;处于生命周期第二阶段的商品要转入第三阶段;处于生命周期第三阶段的商品逐渐走向衰亡。与之相应,第一类商品要转化为第二类商品,第二类商品要转化为第三类商品,第三类商品趋于衰亡。于是,全部消费品的演变历史可以表述为这样一个过程:第一类商品不断转变为第二类商品,第二类商品不断转变为第三类商品,第三类商品逐渐走向消亡;同时,新发明创造出来的商品又不断补充第一类商品。这就是消费品发展变化的基本规律。

> **小知识**
>
> **最"三农"的经济学家——刘易斯和舒尔茨**
>
> 1979年,美国人威廉·阿瑟·刘易斯和西奥多·舒尔茨在经济发展方面作出了开创性研究,深入研究了发展中国家在发展经济中应特别考虑的问题。这两个人由于对农业的关注,成为中国当前新农村建设中提及最多的两个人。

16. 萧何何以月下追韩信
——人才经济学

> 作为劳动者,人才是其中的一部分,但这一部分不同于一般劳动者,他们具有特殊的、专门的高质量、高素养和高能量,在劳动力这个总体内居于较高或最高层次。因此,在为数众多的劳动力群体中,人才有其不同性能,于是脱颖而出。

秦末农民战争中,韩信仗剑投奔项梁军,项梁兵败后归附项羽。他曾多次向项羽献计,始终不被采纳,于是离开项羽前去投奔了刘邦。有一天,韩信违反军纪,按规定应当斩首,临刑时看见汉将夏侯婴,就问到:"难道汉王不想得到天下吗,为什么要斩杀壮士?"夏侯婴以韩信气宇不凡、相貌威武而下令释放,并将韩信推荐给刘邦,但未被重用。后韩信多次与萧何谈论,为萧何所赏识。刘邦至南郑途中,韩信思量自己难以受到刘邦的重用,中途离去,被萧何发现后追回,这就是小说和戏剧中的"萧何月下追韩信"。此时,刘邦正准备收复关中,萧何就向刘邦推荐韩信,称他是汉王争夺天下不能缺少的大将之才,应重用韩信。刘邦采纳萧何建议,时年七月,择选吉日,斋戒,设坛场,拜韩信为大将。从此,刘邦文依萧何,武靠韩信,举兵东向,争夺天下。

这就是人才的功效。对于古代的任何一个朝代,或现代国家的发展来说,都离不开人才。人才的概念,不仅是经济范畴的事,还有其社会性、文化性和政治性。从经济学的视野来观察人才,或许有助于对人才的决策选择。

首先,人才是什么?作为劳动者,人才是其中的一部分,但这一部分不同于一般劳动者,他们具有特殊的、专门的高质量、高素养和高能量,在劳动力这个总体内居于较高或最高层次。因此,在为数众多的劳动力群体中,人才有其不同性能,于是脱颖而出。

其次,在经济领域尤其是过去崇尚的生产力领域,人才又是什么?这是讲生产要素,人才从一般劳动力中区别出来后,与土地、资本和技术等一起,仍旧是要素之

一。只是随着经济的发展和科技的进步,人才这个要素在生产力和经济活动中的作用和位置不断提升。作为科学和技术(广义地包括管理)的载体和所有者,当科技被认定为第一生产力后,人才也是第一生产力。

第三,人才作为生产要素,同样有其商品性,它是怎样形成的?这就要讲供求关系了。人才是在市场需求前提下的产物,由需求导致供给。但讲供求关系,人才不同于其他要素。其他要素在经济发展和科技进步后,都能达到供求先是平衡、后是供大于求(甚至如土地这样的基本上不可再生的资源,在先进科技提高土地生产率后,也不例外)。但只有人才,作为先进科技的开发者,精益求精,永远供不应求,是不折不扣的稀缺资源,始终处于买方市场。

第四,人才既是商品或稀缺资源,与其他商品化的要素是否也是交易对象?人才商品在供求驱动下,只有交易,或者说必须流动,方能实现其人才功能。在计划经济体制下,对包括人才在内的劳动力进行指令性分配,基本上排斥流动,由于信息不对称,难免以产定销,产销脱节,人才不可能充分发挥作用,难以实现其价值。只有在市场经济体制下,人才通过自由流动,即供求双方的自由选择,才能得到优化配置。所谓"人尽其才""各得其所",无非是对人才这种特殊商品的自由交易的结果。

第五,人才是否有价,又如何定价?既是要素和商品,人才自然是有价。问题是这种价格也决定于供求,而在供不应求的情况下,人才价格的总趋势是高价并且高涨。人才与一般劳动力在供求关系上分野了,从几倍到几十倍甚至不能以倍数计。科技成果卖价高达千百万元,是人才价格的转化,也归人才所有。这使人才本身的定价发生困惑,任何高薪都难以具体核算其所值。尺度在于实际效益,但在未实现前有不确定性。于是,要采取其他方式如技术入股特别是期权,把报酬与效益挂钩于其结果,使买卖双方都不吃亏,防止了市场风险。

第六,讲效益,对应于成本,人才是否也同此理呢?人才也存在成本。从人才成本,引出人力投资和人力资本的概念。当代劳动力也要受教育,也要有投入,那是容易计算的,并由国家、社会和家庭分担。人才却不同,虽然要有高学历(那是为了获得较高层次的基本知识,只是起点),但是其投入产出比例不寻常,是非线性的。这个成本与人才价格的市场形成相关,反映为对人才的激励机制和报酬方式。在多数场合,对人才的"雇佣"都是高成本、高效益,并有较高风险,否则,就会发生

"跳槽"的现象。

要构建人才高地,绝不是简单的事。这在优势地区、优势企业和弱势地区、弱势企业,情况不同,对策各异。总的说来,对人才的吸引力,一在激励档次不能不高,二在发展环境一定要好。在优势地区和企业,有其先发效应,出得起高价;而在弱势地区和企业,同样有其后发效应。特别是在人才蜂拥到先进地区和企业后,会形成有限的买方市场,这为后进地区和企业提供了另一种机遇。各地区和各企业发展自己的特色经济后,就有可能为更多的人才创造更好的用武之地。

小知识

张五常(Zhang Wu Chang)

张五常,1935年生于中国香港。1982—2000年为香港大学经济金融学院教授。世界著名经济学家,新制度经济学的创始人之一,在交易费用、合约理论研究等方面作出了卓越贡献。其著作甚多,求学之时,就凭一本《佃农理论》在经济学界崭露头角。返港后,以一系列用中文下笔的专栏文章在华文世界取得广泛的影响,代表作是《卖桔者言》、《中国的前途》、《再论中国》等。1991年他作为唯一一位未获诺贝尔奖的经济学者受邀参加了当年的诺贝尔颁奖典礼。

17. 谁泄漏了大庆油田的情报
——信息经济学与情报经济学

> **恩格斯曾经指出:"每一门科学都是分析某一个别的运动形式或一系列互相关联和互相转化的运动形式。"信息经济学与情报经济学的关系问题实际上可以归结为它们所反映的运动形式的关系问题。信息是构成情报的基础,情报是经过严格定义和定量处理的条理化、系统化和知识化的信息,是信息和决策之间的中介。**

20世纪60年代,随着我国大庆油田开采、挖掘工作力度的加大,迫切需要一些先进的炼油设备。跟日美英等国设备的交易中,只有日本的设备无论从大小、型号还是质量方面都是最符合中国当时炼油需要的,这完全不可能是巧合。但是对于中国大庆油田的位置、规模和加工能力方面是严格保密的。那只有一种可能:大庆油田的情报落入了日本人手中,到底他们怎么知道了中国油田情报的呢?

当时,日本为了确定能否和中国做成炼油设备的交易,迫切需要知道大庆油田的位置、规模和加工能力。为此,日本情报机构从中国公开的刊物中收集了大量有关的信息,对所收集的信息进行了严格的定性及定量处理后得出了有关大庆油田的位置、规模和加工能力的准确情报。

日本情报机构在1966年《中国画报》的一期内容里看到了王进喜的画像和大庆油田的概貌,于是他们又找来了1964年在《人民日报》上看到的一篇题为"大庆精神大庆人"的关于王进喜事迹的报道,进行了详细的分析,从中知道了"最早钻井是在北安附近着手的",并从人拉肩扛钻井设备的运输情况中判明:井场离火车站不会太远;在王进喜的事迹报道中有这样一段话:"王进喜一到马家窑看到大片荒野说:'好大的油海!我们要把石油工业落后的帽子丢到太平洋去。'",于是日本情报机构从伪满旧地图上查到,马家窑是位于黑龙江海伦县东南的一个村子,在北安铁路上一个小车站东边十多公里处。经过对大量有关信息严格的定性与定量分析,日本情报机构终于得到了大庆油田位置的准确情报。

位置清楚后,到底规模多大还要进行进一步的分析。《人民日报》中的报道说:"王进喜是玉门油矿的工人,是1959年到北京参加国庆活动之后志愿去大庆的。"日本情报机构由此断定:大庆油田在1959年以前就开钻了,到现在至少已有7年的开采时间。所以透过进一步的分析后日本情报局认为:"马家窑在大庆油田的北端即北起海伦的庆安,西南穿过哈尔滨与齐齐哈尔之间的安达附近,包括公主岭西南的大赉,南北四百公里的范围。"估计从东北北部到松辽油田统称为"大庆",规模相当大。

规模弄清楚后,日本情报机构亟待解决的问题就是大庆炼油厂的加工能力。日本情报机构从1966年的一期《中国画报》上找到了一张炼油厂反应塔照片,从反应塔上的扶手栏杆(一般为一米多)与塔的相对比例推知塔直径约5米,从而计算出大庆炼油厂年加工原油能力约为100万吨,而在1966年大庆已有820口井出油,年产360万吨,估计到1971年大庆年产量可增至1 200万吨。

透过对大庆油田位置、规模和加工能力的情报分析后,日本决策机构推断:中国在近几年中必然会感到炼油设备不足,买日本的轻油裂解设备是完全可能的,所要买的设备规模和数量要满足每天炼油一万吨需要。这一细致的分析,最终促成了中日双方交易的成功。

透过上文分析,我们得知并非王进喜泄漏了油田情报,而是日本人透过油田的相关信息作出最后决策的。这里就涉及到情报经济学和信息经济学之间的关系问题。恩格斯曾经指出:"每一门科学都是分析某一个别的运动形式或一系列互相关联和互相转化的运动形式。"信息经济学与情报经济学的关系问题实际上可以归结为它们所反映的运动形式的关系问题。信息是构成情报的基础,情报是经过严格定义和定量处理的条理化、系统化和知识化的信息,是信息和决策之间的中介。大庆油田的情报只有透过这些有条理的信息源,才能获得。所以信息在获取情报这一过程中扮演了一个重要的角色,体现了信息的价值。

不过,情报经济学作为一门独立的科学学科,从历史进展看,它与信息经济学紧密联系的同时,又在研究对象、研究内容、研究方法与手段、研究深度与广度等方面具有显著的特色,特别是在研究对象方面具有一定的独立性;而且信息是公开于众的,而情报是在信息的基础上研究出来的最终决策,具有保密性。

18. 杜莎夫人蜡像馆不良行为
——公共地悲剧

> "公共地悲剧",即哈定悲剧,它最初由英国留学生哈定 1968 年在《科学》杂志上撰文提出。在文章中,哈定认为:在共享公有物的社会中,每个人,也就是所有人都追求各自的最大利益。这就是悲剧的所在。因为过度的追求将导致公有物的透支,最终的结果只能是任何人的需要都得不到满足,这就意味着毁灭是所有人都奔向的目的地。

一人非常喜欢旅游,对各地名胜更是爱护有加。一日游走皇家陵园,有些疲倦,看见很多画廊楼阁,便进去纳凉休憩。当他进入亭子后,看到红漆的雕龙亭柱上,很多人写了"某某某到此一游"的话,非常气愤,于是他掏出小刀在亭柱上刻了六个字:请勿乱写乱画。

也许此人的初衷是好的,但举止却比那些乱写乱画的人要严重得多。因为写上去的字有擦掉的可能,但用刀刻上去的该怎么弥补呢?这就是公共地的悲剧,它属于大众所有,却又最容易受大众的损坏。

这里所谓的"公共地悲剧",即哈定悲剧,它最初由英国留学生哈定 1968 年在《科学》杂志上撰文提出。在文章中,哈定认为:在共享公有物的社会中,每个人,也就是所有人都追求各自的最大利益,这就是悲剧的所在。因为过度的追求将导致公有物的透支,最终的结果只能是任何人的需要都得不到满足,这就意味着毁灭是所有人都奔向的目的地。

在上海杜莎夫人蜡像馆正式对外开放一周时间内,尽管 125 元一张的成人票价在一定程度上限制了游客量,但种种不文明行为在馆内仍时有上演。为此,馆内不得不采取一些"因事制宜"的措施以保护展出的蜡像及设施。

尽管蜡像馆不是免费开放,但公共场所的性质还是使其遭遇了"公共地悲剧"。在游览蜡像馆的过程中,部分游客想到的是怎样最大限度地获得身心的享受,而没有顾及到自己的行为是否逾越了规矩,是否对蜡像馆的蜡像和设施造成了破坏。

于是,在破坏形成一定规模时,蜡像馆不得不作出防范措施,其结果不仅加大了蜡像馆的经营成本,而且还影响了随后所有人游玩的质量。

"公共地悲剧"可以解释和分析我国的很多经济现象:由政府部门出资建立的公园、绿化带往往过不了多长时间就面目全非了,这与个体的利己性不无关系。许多人在私人领域内可能文质彬彬,与亲人、朋友和睦相处;但是到了公共领域,就脱去了文明的外衣,随心所欲,甚至粗俗不堪。同时,"公共地悲剧"也与相关部门的管理不善和服务不周有关,如果个体的不雅行为得不到应有的约束,或者是一种现实情形下的必要选择,那么管理部门就应该承担一定的责任。

与之对应,消除"公共地悲剧"也应从素质的提高和管理的完善入手。一方面,透过教育和舆论,加大个体在公共领域违规的道德成本,让道德的自觉性约束利己的冲动性;另一方面,透过完善服务、科学管理,让遵守公共道德的人获得最大的收益,而不是逾越规则者获得更多的利益。公共意识的养成需要一个漫长的过程,只有在道德和规则双重作用下,"公共地悲剧"才能有效地减少。

小知识

郎咸平(Liang Xian Ping)

郎咸平,1956年出生于中国台湾,现任香港中文大学财务学系讲座教授。其曾担任世界银行公司治理顾问,现任深交所公司治理顾问和香港政府财经事务局公司治理项目顾问。他主要致力于公司监管、项目融资、直接投资、企业重组、兼并与收购、破产等方面的研究,并且成就斐然。他曾经在多家世界主要的经济和财务期刊上发表学术论文,如《美国经济学会期刊》、《芝加哥大学政经期刊》、《财务经济学期刊》、《美国财务学会期刊》等。

19. 涨价幅度急增的羊肉粉
——限制价格

> 限制价格是指政府为了限制某些物品的价格而对它们规定低于市场均衡价格的最高价格。其目的是为了稳定经济生活，例如稳定生活必需品的价格，保护消费者的利益，有利于安定民心。为了使限制价格政策有效，政府往往需要采用配额、票证等辅助措施。

在一条很繁华的地段，每天都有成千上万的人经过这里去单位上班。住在附近的几户人家，看到这里的人流量如此大，于是决定在这里租赁几个店面，开设几家羊肉粉馆，刚开始时，羊肉粉普遍每碗2元。上班族们每天经过这里时都会选择羊肉粉作为早餐。然而奇怪的是，这些小馆才开张几个月，就把价格由原来的2元涨到了5元。涨价幅度如此之大，使那些早上需要消费的人急切想知道到底是什么原因。老板汤某说，羊肉粉涨价的原因就是羊肉涨价。以前羊肉的价格是每斤6~7.5元，如今给他们供给羊肉的商贩将每斤的价格提高了2元，而且还有要涨的趋势。这一价位的迅速飙升使原本很红火的羊肉馆生意一下降到了冰点，有些人想吃，但一看到价格就走开了。眼看着这样的境遇，羊肉馆老板也不知道怎么办。

这只是一个很小的问题，不过小问题折射出大道理。就拿房屋来说，二十世纪七八十年代，一套二居室的房屋，几万块钱就能搞定。但今非昔比了，一些炒房团的出现，将中国的房屋价格炒到了最高点。现在不要说几万块钱，几十万也买不了一套好点的房子。很多人只能望房兴叹，能贷款的人也被每个月的月供压得喘不过气来。怎么办呢？这就需要政府的出面来调节这一价位的波动——限制价格。

限制价格是指政府为了限制某些生活必需品的价格上涨而规定的这些商品的最高价格，限制价格低于市场均衡价格。如图所示，某商品由供求关系所决定的均衡价格为P_0，均衡数量为Q_0，但在这一价格水平时，部分生活贫困的人将买不起，因而政府对这一部分商品实行限制价格政策，限制价格为P_1，$P_1<P_0$，此时商品实

际供给量为 Q_S，需求量为 Q_D，供给量小于需求量，产品供不应求。因而为了维持限制价格，政府就要实行配给制。

限制价格的影响作用可以利用住房的限制价格为例来说明：

第一，导致住房供给严重不足。在计划经济体制下，决定住房供给的并不是价格，而是国家计划。所以，住房不足的基本原因不能完全归咎于租金的高低，但应该指出，除了计划失误外，房租过低也是原因之一。由于房租过低，甚至比住房的维修费用还少，这就造成住房部门资金严重不足，建房困难。

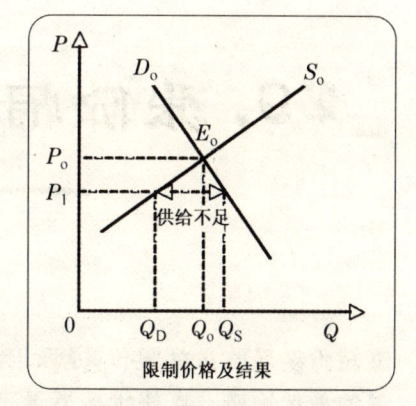

第二，寻求活动、黑市和寻租。在房租受到严格管制，住房严重短缺的情况下，就会产生寻求活动和黑市。在我国公有单位住房是由各单位拥有的住房占绝大多数。在这种情况下，寻求活动就是：想尽办法分到国家住房，这种想办法走门子就是一种寻求活动。这种寻求活动增加了住房的交易成本。黑市活动包括两方面：以极高的价格租用私人住房，以及个人把分配到的住房高价出租。除了寻求活动和黑市外，在租金受到严格限制，住房采取配给的情况下，必然产生寻租现象，这就表现在，掌握住房分配权的人利用权力接受贿赂。

解决住房问题的出路：一是住房市场化。一方面透过有偿转让使公有住房私有化，另一方面放开对房租限制，由住房市场的供求决定房租。二是创造住房市场化条件。我国实行住房市场化，由于职工收入水平低，工资中实际不包括买房支出，造成严重困难。因而我们必须创造条件，推动住房市场化。

根据上述实例，对于限制价格的利弊可以概括如下：限制价格有利于社会公平的实现，有利于社会的安定。但这种政策长期实行会引起严重的不利后果。第一，价格水平低不利于刺激生产，会使产品长期存在短缺现象；第二，价格水平低不利于抑制需求，会在资源短缺的同时又造成严重的浪费；第三，限制价格之下所实行的配给，会引起社会风尚败坏，产生寻求活动、黑市和寻租。正因为如此，一般经济学家都反对长期采用限制价格政策，一般只在战争或自然灾害等特殊时期使用。

20. 受政府保护的小本产业
——支持价格

> 支持价格又称最低限价,是政府为了扶植某一行业的发展而规定的该行业产品的最低价格。支持价格高于市场均衡价格。

1802年,有三个刚刚下岗的美国人从一个政府官员手里得到了1美元的施舍,于是他们作出了不同的投资决定:一个人害怕风险,买了黄金最保险;一个人买了有风险但又不太大的债券;另一个人买了风险很大的股票。到了1992年,三份原始票据与实物被发现,三个投资者的后裔成了这些财产的受益人,但受益结果却有天壤之别:1美元黄金值13.4美元;1美元债券值6 620美元;1美元股票值3 005 000美元。1美元投资股票,竟然变成三百多万美元,是什么造成这个神话的呢?是企业!企业的魔镜一旦被转动起来,任凭想像力也追不上它的轨迹。

美国前总统柯立芝曾说:"我们的事业是企业。"透过这位总统的话足见企业在美国的重要性,正是美国的企业才造就了今天的美国。于是,美国人说,诗人将自己交给了诗歌,女人将自己交给了爱情,美国人将自己交给了企业。

然而不管是什么样的企业,不管是国营还是私营,都离不开政府的支持。就一个小城镇来说,如果要发展,必须抓住本镇的优势来创办适合当地发展的产业,但这种产业的发展必然要有成本的投入。按本地的生活水平来说,能拿出这样一笔资金来经营这一产业,应该说是相当不容易的。所以政府为了加快落后地区经济的发展,就必须对这些产业给予一定的保护。比如对它们的产品给予最低的价格,以确保产品、货物不积压。如果一旦出现产品积压现象,政府会主动收购,从而确保这些小企业的继续运转。经济学上将政府给予弱势企业的这一最低价格称作支持价格。

支持价格又称最低限价,是政府为了扶植某一行业的发展而规定的该行业产品的最低价格。支持价格高于市场均衡价格。如图所示,该行业某商品由供求关系所决定的均衡价格为P_0,均衡数量为Q_0,政府为了扶植该行业的发展而制定的

支持价格为 P_1，$P_1 > P_0$，此时供给量为 Q_S，需求量为 Q_D，供给量大于需求量，产品出现过剩。为了防止价格下跌，政府就要收购剩余产品，因而支持价格政策的实施增加了政府财政支出。

支持价格的作用可以用农产品支持价格为例来说明：许多经济和自然条件较好的国家，由于农产品过剩，为了克服农业危机，往往采取农产品支持价格政策，以调动农民生产积极性，稳定农业生产。农产品支持价格一般采取两种形式：一种是缓冲库存法，即政府或其代理人按照某种平价收购全部农产品，在供大于求时增加库存或出口，在供小于求时减少库存，以平价进行买卖，从而使农产品价格稳定在某一水平上。另一种是稳定基金法，即政府按某种平价收购农产品，在供大于求时维持一定的价格水平，供小于求时使价格不至于过高，但不建立库存，不进行存货调节。在这种情况下，收购农产品的价格是稳定的，同样可以起到支持农业生产的作用。

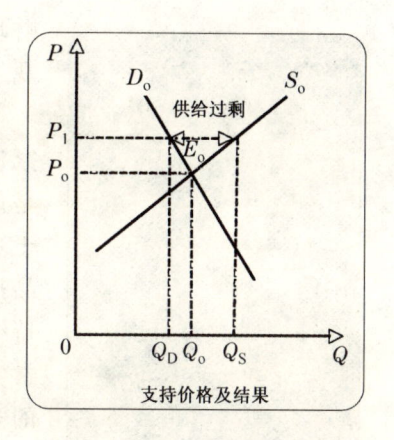

美国根据平价率来确定支持价格。平价率是指农场主销售农产品所得收入与购买工业品支付的价格之间的比率关系。法国是建立政府、农场主、消费者代表组成的农产品市场管理组织来制定支持价格。欧共体（欧盟）1963年成立欧洲农业指导委员会和保证基金，用于农产品的收购支出和补贴出口。

在供大于求的情况下，如果不使用支持价格政策，将导致这样的结果：一是存货调节。当市场供大于求，价格低时，生产者把部分产品作为库存贮藏起来，不投入市场，从而不形成供给，这就会使供给减少，价格上升。反之，当市场上供给小于需求，价格高时，生产者把原来的库存投入市场，这就在产量无法增加的情况下增加了供给，从而价格下降。这种自发存货调节对市场的稳定起到作用，却为投机倒把提供方便。二是地区套利。在现实中，市场往往是地区性的，这样在总体上供求平衡时，也会出现地区性不平衡。这种地区间供求不平衡所引起的价格差就产生了跨地区套利活动。只要这种价格差大于运输费用，这种投机活动就不会停止。这种投机活动有利于市场机制更好地发挥作用，也有利于经济稳定，是市场经济本身的一种"内在稳定器"。

支持价格的运用对于经济发展的稳定和制止投机活动有着极其重要的意义。其作用是：第一，稳定生产，减缓经济危机的冲击；第二，透过对不同产业产品的不同的支持价格，可以调节产业结构，使之适应市场变动；第三，实行对农产品生产的支持价格政策，可以扩大农业投资，促进农业劳动生产率的提高。但支持价格会使

财政支出增加,政府背上沉重的包袱,降低政府对宏观经济的调节作用。

不论是限制价格还是支持价格,都是政府利用国家机器的力量对商品供求实行的价格管制,限制价格是低于均衡价格的商品最高价格,支持价格一般是高于均衡价格的最低价格。前者的长期实行会造成商品持续的严重供不应求,后者的长期实行会造成商品持续的供过于求,二者都会对市场供求关系平衡的正常实现造成不利的影响。政府为了在实行价格管制的条件下,维持社会稳定,就必须对社会商品供求实行管制,由此就导致经济学上一个基本定理的产生:实行价格管制的国家必然导致对商品供求实行数量管制。

小知识

邹恒甫(Zou Heng Fu)

邹恒甫,出生于湖南省华容县,武汉大学经济系本科毕业获经济学学士,美国哈佛大学经济学博士学位,世界银行政策研究司经济学家,武汉大学经济学教授,武汉大学经济科学高级研究中心主任。对邹恒甫教授的评价:最低调的经济学大师。主要学术成绩、创新点及其科学意义:邹恒甫教授在国外主要杂志上发表了40多篇有影响力的论文。由于他在宏观经济学领域所作的突出贡献,在全球10多万名经济学家和5 500名著名经济学家的大排名中名列世界第247位。

21. 驴子的坏主意
——信用经济

> 信用是市场经济的产物,市场经济可以说是信用经济。从市场经济信用机理的经济学我们来分析,信用缺失的产生与市场的不确定性、人的机会主义倾向和有限理性有关。在市场经济中,个体在追求收益最大化的过程中会产生道德风险,即信用缺失。

从前,有个商人在镇上买了很多盐。他把盐装进袋子里,然后装载于驴背上。

"走吧!到集市上!"

商人拉动缰绳,可是驴子却觉得盐袋太重了,很不情愿地走着。

主人看见他这么吃力,也心疼,把一半的盐倒出来,自己一手牵着驴一手扛着半袋盐往前走去。驴很感动,它对主人说,"您对我这么好,等我长大一些后,我会背负很多盐让您获得很多利润。"

城镇与村子间隔着一条河。在渡河时,驴子东倒西歪地跌到河里。盐袋里的盐被水溶掉,全流走了。

"啊!盐全部流失了。唉!多么笨的驴呀!算了,走吧。"

驴子虽然很抱歉,但也非常高兴,因为行李减轻了。

过了一年,小毛驴长大了很多,商人又带着驴子到镇上去。这一次不是盐,而是棉花。棉花在驴背上堆得像座小山。

"走吧!回家!今天的行李体积虽大,可是并不重。天色还早,如果累了的话,我们还可以在路边休息。"

"多么好的人啊!"驴子感动得眼泪都掉下来了。正在这时,它看见一匹马驮着很多货物经过,它呼哧呼哧打着响鼻,已经非常累了,但是他的主人纵身一跃又骑到马上,并拿出皮鞭拍打着马屁股向前奔去。驴子非常庆幸自己有这么好的主人,它想一定要报答他。

不久,他们来到上次驴子跌倒的那条河边,驴子突然想到一年前的经历,自己一身轻松多好啊。

于是,驴子故意滚到河里。至于对主人的承诺早抛到九霄云外去了。

"顺利极啦!"

这时驴子虽然想站起来,但突然觉得没办法站起来。因为棉花进水之后,变得更重了。

驴子边哼哼嘶叫着,边载着浸满水加重的行李,走回了村子。

驴子的投机心理最后导致的结果是自作自受。因为投机心理和信用缺失,最后导致了负重回家的结果。

经济个体追求自身利益最大化是市场经济的内在驱动力,这是一个重大的思想解放,也是符合客观经济规律的。但有些人为了追求利益最大化,作出很多有失信用的举动。信用是市场经济的产物,市场经济可以说是信用经济。作为驴子,为了让自己轻松,却忽视了自己的本职,通过投机获得自身的满足。这也是它对自己主人不忠的表现,是信用缺失。

从市场经济信用机理的经济学来分析,信用缺失的产生与市场的不确定性、人的机会主义倾向和有限理性有关。在市场经济中,个体在追求收益最大化的过程中会产生道德风险,即信用缺失。驴子希望的是轻松,而主人希望的是更多利润,这种情况下,就会造成信息的非对称,这也是信用缺失的根源。

从交易成本论角度来分析信用缺失原因,交易成本论认为若失信行为不能够产生足够的经济损失,失信行为就会继续下去;相反,如果失信的成本大于失信产生的收益,则失信行为将因失去利益驱动而减少甚至消失。如果主人因为盐的流失而痛打驴子,驴子会因自己的疼痛而减少投机心理。其实这不光是对驴子心理的分析,在市场经济中,建立一定的约束机制,信用缺失的现象可能就不会泛滥。

市场经济信用制度是指为了改善市场交易中的信息不对称状况,约束市场主体在交易过程中的机会主义行为而制定的一系列法律、法规和规范的组合,是降低市场交易费用的有力保证。针对失信带来的危害,我们建立和完善市场经济信用制度势在必行。

我们如何建立这一体制呢?首先要建立和完善市场信用法规体系;其次,加强和完善信息的披露,尽可能减少信息的不对称,增强信用信息的透明度,建立公开、公正、公平的竞争秩序;第三,加大舆论宣传力度,引导企业加强信用管理和防范意识,强化个人特别是各级政府公务员、企业主要经营管理者和中介服务机构从业人员的信用观念。

22. 小偷也懂经济学
——成本效益

> 成本效益分析就是将投资中可能发生的成本与效益归纳起来,利用数量分析方法来计算成本和效益的比值,从而判断该投资项目是否可行。成本效益是一个矛盾的统一体,二者互为条件,相互依存,又互相矛盾,此增彼减。

小偷甲是个惯犯,偷小件物品手到擒来。很多个晚上他都活动在自行车库外,只要撬动一下扳子,拇指和食指轻轻一动,一辆自行车就到手了。这种偷窃让他也小攒了一笔财富,而且从未失过手。小偷乙也是个惯犯,不过他专偷银行和大商场,他有枪支,有弹药,每次作案都会跟他的妻子道别,跟他的儿女说再见。因为银行不是任何人都能偷的,他承担的风险很大。不过只要得手一次,足够他半年足不出户舒舒服服过日子。不过法网恢恢,作案的贼最终落网。小偷甲被判了5年,小偷乙被判了15年。

丢辆自行车不是新闻,但银行失窃却是媒体的重大新闻。相对于屡见不鲜的丢车现象,银行被盗的情况毕竟要罕见得多,这是为什么呢?

这里涉及到了成本。成本是指企业为生产产品、提供劳务而发生的各种耗费,简言之就是指取得资产或劳务的支出。成本由产品成本和期间成本构成。它们都是生产经营的耗费,都必须从营业收入中扣除,但扣除时间不同。产品成本是指可计入存货价值的成本,期间成本是指不计入产品成本的生产经营成本,直接从当期收入中扣除,包括扣除产品成本以外的一切生产经营成本。

任何人,包括小偷,做事前一般都要想一想是否划算,也就是要比较一下收益和成本,并对成本效益进行分析。所谓成本效益分析就是将投资中可能发生的成本与效益归纳起来：利用数量分析方法来计算成本和效益的比值，从而判断该投资项目是否可行。成本效益是一个矛盾的统一体，二者互为条件，相互依存，又互相矛盾，此增彼减。从事物发展规律看，任何事情都存在成本效益。成本大致可划分两个层次：一是直接的、有形的成本；二是间接的、无形的成本。效益也包含两个层次：一是直接的、有形的效益；二是间接的、无形的效益。偷银行的收益高，但成本也大。由于银行的保安措施严密，行窃时被抓的可能性很大，一旦失手遭受的惩罚也更重。就算得手了，刑侦部门也不可能善罢甘休，而是会竭尽全力，因此破案的可能性很大。基于对这些成本的评估，小偷一般不会轻易向银行下手。

而偷自行车虽然收益小，但成本也低得多。小偷几乎不需要什么作案工具，顶多带把钳子就行了。自行车的防盗性能极差，作案机会也多，很容易得手。即便是被抓住，小偷所受到的处罚也轻得多。如此低的成本，就使得自行车失窃现象层出不穷。

小知识

张维迎（Zhang Wei Ying）

张维迎，1994—1997年为北京大学中国经济研究中心副教授、教授；1997年9月至今为北京大学光华管理学院经济学教授，曾到日本、澳大利亚、韩国等国讲学。张维迎教授的企业理论及有关中国国有企业改革的研究成果在国内外学术界、中国政府有关部门和企业界有广泛影响，被公认为中国经济学界企业理论的权威。主要著作有《企业的企业家——契约理论》、《博弈论与信息经济学》和《企业理论与中国企业改革》等。

23. 明星织毛衣的机会成本
——机会成本

> 机会成本又称择一成本,是指在经济决策过程中,因选取某一方案而放弃另一方案所付出的代价或丧失的潜在利益。

有一个人行走在一条河边,他非常饥饿,亟须找些食物充饥。这时,他看到河边一个水洼里围困着两条鱼,非常高兴,正准备下河捕鱼时,却看见一只熊从他身旁边经过。熊掌多贵啊,多好吃啊,这真是百年不遇的好事,如果捕到了,可以卖更多的钱。于是,他拿了几块尖石,转身去猎熊。等他费了九牛二虎之力终于把熊猎到并取到熊掌后,已经精疲力竭,满身血污。他步履蹒跚地来到河边,企图再捕那两条鱼时,河里的鱼却已被别人捕走了。为了得到鱼,这个人只好拿熊掌去换鱼。

这个故事告诉我们,两样美好的东西不可能在同一时间内得到的。因为利用一定的时间效益做好两件事情是不可能的,因为时间有限。如果侥幸熊掉到河里,你同时钓到了鱼和熊,还要考虑钓鱼竿够不够结实的问题。就拿织毛衣来说,一个人用一定的时间织一件毛衣可以卖100元,如果她拿织毛衣的时间去做另一件事,可以得到50块钱的回报,那对于这个人来说,织毛衣更划算。

为了进一步说明这个问题,我们来假设一下,王菲在编织毛衣方面颇有天赋,同样织一件毛衣,她可能比别人织得更快更好,那么,她是否应该自己编织毛衣呢?如果她织一件毛衣需要两小时,同样,她也可以利用这两个小时为某一品牌化妆品拍摄广告,这部广告她的酬劳是100万。那么她织一件毛衣的机会成本就是100万元。与她相比,一个编织厂的女工小红织一件毛衣需要4小时,小红也可以利用这4个小时去给别人做钟点工,并因此获得40元的报酬,那么,小红织一件毛衣的机会成本就是40元。

对于不懂经济学的王菲和小红来说,我们有必要先让她们了解一下什么是机会成本。机会成本又称择一成本,是指在经济决策过程中,因选取某一方案而放弃另一方案所付出的代价或丧失的潜在利益。企业中的某种资源常常有多种用途,即有多种使用的"机会",但用在某一方面,就不能同时用在另一方面,因此在决策分析中,必须把已放弃方案可能获得的潜在收益作为被选取方案的机会成本,这样才能对选中方案的经济效益作出正确的评价。

再举一个案例,某企业准备将其所属的餐厅改为洗浴中心,预计洗浴中心未来一年内可获利润 70 000 元,有以下四种情况:A. 应考虑机会成本后再决策;B. 可以直接作出决策;C. 应改为洗浴中心;D. 不应改为洗浴中心。老板肯定会选 A。

由此可见,机会成本在决策中不容忽视,优选方案的预计收益必须大于机会成本,否则所选中的方案就不是最优方案。

针对这种情况,尽管王菲在织毛衣上有绝对优势——因为她只需要更短的时间就能完成一件毛衣的编织,但小红在织毛衣上却有比较优势,因为小红的机会成本低得多。借助贸易,王菲只需付给小红 40 元钱就可以得到一件毛衣,而无须放弃报酬 100 万的广告拍摄工作。同样,小红也得到了好处,因为织一件毛衣比做 4 个小时的钟点工要轻松得多。

小知识

李稻葵(Li Dao Kui)

李稻葵,清华大学经济管理学院教授,清华大学世界与中国经济研究中心主任,曾任教于美国密执安大学、香港科技大学。清华大学经济学学士(1985 年),美国哈佛大学经济学博士(1992 年)。主要研究和教学领域:转轨经济学、公司金融、国际经济学、中国经济。

24. 诚信是最好的竞争手段
——诚信与长远利益

> "商业的善"之所以存在,不仅是因为人性和道德,还因为理性。当"诚实是最好的竞争手段"时,只有守信才是理性的选择而不是做骗子。

对于不信任市场的人来说,市场是非人性的化身,是不道德的化身,市场经济所到之处,人们对于利益的追求会将仇恨的战神召唤到战场上来。但也有人说:"商业不是一个冷漠抽象的东西,而是具有人性的"。"商业的目的是要创造幸福,而不仅仅是财富的堆积"。到底如何,我们先来听一个故事。

在一个小乡村,张林向李军借了10块钱,他们之间无须书面的合同或借据,甚至没有说清还款的日期。但李军并不担心张林会赖账,因为张林如果真的不还钱的话,李军就会把此事在全村张扬,张林就不可能再借到钱。为了能继续借到钱,张林一定会信守承诺按时还钱。这就是"好借好还,再借不难"。退一步讲,即使张林并不打算继续借钱,他也要担心,坏了名声,做人就难了,自己再遇到困难就没人帮助了。所以,李军认为张林的承诺是可信的,而对于张林来说,信守承诺则是最好的选择。

小村里的人们信守承诺,张维迎教授对此作了三点解释:第一,借款的人有追求长远利益的动机,不会为了短期的利益而损害自己的声誉。农民不仅关心自己的未来,也关心后代的福利。他要祖祖辈辈在这个村庄生活下去,要与其他村民进行无数次的重复博弈,就一定要讲信誉。"父债子还"是农村几千年传统,如果父亲赖账,儿子就难借到钱。因此,在农村,出现这样的情景也就丝毫不奇怪:父亲在临终前把儿子叫到跟前,告诉他还欠谁家的债。反过来,农村人不大愿意借钱给光棍也是有道理的,就是怕"一人吃饱、全家不饿"的光棍不在乎名声。第二,一个人不守信用的消息很快会被全村人知道。社会学家的研究表明,在乡村社会,"闲言碎语"是储存和传播信息的重要手段,对维持信誉机制具有关键的作用。如果一个人干了坏事不能被其他人知道,他就更可能再干坏事。第三,人们有积极性惩罚违约者,办法是不再与他交易往来。如果受损害的人没有积极性或没有办法惩罚骗子,欺骗行为就会盛行起来。

"小村的故事"其实是一个简化的市场模型。理解"小村的故事",我们会明白,"商业的善"之所以存在,不仅是因为人性和道德,还因为理性。当"诚实是最好的竞争手段"时,只有守信才是理性的选择而不是做骗子。为什么是这样?首先,在真正的市场经济中,大部分的人还是要考虑长期利益,对于"跑得了和尚,跑不了庙"的企业来说就更是如此;第二,市场经济有一套"维护"信誉的机制,其中包括媒体等舆论作用。如詹姆斯所言:"媒体可以帮助保持、提高行业标准和企业的运作标准,可以保证企业的正常运作"。

小知识

约翰·纳什(John Forbes Nash)

约翰·纳什,1928年6月13日出生于美国西弗吉尼亚州卢菲尔德,1950年获得美国普林斯顿高等研究院数学博士学位,1951年至1959年在麻省理工学院(MIT)数学中心任职。现任普林斯顿大学数学系教授,美国科学院院士。1994年诺贝尔经济学奖得主。国际公认的博弈论创始人之一。发表论文有:《N——人对策的均衡点》、《讨价还价问题》、《非合作对策》。非合作对策理论以及合作对策的讨价还价理论奠定了坚实的基础,同时为对策论在20世纪50年代形成一门成熟的学科作出创始性的贡献。

25. 请兑现你的承诺
——诚信与发展

> 诚信是衡量国家发展状况的标准。如果国民的诚信度低,导致经济行为具有不确定性和不可预期性,投资的机会成本和商品的交易成本就高,经济运行效率会低下,社会资源和人力资源浪费会严重。

忙了整整一年,年终结算,有一位年轻的业务人员按原定计划可以拿到三万块钱的销售提成,这位业务员得意地规划着如何利用这笔钱,并希望自己能过个好年。可到了年底,当他要求公司兑现时,老板却一直搪塞。后来问的次数多了,老板很不耐烦地说提成比例的百分点算错了,他不应该拿那么多。目的很明显,就是不想兑现业务人员应得的那份酬劳。刚巧这时,公司有一笔货款要他去收,差不多也是三万块。这位业务员想,反正自己的销售提成是无法兑现了,不如将这笔钱据为己有算了,所以拒而不交收到的钱。他和老板由原来的争吵,最后发展到武力,并闹到了派出所。年轻的业务人员因私自侵吞公司的货款,按照有关法律条例,被法院判了有期徒刑,而这位老板的行为,使他在员工心目中的形象一落千丈,员工的工作积极性也严重受创,公司的生意一落千丈,很快就倒闭了。

真可谓言而无信,两败俱伤。本来一个好好的公司,因为老板的失信和业务人员对法律的无知,区区三万块钱,造成这样的后果实在是没有必要。那么如何预防这种情况在企业中出现呢?

首先,业务人员在进入公司从事销售工作,就应该同公司签订劳动就业合同、提成报酬合同等,以便今后如果发生纠纷,有事实依据,而不能凭借自己的冲动,作出对自己和今后非常不利的事情。

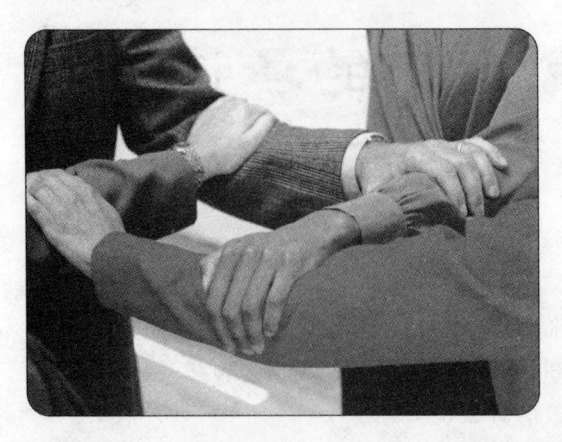

其次，老板在员工为公司创造了一定效益的时候，不但要给他应得的酬劳，还应当实施一定的奖励机制。如果言而无信，不仅失去了优秀的销售人才、忠实的员工，还会失去客户与市场，利润会大大缩水。

企业如此，国民经济中的诚信更不可缺少，诚信是衡量国家发展状况的标准。如果国民的诚信度低，导致经济行为具有不确定性和不可预期性，投资的机会成本和商品的交易成本就高，经济运行效率会低下，社会资源和人力资源浪费会严重。

国民经济中诚信水平下降的根本原因在于人们追逐不当得利，以及追逐不当得利被发现和受到惩罚的机会成本小之又小，甚至没有。如何减少和消除因国民不诚信行为给社会经济所造成的不利影响进而提高整个社会经济的运行效率呢？这就要求政府必须建立与现代市场经济相适应的诚信机制，特别是要设置科学的诚信标准。

诚信的标准包括两方面内容：一是诚信的道德标准。诚信的道德标准主要指人们在为人处事中能够诚实守信的行为规范，主要包括经商要有商德，为师要有师德，从医要讲医德，做百姓要遵守社会公德，等等。二是诚信的规则标准。诚信的规则标准主要是指为了使人们在社会政治经济事务中必须遵守诚信原则而制定的一系列政策法规，主要包括政治规则、经济规则和法律规则等。

诚信的道德标准是人文的、内在的、多样的和易变的，它对人们的约束是软性的，它构成市场经济的道德基石。诚信的规则标准是科学的、外在的、单一的和固定的，它对人们的约束是硬性的，它构成市场经济的法制基石。当前，我们要切实建立诚信的标准，特别是诚信的规则标准的建设，使诚信的两个标准在提高国民诚信水平过程中发挥应有的作用。

26. 偷瓜的成本
——个人信用

> 信用是指遵守诺言，实践成约，从而取得别人的信任。不同的研究角度对信用有不同的解释。从经济学的观点看，信用是指采用借贷货币资金或延期支付方式的商品买卖活动的总称；从社会学研究角度上看，信用是指对一个人（自然人或法人）履行义务能力尤其是偿债能力的一种社会评价。

武汉有一幢由外国人设计建造的大楼，人们猜测，该楼大约建于20世纪初期。1998年，突然有一封奇怪的信寄到这幢大楼的用户手里。信中说：该大楼建于1917年，工程保质期80年，现在时间到了，以后再出什么问题，本公司概不负责。落款是英国一家建筑公司。

权责要清晰。中国古代也有这样的例子，比如城墙上的砖，上面都有工匠的名字，如果出了问题，该工匠就要负责任，所以万里长城屹立至今依然那么坚固。产权清晰只是现代企业制度的一个特点，要建立真正的现代企业制度，不能只具有形式，应该骨子里有一种精神。就像那个英国的建筑公司，隔了80年，隔了几场战争，依然对自己在中国建造的房子负责到底一样。

信誉对于一个人来说是至关重要的，无论是在建造一座大楼中，还是为人处世，只有讲求信誉，才能让人们尊重你，支持你，同时也不会惹上不必要的麻烦。英国建筑公司对自己80年的承诺负责到底，这为公司树立了很好的口碑，有些相关的行业得知后，可能更愿意跟他们合作，这种信誉会给公司带来意想不到的效益。同样的问题出现在不同的地方，换来的也是迥然不同的结果。

有个小伙子生活在一个民风淳朴的村庄里，有一次欠了别人一些债，正发愁

时，他外面的朋友唆使他，让他乘天黑偷邻居老赵家地里的西瓜。小伙子经不住他们的再三鼓动，便前去偷瓜，往村外偷运时却被老赵逮了个正着。从此，这个小伙子背上了"偷瓜贼"的恶名，村里人教育小孩都说："千万别学谁谁谁，把家里的脸都丢光了。"

这就是破坏信用付出的代价。所谓的信用是指遵守诺言，实践成约，从而取得别人的信任。不同的研究角度对信用有不同的解释。从经济学的观点看，信用是指采用借贷货币资金或延期支付方式的商品买卖活动的总称；从社会学研究角度上看，信用是指对一个人（自然人或法人）履行义务能力尤其是偿债能力的一种社会评价。西方国家从纯经济学对信用定义：因价值交换的滞后而产生的赊销活动，是以协议和契约保障的不同时间间隔下的经济交易行为。要维护经济秩序的自觉性，还要有法律作保障。如果没有法律保障，经济秩序就会被破坏。

作为小伙子，他偷别人东西，不仅破坏了本村淳朴的民风，而且也毁了自己在人们心中的形象。对于借钱给他的人来说，即使小伙子还钱，以后别人也不会再借钱给他了。

个人信誉的流失会造成这样严峻的后果，对于一个企业来说信用更加至关重要。企业之所以能不断发展，在市场上不断开拓，重要的是与其他企业建立了长期的、稳定的良好关系，企业产品才有销路。有人说："诚信是企业的生命和灵魂。没有诚信，企业就像得了软骨病，没有凝聚力和号召力，犹如行尸走肉一般。"判断一个企业的实力，并不是看固定资产有多少、机构是否庞大、人员是否众多，而是看是否有适销对路的产品、是否有稳定客户群、是否有无形的品牌资产，而这一切都离不开企业的信誉。

过去社会相对封闭，人们抬头不见低头见，偷一次瓜的后果就是一辈子被叫做"贼"。偷窃的成本如此之高，以至于很少有人敢这么做。现代社会流动性大了，一些人就想钻空子做"一锤子买卖"，社会信用体系不再安全。信用低导致企业行为如履薄冰，影响了市场主体的正常运营，也不利于市场经济发展。

27. 三个女郎和边际量
——边际成本和边际效益

> 成本指生产活动中投入的生产要素的价格。"边际"这个词可以理解为"增加"的意思,"边际量"也就是"增量"。说得确切一些,自变量增加一单位,因变量所增加的量就是边际量。边际成本是增加最后一单位产品的生产成本。

一个男人要在三个女人中选一个作为结婚对象,于是他给了每一位女郎五千美金,并观察她们如何处理这笔钱。

第一位女郎从头到脚重新打扮了一番:她到一家美容沙龙设计了新的发型,画了美丽的妆,还买了新首饰,为了那位男士把自己打扮得漂漂亮亮。她告诉他,她所做的一切都是为了让他觉得她更有吸引力,只因为她是如此深爱着他。男人非常感动。

第二位女郎采购了许多礼物给那个男士,她为他买了整套的高尔夫球球具,一些计算机的配件,还有一些昂贵的衣服。当她拿出这些礼物时,她告诉他之所以花这些钱买礼物只因为她是如此爱他。男人也大为感动。

第三位女郎把钱投资到证券市场,她赚了数倍于五千美金的钱,然后把五千美金还给了那个男人,并将其余钱开了一个两人的联名账户。她告诉他,她希望为两人的未来奠定经济基础,因为她是如此爱他。当然,那男人同样深为感动。

他对三位女郎的处理方式考虑了很长的时间,最后他决定跟第三个女郎结婚。因为他只投出去了五千美金,这个女郎却帮他赚回了数个五千,也就是说帮他增加了N个五千的边际量。

"边际"这个词可以理解为"增加"的意思,"边际量"也就是"增量"。说得确切一些,自变量增加一单位,因变量所增加的量就是边际量。比如说,生产要素(自变量)增加一单位,产量(因变量)增加了2个单位,这因变量增加的2个单位就是边际产量。或者更具体一些,运输公司增加了一些汽车,每天可以多运200多名乘客,这200名乘客就是边际量。边际分析法就是分析自变量变动一单位,因变量会变动多少。

对于这位男士来说,结婚是考虑成本的,结婚花费的成本一般是无法收回,如果娶一个有经济头脑且能给自己带来边际效益的妻子,往往要比娶一个只知道花钱不知道赚钱的人划算得多。

很多情形下,考虑边际量有助于人们作出最佳决策。这里再举一个例子来说明:航空公司应该收取退票的乘客多少钱?假定一架有200个座位的飞机飞行全国,需要10万美元的成本,那么平均下来每个座位的成本就是500美金。人们很自然会被诱导认为航空公司绝不会卖低于500美元的票。但实际上,航空公司透过考虑边际量能提高其利润。想像一下,一架有10个空座位的飞机准备起飞,而一个在门口等退票的旅客愿意支付300美元得到一个位置,此时,航空公司当然会卖票给他。如果飞机有空座位,则增加一个乘客的成本是微不足道的。尽管运送一个乘客的平均成本是500美金,但边际成本仅仅是那个增加的乘客所消费的一包花生和一听汽水而已,得到的边际量就是300美元减去边际成本剩下的量,对于航空公司来说只赚不赔。也就是说,只要等退票的乘客愿意付出超过边际成本的钱,卖票给他就可以获利。

从这个例子可以看出,无论个人还是公司,考虑边际量都能够使他们作出更好的决定。当且仅当行动的边际效益超过边际成本时,理性的决策人就会采取行动。

28. 开宝石加工店的米开朗琪罗
——经济中的风险与防范

> 风险是蒙受损失的可能性，出现的可能性可以用概率来衡量。概率是从0到1之间的某个数。概率越大，某种结果出现的可能性越大。许多事件风险的概率可以根据历史数据或有关信息来估算。

公元1500年，意大利佛罗伦萨采掘到一块质地精美的大型大理石，它的自然外观很适于雕刻一个人像。大理石在那里放了很久，没有人敢动手。后来一位雕刻家来了一下，但他只在后面打了一凿，就感到自己无力驾驭这块宝贵的材料而停手了。

后来大雕刻家米开朗琪罗用这块大理石雕出了旷古无双的杰作——大卫像。没想到先前那位雕刻家的一凿打重了，伤及了人像肌体，竟在戴维的背上留下了一点伤痕。

有人问米开朗琪罗先前这个人是不是太冒失了。

米开朗琪罗告诉他说："没有，如果没有这位雕刻家的这一凿，也许就没有大卫像的产生。因为他的冒险给了我更多的勇气。"

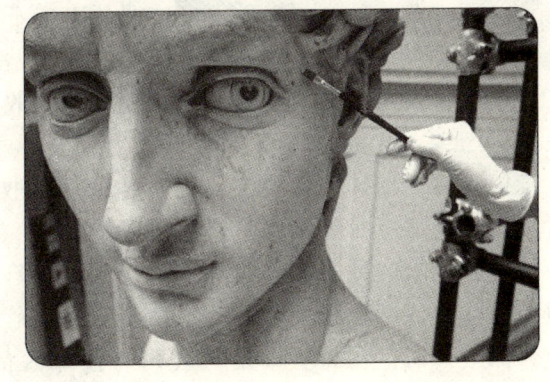

其实做任何事都有风险，就看我们敢不敢冒这个险，并且少走弯路。在经济领域，风险的作用和危害尤为明显。因为世界上的事情瞬息万变，今天还在持续飙升的股票市场，明天可能大跌，致使无数人瞬间倾家荡产。因为未来是不可知的，虽然气象家能预知明天的天气，但他不能保证后天会怎样，这就被称为不确定性。

人们在不确定的条件下从事经济活动，这就产生了风险。经济学家把不确定

65

性和风险联系到一起,但强调了这两者之间的区别。不确定性是可能出现一种以上的结果,但无法知道是哪一种结果。风险是蒙受损失的可能性,出现的可能性可以用概率来衡量。概率是从0到1之间的某个数。概率越大,某种结果出现的可能性越大。

许多事件风险的概率可以根据历史数据或有关信息来估算。拿米开朗琪罗的例子来说明预期收入的计算。假设米开朗琪罗因为雕琢了大卫像被国王奖赏了10万元。他把这些资金用于无风险投资——开设一家雕塑专卖店,每年可获利3万元。从事有风险的宝石雕刻加工贸易,可获利10万元,如果一旦失手,玉碎石烂就会亏损10万元。所以获利的概率为0.7,遇风险的概率为0.3,则预期收入为:10万元×0.7+(−10万元)×0.3=4万元。一般人都是厌恶风险的。要鼓励人们承担风险,有风险时的预期收入要大于无风险时的预期收入,两者之差成为"风险贴水",即风险报酬。米开朗琪罗从事宝石加工雕琢贸易正是为了获得这4万元的风险贴水。

预期收入是从事风险活动时长期平均的收入,但具体到每一次,实际收入可能是10万元,也可能亏损10万元。社会还提供了其他回避风险的方法。一种是透过投机活动转移这种风险。从别人手里低价收购雕琢品充当米开朗琪罗的作品,这样就避免雕琢时破碎之险,但这种做法多少有些不光彩。

转移风险的另一种办法是购买保险。保险的作用在于分摊风险,把一个人承担的风险分摊给更多人,每个人承担的风险就小了。保险是透过保险公司来进行的。保险公司存在的基础是对公司与投保人都有利。一个人遇上风险的概率不大,但一旦遇上损失就很大,所以投保人希望以一定的保险费来换取遇险时得到赔偿的权利。

从古至今,经济活动都有风险。风险管理是一个重要问题,其原则是不要把鸡蛋放在一个篮子里,而是要进行多元化投资——分布于各个篮子,以免篮掉蛋打,赔本到底。

29. 解决污染的办法
——科斯定理成立的条件

> **科斯定理的核心内容是：在产权明确界定，而且可以自由交换的条件下，如果产权交换的交易成本为零（或很低），则产权的初始分配对资源的最优配置没有影响。**

尽管科斯定理已经成为新制度经济学的理论核心，但是科斯本人并没有给所谓的科斯定理下过明确的定义，这大概与科斯讨厌黑板经济学的抽象思考，而追求真实生活的经济学有关，这种思考风格尤其体现在科斯的这种娓娓道来的故事叙述中。实际上，科斯定理就蕴含在科斯所叙述的一个关于山洞的故事中。

新发现的山洞是属于发现山洞的人，还是属于山洞入口处的土地所有者，或属于山洞顶上的土地所有者无疑取决于财产法。但是法律只确定谁是想获得山洞使用权的人必须与之签约的人。至于山洞是用于贮藏银行账簿，还是作为天然气贮存库，或养殖蘑菇与财产法没有关系，而与银行、天然气公司、蘑菇企业为使用山洞而付费多寡有关。

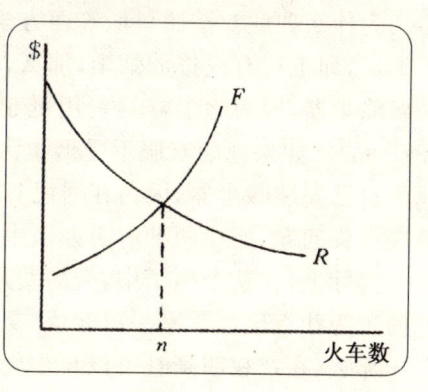

可见，科斯定理的核心内容是：在产权明确界定，而且可以自由交换的条件下，如果产权交换的交易成本为零（或很低），则产权的初始分配对资源的最优配置没有影响。由于在现实经济中，产权明晰且自由交换通常可以实现，因此交易成本为零（或很低）似乎就成了科斯定理成立的关键。

但是，经过对科斯定理的认真分析，我们就会发现，交易成本为零（或很低）并不构成科斯定理成立的必要或充分条件。这里我们可以借助事例来分析：

有一工厂，它的烟囱冒出的烟尘使得5户居住于工厂附近的居民所洗晒的衣服受到损失，每户的损失大概为75元，从而5户损失的总额为375元。为了不让这种损失继续下去，住户肯定要找工厂理论，而工厂也必须为它造成的污染负责。要想改变这一受污染之害的状态具体该怎么处理呢？假设只存在两种治理的办法：第一是在工厂的烟囱上安装一个除尘器，其费用为150元；第二是给每户提供一个烘干机，使他们不需要去晒衣服，烘干机的费用假设为每户50元，因此第二种办法的成本总和是250元。显然，在这两种解决办法中，第一种是比较节约的，它的成本较低，代表最有效率的解决方案。

按照科斯定理的含义，上述例子中，不论给予工厂以烟囱冒烟的权利，还是给予5户居民晒衣服不受烟囱污染的权利（上述的财产所有权的分配），只要工厂与5户居民的协商费用为零（上述的交易费用为零），那么，私有制的市场机制（私人之间自由进行交易）总是可以得到最有效率的结果（采用安装除尘器的办法）。

为什么如此？按照科斯等西方学者的解释，如果把排放烟尘的财产所有权给予工厂，即工厂有权排放烟尘，那么，5户居民便会联合起来，共同给工厂义务安装一架除尘器，因为除尘器的费用低于5架烘干机，更低于晒衣所受到的烟尘之害（375元）。如果把晒衣服不受烟尘污染的产权给予5户居民，那么，工厂便会自动地给自己安装除尘器，因为在居民具有不受污染之害的产权的条件下，工厂有责任解决污染问题，而在两种解决办法中，安装除尘器的费用较低。

实际上，在这个例子中，交易费用为零完全是不必要的假设，这一点是显而易见的。为什么经济学家一再奢谈"交易费用为零"，实在是令人大惑不解。

那么，在产权明晰且可以自由交换时，科斯定理成立的条件是什么呢？那就是科斯本人在《社会成本问题》中反复强调过的，这种产权交易对交易各方来说是"有利可图的"。除此之外，并不需要其他条件。

30. 养狗与扰民
——交易成本

> 交易成本指的是一项交易所需花费的时间和精力。有时这种成本会很高,比如当一项交易涉及处于不同地点的几个交易参与者时。高交易成本会妨碍市场的有效运行。

李先生养了一条哈巴狗,狗的狂叫声干扰了他的邻居张小姐,于是张小姐要求李先生将狗赶走。但李先生对于花了 800 元钱买的哈巴狗,当然不肯轻易放弃。如果张小姐愿意支付 1 000 元钱,李先生可能会接受建议,赶走哈巴狗。但还存在这样一个问题,李先生是一位无儿无女的孤独老人,养只小狗的目的是使自己不那么孤独。对于张小姐提出的建议,他当然不会接受,于是张小姐便有理由告他扰民。为了能够继续养狗,又不至于被起诉,李先生可以每月向张小姐支付 20 元的精神赔偿费,在这种情况下,张小姐便开始考虑得失,觉得自己可以额外获得 20 元的收入,也不至于因自己的坚持让老人孤独。张小姐最终接受了这一条件,二人又可以继续相邻为伴了。

其实此类情况,我们在报上经常可见,比如某住宅小区的一家海鲜店,因其价廉物美天天吸引一大批食客。海鲜店的老板、员工和消费者都从中获益,但周围的居民却备受油烟和各种汽车声、喧闹声的困扰,影响第二天的工作效率,又损害了身心健康。要解决这个问题,当然可以采取报警的办法,依靠法律手段强制海鲜店迁走或停业。除此之外,还可透过私人方法解决。

私人主体在解决他们之间的外部性问题时可以私下达成一种协议,在这种协议中各方面的状况都可以变好,这就是经济学中著名的科斯定理。

经济学家们认为,除了交换自由之外,还必须具备一些其他条件,才能使市场有效地配置资源。条件之一是关于交易成本的含糊但不可或缺的概念。狭义上看,交易成本指的是一项交易所需花费的时间和精力。有时这种成本会很高,比如当一项交易涉及处于不同地点的几个交易参与者时。高交易成本会妨碍市场的运行。对于张小姐来说,狗的吠声扰乱了她的正常生活,如果李先生不把狗赶走,就有理由去告他扰民;对于李先生来说,狗是花费一定代价买来的,考虑其中成本后,他不愿意将狗赶走,所以二者僵持不下。

从广义上看,交易成本指的是协商谈判和履行协议所需的各种资源的使用,包括制定谈判策略所需信息的成本,谈判所花的时间,以及防止谈判各方欺骗行为的成本。李先生如果接受李小姐的赔偿将狗赶走,或者每天支付张小姐20元精神损失费,然后继续养狗,那事情就得以解决了。不过在这一谈判中,他们彼此都花费了时间,而且两个人都会承担对方是否按照谈判支付赔偿的风险。科斯定理强调了"交易成本论",如果李张二人的问题都解决了,可以被认为:法定权利的最初分配从效率角度看是无关紧要的,只要交换的交易成本为零。

小知识

弗农·史密斯(Vernon L. Smith)

弗农·史密斯,1927生于美国堪萨斯州,毕业于哈佛大学。自2001年起,史密斯担任美国乔治·梅森大学经济学和法律教授。史密斯为实证经济学奠定了基础。他发明了一系列的实验方法,从而为对经济学进行可靠的试验确立了标准。他于2002年成为诺贝尔经济学奖得主。

31. "大长今"缘何作假
——建全市场体制

> 在市场经济条件下,一些追名逐利者为了自身利益,不惜放弃道德准则,违背法律,破坏市场经济。道德良心与金钱进行交换乃是一些暴发户的发财诀窍,也是假冒伪劣商品泛滥成灾的根源。

一个5岁失父的苦孩子从小帮母亲照料病牛,看到那些被病痛折磨得病牛,他立志要当一名有用的兽医。获得博士学位后,未能顺利在汉城大学获得教职,于是卖房买牛,进行人工授精实验,因为在实验方面的小成绩,使他终于圆了进入汉城大学的梦。黄禹锡这个在韩国曾响当当的名字,1993年在韩国首次培育出"试管牛",1995年培育出"超级奶牛",1999年在世界上首次培育成功体细胞克隆牛,2003年又首次在世界上培育出"抗'疯牛病'牛"。他成了韩国人的骄傲,人们对他的崇拜势不可挡,而他也不负众望,于2004年在美国《科学》杂志上发表论文,声称自己成功克隆了人体胚胎,这更让他声名大噪,成为韩国的"民族英雄"和偶像级人物。然而,让人始料未及的是,2005年末,黄禹锡的"人体胎盘"这一研究被人们质疑,然后被揭露为"造假"。这一变故不仅让黄禹锡个人身败名裂,更让韩国人的民族自尊心受到了重创。

从黄禹锡的经历和个性而言,他从小孤苦,长大勤奋,一心做事,努力钻研着一个研究者该做的事情,应该说他是韩剧中"大长今"式的人物,如此之人作假让人觉得不可思议。

其实现实生活中"假冒伪劣"无处不有,无物不有,无事不有。据报载,连农民娶媳妇也有假冒者。一位山东老区的农民省吃俭用数十年,才积累了几千元准备为儿子找对象。这位老农万没想到,娶回家的竟是一个为骗钱财的"男媳妇"。

从计划经济到今天的市场经济,从产品的假冒伪劣上升到人的造假,不知道是社会的进步还是悲哀。假美女、假歌星、假运动员处处皆是。

假冒伪劣给人们带来的不仅仅是金钱的损失,其中很多东西危及到人们的生命。例如被禁止销售和使用的齐齐哈尔第二制药公司假药事件,让病人的生命岌岌可危。多年来,工商、质量监督等有关部门年年在打假,尽管这些部门层层把关,可是,假冒伪劣商品却无时无刻骚扰着我们的生活,问题到底出在哪里呢?

追根求源,兴风作浪者首先是那些唯利是图的贪财者。在市场经济条件下,一些追名逐利者为了自身利益,不惜放弃道德准则,违背法律,破坏市场经济秩序。道德良心与金钱进行交换乃是一些暴发户的发财诀窍,也是假冒伪劣商品泛滥成灾的根源。

"篱笆扎得紧,野狗钻不进。"假冒伪劣商品之所以屡禁不止,与一些地方受地方利益驱动,搞地方保护主义,有法不依的行为有直接关系;有的以"振兴地方经济"为由,明知当地生产假冒伪劣产品却听之任之;有的甚至搞行政垄断,搞地方封锁,一些不法商人在行业垄断中暗箱操作,欺行霸市,大肆制假售假,搞非法经营。

从顾客这边来说,他们的自我保护意识不强,加上一些人贪图便宜的心理,也给制假售假者以可乘之机。

市场经济也是法制经济,它透过法律形式规范各种经济利益主体之间的利益关系和行为准则,使市场经济运行和管理规范化和制度化。然而,有些地方搞地方保护和地方封锁,排斥市场竞争。这样,在交易行为混乱、行政管理和行政执法不规范的情况下,非法经营甚至制假、售假在所难免。为此,当务之急是要理顺管理机制,以保证市场的自由度;建立一个健全的法律体系,加强监督;建立一个充分竞争的市场体系,用市场本身的力量抑制违法经营行为。

32. 从石头到稀世珍宝
——价格的决定

> 需求的增加固然会使价格上升,但供给的增加会使价格下降。一旦供给不变,价格就只取决于需求,取决于购买者的购买欲望和购买能力。

有个院长交给一个男孩一块石头,说:"明天早上,你拿这块石头到市场上去卖。记住,无论别人出多少钱,绝对不能卖。"第二天,男孩蹲在市场角落,意外地有许多人向他买那块石头,而且价格愈出愈高。回到院里,男孩兴奋地向院长报告,院长笑笑,要他明天还要拿到黄金市场去叫卖。在黄金市场,竟有人开出比昨天高出十倍的价钱要那块石头。

最后,院长叫男孩把石头拿到宝石市场上去展示。结果石头的身价比昨天又涨了十倍,由于男孩怎么都不肯卖,这块石头竟被传为"稀世珍宝"。后来院长以1亿美金的价格终于售出了这块石头。

为什么一块普普通通的石头竟然被人叫出天价,还被封为"稀世珍宝"呢?其实用经济学中的一些原理很容易解释这种现象。价格取决于供求,要想控制价格,必须控制供求。也就是说,如果这只是一块普普通通的石头,大街上到处都是,人们用不着花高价购买,但宝石就不一样了。它在市面上很少见,人们可以拿它做成各种漂亮的首饰等,所以价格也相当高。院长这种做法刺激了对宝石的需求。

人们购买宝石源于两种需求:收藏和投资。将一颗价值连城的珠宝佩戴在自己身上或收藏起来,都能给人愉悦的感觉。在为了收藏而购买这块宝石时,需求取决于购买者对宝石的主观认识。比如一块石头被抬高价格的次数多了,自然被人

们认为是无价之宝。别人的评论也很大程度上影响了购买者。一块普通的石头被主观判断的人们一吹捧,就会引起人们的关注,提高了购买者的主观评价。从众心理在评价艺术品时相当明显。在这个石头变宝石的故事中,先让石头充满神秘感,然后引起人们的怀疑和猜测。这样,无疑会使人们对这个原本是一块普普通通石头的东西产生强烈的关注,重新审视它的价值,给予较高的主观评价,从而对这块石头的需求增加了。需求的增加会使价格上升。

宝石的另一种需求是投资。许多人购买这块宝石并不是为了收藏,而是为了保值和升值。在各种投资物品中,有价值的东西升值的速度最快。投资的收益在未来,所以,出于投资动机买这块宝石的欲望取决于对未来升值的预期。对这块石头的这种投资有很大的投机成分。对于院长来说,出售这块石头只是想为孤儿院筹到更多资金,动机是善良的。对于黄金市场和珠宝市场的人来说,他们有很大一部分人的动机是为了让这块"稀世珍宝"升值,然后以比购买价高出几倍的价格出售出去。这其实跟凯恩斯的最大笨蛋理论相吻合的。因为人们已经将这块普普通通的石头当成一块宝石了,所以价格升高的趋势使越来越多的人对这块石头充满了猜测和幻想,所以花高价买下这块石头的人当他检测到这只是一块普通石头后,他也不用担心会亏本,因为他预料到,肯定还会有一个更大的笨蛋来购买这块石头。

需求的增加固然会使价格上升,但供给的增加会使价格下降。一旦供给不变,价格就只取决于需求,取决于购买者的购买欲望和购买能力。

33. 生命的价值
——效用理论

> 消费者购买物品是为了从消费这种物品中得到物质或精神的满足,经济学家把这种满足称为效用。虽然效用不等于价格,但是对于社会中的人来说,当他索取的效用趋于无穷大时,索要的价格应当也是趋于无穷的。而人的生命的价值是无穷的,不可度量的。

有这样一个故事:在一次讨论会上,一位著名的演说家没讲一句开场白,手里却高举着一张 20 美元的钞票。面对会议室里的 200 个人,他问:"谁要这 20 美元?"一只只手举了起来。他接着说:"我打算把这 20 美元送给你们中的一位,但在这之前,请准许我做一件事。"他说着将钞票揉成一团,然后问:"谁还要?"仍有人举起手来。他又说:"那么,假如我又这样做呢?"他把钞票扔到地上,又踏上一只脚,并且用脚碾它。尔后他拾起钞票,钞票已变得又脏又皱。"现在谁还要?"还是有人举起手来。

其实,无论演讲家如何对待那张钞票,还是有人想要的,因为它并没贬值,它依旧值 20 美元。这使我们想到了人的生命,在任何时候、任何场合、任何群体中,人的生命永远都不会贬值,没有人愿意拿着自己的生命跟别人说,你给我五百万,我就把我的命给你。然而在社会不断发展的今天,面对屡禁不止的矿难事故,有人发出人的生命到底值多少钱的疑问。

在曼昆的《经济学基础》第二版中这样写道:评价人的生命价值的一种较好的方法是,观察要给一个人多少钱他才愿意从事有生命危险

的工作。曼昆认为,透过考察一种职业的危险程度以及人们对于这种职业索要报酬的多少,大致可以得出一个人的生命的价值是1 000万美元。

这样的分析表面上看来似乎有点道理,以矿难为例,矿主在矿工下井前都会签署一个生死协议,内容就是自愿合作,出现死亡概不负责。这是矿主为保证自身利益最大化和推卸自身责任,与矿工签订的不合理协议。在这种情况下丧生,似乎生命一文不值。其实不然,因为一个人假设能活60岁,如果他在矿上做工足够幸运没有受到伤害,那么他可以为国家、矿主创造30年的利润,这30年的利润再投资到其他行业里面又会创造更多财富,这样就像滚雪球一样,财富越滚越大,国民生产总值就会不断增加,所以生命依旧无价。

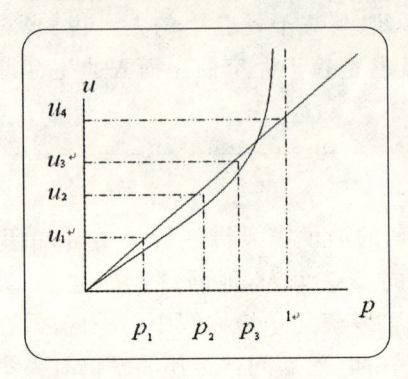

曼昆所谓的生命价值为1 000万,实际隐含着一种假设,即人的生命的价值随着生命危险概率的增加,呈现一种线性递增的关系。而这种假设是跟我们的一般常识相背离的,即随着危险程度的增加,索要的报酬并非呈现一种线性递增,而是一种指数递增。为了更好地阐释这个问题,我们将引入一个图形来辅助说明。该图形代表社会中一个典型人对于生命价值的反应,横轴表示可能失去生命的概率,纵轴表示效用。

根据曼昆的观点,u与p的关系显然是一条直线,因此,由(u_1,p_1),(u_2,p_2),(u_3,p_3)三点(或者更多)拟合成直线,再令$p=1$,求出u_4,这样忽略了一个事实,即随着p(生命受到危险程度的增加),效用的增加呈现一种指数递增的关系,即p的细微增加,u随之大幅度增加。因此,须拟合的是一条指数曲线,理论上当$p=1$时,u的值应当趋近于无穷。

虽然效用不等于价格,但是对于社会中的人来说,当他索取的效用趋于无穷大时,索要的价格应当也是趋于无穷的。因此,当人的生命面临丧失的时候,他索要的价格是无穷大。简而言之,人的生命的价值是无穷的,不可度量的。曼昆所说的人的生命的价值,只能是在一定的p条件下(p可能很大)索要的价格,并非真实意义的生命的价值。

34. 死比活更值钱
——消费者剩余

> 消费者剩余是买者为购买一种商品愿意支付的最高货币量减去买者的实际支付量的节余部分。

男孩Jim从城里移居到了乡下,并从一个农民那里花100美元买了一头驴,这个农民收了钱后,同意第二天把驴带来给他。

第二天,Jim却发现他得到的是一头死驴。Jim很不高兴,但是农民拒绝把钱还给他,农民辩称:"我并没告诉你这是一头活的驴子呀。"

一个月以后,农民遇到了Jim,农民问他:"那头死驴后来怎么样了?"

Jim说:"我靠它赚了500美元。"

农民觉得很惊讶。

Jim说:"我举办了一次幸运抽奖,并把那头驴作为奖品,我卖出了600张票,每张1块钱,就这样我收了600块。"

农民好奇地问:"难道没有人对此表示不满?"

Jim回答:"只有那个中奖的人表示不满,所以我把他买票的钱还给了他,最后扣除成本100元,我赚了499美元。"

许多年后,长大了的Jim成为了安然公司的总裁。

Jim的这种赚钱方式,我们可以理解为迎合消费者行为的低价策略,人们知道只花一元钱就有可能获得一头驴,这里存在着一定的风险,但是如果不买,可能根本没有机会去获得那头驴;如果花一元钱去买,那将有1/600的希望。在这种投机心理的驱使下,人们都愿意花一元钱来冒这个险。

类似情况在生活中比比皆是,如某家商场经常有这样的活动,买一送一,或者打折扣,原价为200块钱的一件毛衣打折后你可以以100块钱得到它,或者拿出200元买两件。不可否认,这样的诱惑是巨大的。如果你想买一件150元的毛衣,正好这件符合你的要求,而且比你预期要支付的少50块,那消费者都愿意买的。

经济学称这 50 元为消费者剩余。

消费者剩余是买者为购买一种商品愿意支付的最高货币量减去买者的实际支付量的节余部分。

就举买计算机的例子吧。假设蜀汉公司的计算机质量和性能不错,但是客户愿意支付的价格是有差异的。孙权富甲一方,愿意出 9 000 元的价格买天想计算机;张辽觉得关羽不会骗他,愿意出 8 700 元;周瑜愿意出 8 300 元;曹操只愿意出 8 000 元。假如现在蜀汉公司就只有 1 台计算机可卖,由 4 位买者竞价,最后的胜出者肯定是孙权,当他以 8 750 元买到这台计算机的时候,他的额外收益是多少呢?比起他愿意出的 9 000 元来,他还得到了 250 元的"消费者剩余"。假如现在有 4 台天想计算机出售,为了使事情简单化,就统一以 8 000 元的价格卖出,结果会是怎样的呢?

我们可以发现,除了曹操没有得到消费者剩余之外,其他几个人都不同程度地得了消费者剩余。其中最多的当然是孙权,他获得了 1 000 元的消费者剩余,张辽获得了 700 元的消费者剩余,就连周瑜也获得了 300 元的消费者剩余。这样算来,4 台天想计算机的消费者剩余之和是 2 000 元。实际上,曹操虽然没有获得消费者剩余,也并没有觉得自己吃亏,因为他没有以高于自己愿意支付的价格去买。

对于 Jim 来说,他花了 100 元买了一头死驴,但最后他不但没有亏本反而赚了 499 元,这在经济学上称为生产者剩余。生产者出售一种商品得到的收入减去成本就是生产者剩余,说白了就是企业赚的利润。这里的关键问题是各家的成本,谁的成本低,谁就能够获得较多的生产者剩余。

在大多数市场上,消费者剩余反映了经济福利。由此我们不难理解,同样一件商品,当其价格越低,产生的消费者剩余越多,也就是有更多的人会参与这个购买行动,并从中获得多少不等的收益。

35. 乞丐的三代祖宗
——经济流动性

> 经济流动性表现在同一家庭的几代之间。有数据显示,如果父辈比同辈人的收入高20%,那么子辈则只比同辈人的收入高8%。在美国的百万富翁中大多数是透过自己的努力赚得钱,只有1/5是继承了父辈的财产。

从前,在一条繁华的街上,有两个十五六岁的小乞丐,一个在街西,一个在街东乞讨。因为每天有许多有钱人从这里走过,所以他们总能得到几个铜板,足以解决他们的温饱。有一位富人经常从这条街上经过,每次都要给这两个小乞丐一人一块铜板,从没有过例外。所以小乞丐们非常感激他,每次都连连致谢。

就这样,三年过去了。小乞丐们都长成了大人。那个富人仍从这里走过,每次还是给他们一人一块铜板。

有一天,有位衣着得体的男士经过街西那个乞丐身旁,看见他脏兮兮的手脸,非常厌恶地说:"多么脏的孩子啊!"并将一块铜板随手丢进他的碗里。低着头的男孩就在这位男士将要走远的时候,突然抬起头来说道:"我的祖宗三代都比你有钱,而且有一天我会比你更富有。"

正在这时,富人又从这里经过。当他把一枚铜板放他的碗里后,乞丐突然抬起头说道:"尊敬的先生,我知道您是本市有名的富翁,而且我还知道您是位非常善良的人。不过我想先生您绝不希望一辈子都把用汗水挣来的钱施舍给我这种人吧?我不想再做乞丐了,我想做像您一样的富人。因为我发现眼下有一条挣钱的好路子,但需要本钱。所以我想向先生借50个大洋。将来我会连本带利一块还您的,请相信我。"富人想了一会儿,于是从提包里取了50块银元放在了乞丐手里。

街东处的那个乞丐远远看见了,也向富人索要更多的钱。富人问:"你也想做富人吗?"乞丐说:"想呀,连做梦都想做像您一样的人。"富人毫不犹豫地又从提包里取了50枚银元。

第二天,这条街的两个乞丐都不见了。

大概过了一年,一天早上,人们奇怪地发现曾在街东的那个乞丐又回到了老地方。原来他拿了富人的50块银元,整天吃香的喝辣的,还没过足富人的瘾,就把所有的钱挥霍光了,现他又成了十足的穷光蛋,只好又回来乞讨。

而此时,那个曾在街西乞讨的人,已经拥有了自己的一处门面房,做了小老板。

姑且我们不论乞丐是否飞黄腾达,并还了富人的钱,而是去关注一下乞丐对那位男士说的话:"我的祖宗三代都比你有钱"。现代社会根据每个家庭年收入的不同被划分为不同的阶层,这是经济学研究中的一个重要方法。少数的富人和穷人,加上大多数的中产阶级构成了社会的全部。值得注意的是,某些家庭在不同的收入阶层之间变动,也就是具有经济流动性。有些人凭借个人的勤奋或机遇,使得家庭的收入状况迅速改善,进入富裕阶层。而有的人却因为工作的懈怠或天降厄运坠入贫穷阶层。

因此,贫困与富裕都是暂时的。因博彩中特奖而一跃进入富裕阶层的人有之,这两乞丐受到富人的救济,算是博彩中得奖者吧。因染上赌瘾而使百万资产化为乌有的例子也不鲜见,虽然街东的乞丐并未拥有百万家产,但50个大洋够他去创造一片天地的,可是他好逸恶劳,那只能回归到他一无所有的起点上。

同样拥有50大洋的街西乞丐,却凭借自己的双手让自己终于摆脱了乞丐的身份,并向辉煌的未来迈进。这不能不说是劳动和勤劳造就了他,也体现了经济学里一个普遍的现象:经济流动性。美国在一个有代表性的十年中所作的调查表明,只有不到3%的家庭在8年或更长的时期内始终处于贫困。暂时的贫困可以通过努力改善,而持久的贫困往往提示一些个人无法改变的因素,如生产力水平低下,土地资源贫瘠,教育水平落后,盲目生育以及观念意识陈旧等,这也是那些持续贫穷的人和地区亟待解决的问题。

经济流动性还表现在同一家庭的几代之间。有数据显示,如果父辈比同辈人的收入高20%,那么子辈则只比同辈人的收入高8%。在美国的百万富翁中大多数是透过自己的努力赚得钱,只有1/5是继承了父辈的财产。

36. 老太太买菜
——信息与搜寻成本

> 如果把多寻找一点信息所增加的成本称为边际搜寻成本,把多获得这点信息所增加的收益称为边际搜寻收益,那么,寻找信息应达到边际搜寻成本等于边际搜寻收益。这时就实现了经济学家所说的利益最大化。

小五和王妈都住在紫苑小区的楼上,王妈独自一人住在3楼的一居室里,每天傍晚她都要到就近的菜市场买菜,偶尔也会遇到刚下班也是独居的小五。虽然都是来买菜的,但他们买菜的方式却有着天壤之别。老太太买菜一般是先把菜市场逛个遍,察看不同摊位的蔬菜质量和价格,最后择优而买,有时甚至不惜走一段路到其他市场去买。小五则要简单得多,就近碰到合适的则买,很少花时间去逛菜摊和进行比较。王妈的这种做法是否比小五的实惠呢?不见得,从经济学的角度看,他们的行为方式都是理性的。

经济学家认为,信息是人们作出决策的基础。信息是有代价的,获得信息要付出金钱和时间,这是寻找信息的成本,可称为搜寻成本。信息也会带来收益,有更充分的信息可以作出更正确的决策,这种决策会使经济活动的收益更大,这就是搜寻收益。老太太逛菜摊就是一种寻找信息的活动,所用的金钱(如磨损鞋子所需的支出)和时间就是搜寻成本。由于对各个摊位蔬菜质量与价格信息了解而买到更好、更便宜的菜就是搜寻收益。

人不可能得到完全信息,因为得到完全信息的成本高到不可能实现,所以人无法作出完全理性的决策。在正常情况下,人都是以有限信息为基础作出有限理性的决策。如果作出决策时不去寻找信息,决策失误的概率很大,这是一种非理性行为。但如果用过多的金钱与时间去寻找信息,搜寻成本大于收益,其行为也是非理性的。如果我们把多寻找一点信息所增加的成本称为边际搜寻成本,把多获得这点信息所增加的收益称为边际搜寻收益,那么,寻找信息应达到边际搜寻成本等于边际搜寻收益。这时就实现了经济学家所说的利益最大化。

不同的人买菜方式不同正在于他们的搜寻成本不同。如前所述,搜寻成本包括实际支出(鞋子磨损或乘车费)和时间。假设实际支出可以忽略不计,搜寻成本可以用寻找信息的机会成本代表,机会成本是为寻找信息而消耗的时间的其他用处,或这种用处带来的收入。假设老太太已退休,无事可做,她寻找信息的成本为零,即为寻找信息花费的时间并没有其他用处。当然,如果花的时间太多,影响了做家务、其他活动,或引起疲劳,则搜寻成本不为零了。所以,在一定合理的范围内,老太太逛菜场买到物美价廉的菜是一种理性行为。也许逛菜摊、讨价还价还会给她带来无限乐趣呢!

上班族则不一样了。假定一个记者每小时写文章可得收入 20 元,如果他逛菜摊买到的菜比不逛菜摊买到的菜便宜 20 元(把质量也折合为价格),那么,多逛一小时菜摊,边际搜寻成本为 20 元,边际搜寻收益为 20 元,他用一小时逛菜摊寻找信息就是理性的。但在一般情况下,逛一小时菜摊的收益没有这么多,他逛菜摊就是非理性的(当然,如果他把逛菜摊作为休息或被老婆逼着去逛,那又另当别论)。所以,他总是就近菜摊随便买一点。所省下的时间能带来的收益大于逛菜摊的收益,当然也是理性的。

也许老太太和记者都不懂经济学,也并没去计算逛菜摊寻找信息的边际成本或收益,但他们都在不自觉地按经济学的原理办事,这说明人天生是理性的。当然,如果学了经济学,自觉地按经济学原理作出决策,就会更加理性。

传统古典经济学一个暗含的假设是信息是充分的、无代价的。现代经济学否定了这一假设,这就是信息经济学的产生。比较获得信息的成本与收益是我们作出任何决策的基础。个人要为自己的消费与投资寻找信息,企业要为自己的生产与营销寻找信息,政府也要为作出正确的政策寻找信息。信息不充分是决策失误的主要原因,许多投资错误正是事前没有去寻找信息。连老太太都知道买菜要逛菜摊寻找信息,作出十几亿投资的人却不懂信息的重要性,岂非怪事?

37. 孔融让梨
——收入分配与经济发展

> 保证收入公平的原则是要保证过程的公平,即保证人人有平等竞争的机会。

孔融小时候聪明好学,才思敏捷,巧言妙答,大家都夸他是奇童。4岁时,他已能背诵许多诗赋,并且懂得礼节,父母亲非常喜爱他。

一日,父亲买了一些梨子,特地拣了一个最大的梨子给孔融,孔融摇摇头,却另拣了一个最小的梨子说到:"我年纪最小,应该吃小的梨,大梨就给哥哥吧。"父亲听后十分惊喜。孔融让梨的故事很快传遍了曲阜,并且一直流传下来,成了许多父母教育子女的好例子。

然而人总会长大的,长大后的孔融还会将最大的梨让给哥哥吗?假设长大后,孔融和哥哥共同经营家里的那片果园,当然里面种植最多的还是梨树。哥哥身体比较羸弱,脑子也不是很灵活,果园的多半活,比如挑水浇灌、打虫药、锄草、剪枝等都是由孔融完成的。秋末丰收,父母摘了最新鲜、最大的梨打算分给他们兄弟。孔融知道,当地的人们最喜欢收获的第一茬果子,如果把这些又大又甜的梨拿到集市上出售肯定能卖个好价钱。孔融考虑到这些,并想想自己付出的劳动比哥哥多后,还会把最大的让给哥哥吗? 答案可能是否定的。就算孔融依旧懂礼节,把大的让给哥哥,但心里还是痛苦的。作为父母,这个时候应该把大梨分给谁呢?

这个假设中涉及到了经济学中的收入分配问题。收入分配不是一个孤立的问体,不能脱离对生产的影响来评价某种收入分配格局是否公平。

首先,没有梨就谈不上分配,没有生产的发展就无法奢谈分配的公平与否。因此,考虑问题的着眼点首先是如何种植果树,获得更多果子,而不是分梨。社会上各个人拥有的生产要素和能力是不同的。为了鼓励把梨树栽培好,并结出更多、更大的果子,应该有一种把贡献与收入联系起来的激励机制。这就是为果园付出劳动最多、贡献最大的人应该分到最大的那个梨。如果一开始孔融的父母就确定好了无论贡献大小,都将分得同样大小的梨,或着秉承长兄为大的原则,将大梨分给干活最少的哥哥,那下一年的果树肯定结不了多少有质量的果子。因为谁也不希望自己付出劳动换回的成果让别人据为己有。可见,判断一种经济制度优劣的标准首先不是平等而是效率,只有培养出够大的果子,大家才能共同获利。

保证收入公平的原则是要保证过程的公平,即保证人人有平等竞争的机会。不少人对当前收入差距拉大的不满主要在于有些人不是勤劳致富,不是由于对果园多付出一份从而多得点好处,而是利用了权利或其他不正当的手段,这其实也是我们的制度不完善给了这些人可乘之机。

如果孔融的父母以长兄为大,且可怜他老实木讷,不问青红皂白就将丰收的大梨全部分给孔融的哥哥,用这种"劫富济贫"的方法来减少他们兄弟间的差距,这必定会事倍功半。不仅可能助长了哥哥好逸恶劳的性格,而且挫伤了孔融的积极性。其实,最好的办法是,在加快经济发展的同时,给低收入者更多的能力培养和教育机会。如孔融教他怎么做买卖,他的父亲教他怎样增加果树产量的知识等,整个果园才会兴旺起来。

小知识

克莱夫·格兰杰(Clive W. J. Granger)

格兰杰于1934年出生于英国的威尔士,目前是美国加利福尼亚大学经济学教授。瑞典皇家科学院称他的贡献将用于研究"财富与消费、汇率与物价水平,以及短期与长期利率之间的关系"。格兰杰为研究经济规律作出了巨大贡献,基于这一主要成就他于2003年获得诺贝尔经济学奖。

38. 曾子杀猪的原委
——外部性消除

> 任何一种经济活动都会对外部产生影响,比如说,汽车运输必然会产生废气污染环境,而植树造林发展林业就会形成改善环境的结果。这就是经济的外部性。

孔子有个学生叫曾子。有一次曾子的妻子要上街,儿子哭闹着非要跟着去,妻子就哄儿子说:"你在家好好等着,回来我给你杀猪炖肉吃。"儿子信以为真,果然不再哭闹。

妻子回来时,见曾子正在磨刀准备杀猪,赶忙阻拦说:"怎么你真的要杀猪给他吃?我原是跟他说着玩的。现在我都回来了,还用得着杀猪吗?"

曾子认真地说:"对小孩怎么能欺骗呢?你没有听说隔壁的小五就因为受他舅舅吃喝嫖赌坏行为的影响才被关进大牢的吗?父母的一言一行对孩子都有影响。我们说了不算数,以后孩子也会效仿的。"

于是,曾子坚持把猪杀了。

言必行,行必果。无论是一个人还是一件事都会对我们的生活产生重大的影响,这种影响在经济领域尤为明显。

任何一种经济活动都会对外部产生影响,比如说,汽车运输必然会产生废气污染环境,而植树造林发展林业就会形成改善环境的结果。这就是经济的外部性。如果说前者是"负外部性"的话,后者就应该被称作"正外部性"。

外部性扭曲了市场主体成本与收益的关系,会导致市场无效率甚至失灵,而负外部性如果不能够得到遏制,经济发展所赖以存在的环境将持续恶化,最终将使经济失去发展的条件。而这恰恰是当前中国经济发展所不得不面对的残酷现实:我们生产了世界上最多的钢铁,消耗了世界上最多份额的原材料,被污染了的环境持续多年难以得到根本的改善,换来的却是仅占世界国内生产总值4%的份额。长此以往,中国的发展将难以为继。

仔细分析造成这一局面的主要原因,应解决以下几个方面问题。

首先是认识问题。长期以来,尤其是在计划经济年代,中国经济发展处于一个较低的水平,经济的外部性无论是正外部性还是负外部性,都不是很明显,局限在环境所能够承受的范围之内。在这种情况下,对于经济的外部性没有深刻的认识自然顺理成章。改革开放之后,中国认识到了经济发展的重要性,开始了一个以经济建设为中心的时代。但由于认识上的原因,我们错误地把经济建设等同于经济增长,甚至与GDP的增长画上了等号。在这种认识的指导之下,经济的负外部性得不到有效遏制也就不足为奇了。

其次是政策性偏差问题及现有政策难以得到执行的问题。2002年1月,我国开始实施《防沙治沙法》,禁止砍伐生态林。牛玉琴所种下的每一棵树,也就成了"生态林"的一个组成部分,眼看着这些林木长大成材,一棵也动不得。而另一方面,她所欠下的银行贷款越积越多,所有到期的贷款本息都不能归还,也就只好每天白菜土豆,负债度日了。旧贷款还不了,新贷款当然没有着落。缺少了资金来源,纵然有万般绿化雄心,除瞭望沙而叹,牛玉琴们还有什么别的办法?这显然是一个政策偏差或者说至少是一个政策不配套的问题。而关于如何防治污染、污染之后如何惩处,我们其实是有一整套相关的规定的。问题是,这些规定大多只停留在了纸上。违反政策的成本几乎为零,污染的收益却唾手可得。在这种情况下,不污染反而成了一种奇怪的现象。

最后是体制问题。所有的问题都能够从体制上找到原因,经济外部性问题也不例外。早就有论者指出,以前的干部考核机制、地方政府考核机制有问题,过分关注经济增长而忽略了环境等经济外部性问题,应该改用"绿色GDP"等类似的考核办法。此论不谬,理应成为全社会的共识,但仍有如下两点需要补充:第一,政府应当加快从不应该介入的经济领域退出的步伐,这既包括国有企业要建立现代企业制度,也包括要根治政府对经济的不当干预,如各种名为管理或服务实质上却是收费或地方保护的行为。因为只有这样,才能够切断政府与经济的不当联系,从社会利益上找到政府的正确定位,使之能够从正确的立场出发,更加深切地关注经济外部性问题,更加公正地处理经济外部性问题。第二,要强化纠错机制,对于有令不行、有错不纠的行为,必须严加惩处。

经济的外部性问题与我们每一个人都密切相关,与我们的可持续发展密切相关。关注经济的外部性,维护市场的公平与效率,是政府重要的职责所在。一句话,经济的外部性问题得不到解决,科学发展观就不可能得到最终落实。

> **小知识**
>
> **罗伯特·希勒(Robert J. Shiller)**
>
> 罗伯特·希勒早年于麻省理工学院获经济学博士学位,现任耶鲁大学Cowles经济学研究基金会研究员,计量经济学会(Econometric Society)资深会员以及纽约联邦储备银行学术顾问小组成员。希勒教授在金融市场、行为经济学、宏观经济学、不动产、统计方法以及市场公众态度、意见与道德评判等方面,著作颇丰。著作有对投机市场的价格波动作了数学分析和行为分析的《市场波动》,《宏观市场:建立管理社会最大经济风险的机制》,另一本《非理性繁荣》被纽约时报评为非科幻类最畅销书。

39. 为什么生产煤的人没有煤烧
——相对过剩与供需平衡

> 真正的生产过剩是指生产超出了消费需求而产生的产品过剩问题。相对的生产过剩是由于生产结构不合理或者价格等因素造成的过剩。

在一个寒冷的夜晚,一个穿着单薄的小女孩蜷缩在屋子的角落里,问她的妈妈,天气这么冷,为什么不生火。母亲叹息着告诉她说家里没有煤,他的父亲失业了,他们没钱买煤。小女孩又问到,爸爸为什么会失业呢?母亲告诉她说因为她的父亲是一名矿工,他们生产的煤太多了,所以失业了。

这是发生在二十世纪三十年代初一个美国煤矿工人家的场景。与此同时,在密西西比河畔,农场主们正把一桶桶的牛奶倒入河水,把一车车的大肥猪倒进河中,仅1933年一年,就有640万头猪被活活扔到河里淹死,有5万多亩棉花被点火烧光。同样,在英国、法国、丹麦、荷兰,整箱的桔子、整船的鱼、整袋的咖啡豆被倒进大海,无数的奶牛、绵羊被宰死……

这是一种多么奇怪的现象,对于小女孩来说,既然爸爸努力工作生产了很多煤,为什么他还会失业呢?既然已生产了那么多煤,那自己家里为什么就没有煤来生火呢?对于她来说这是一个非常难理解的问题。广大百姓缺吃缺穿,冷冻挨饿;而资本家却将大桶大桶的牛奶倒掉,将活猪淹死。难道真的是"生产过剩",东西太多了吗?

其实这不是真正"过剩"。真正的生产过剩是指生产超出了消费需求产生的产品过剩问题。而这其实是一种相对的生产过剩,是由于生产结构不合理或者价格等因素造成的过剩。现代的房地产市场就存在着这一现象。房地产市场由于价格太高,导致老百姓买不起房子大量空置,看来房子好像是过剩了,实际上老百姓的住房需求并没有得到满足。

对于资本家来说,他们追求的是高额利润,生产大量产品为了获得更多利润。但很多时候,大多数人都无钱购买这些产品,产品就相对有能力购买的人来说产生

"过剩",但广大劳动者和贫民依旧需要这些产品。不过资本家追求的是高额利润,"过剩"产品必须被毁掉,才能保证产品高价,保持高额利润。

这种情况,对于平民大众来说,是残忍和不人道的;对于国民经济来说,这也是一种调整和促进手段。1973年,美国经济学家Robertson对战争的结果研究表明,在美国,从1940年到1945年GDP翻了两番,实际收入增加,并消除了失业。经济史学家Michael Bernstein也认为,在二十世纪五六十年代冷战时期,对共用品和其他物品的巨大支出,是美国经济成功的原因。2000年1月11日《扬子晚报》的一篇题为《南海一日倒掉牛奶两吨》的报道称,"南海市水牛奶研究开发公司对目前挫伤奶农的收购价表示已是硬着头皮支撑。据反映,该公司的鲜奶日处理能力是4吨,市场清淡,销路不畅,除固定供奶农户外,许多零售奶农也转将鲜奶销往该公司,使公司每天的收购量高达8.9吨,4个冷库全部储存满。卖不出去的鲜奶储存超过7日则变质,于是几乎每天都要倾倒变质牛奶,有时一日倒掉2吨多"。也就是说,因为牛奶滞销,商家无法储存,牛奶坏掉了,不得不倒掉。

显然,把牛奶倒进海里有一大部分是出于保护生产者利益的考虑。如果不销毁而是送给消费者,生产者的利益就会受到很大的损害。所以为了维护必要的供需平衡和一定的价格水平,就得限产,让一部分人先失业,这样平衡供求关系。这是一个不以人们的意识形态和主观愿望为转移的客观规律。当生产达到一定程度,市场跟不上的时候,就得调整生产,就得开拓市场,两方面共同努力形成平衡。

小知识

佳林·库普曼斯(Tjalling C. Koopmans)

佳林·库普曼斯(1910—1985),生于荷兰格来夫兰,1931年毕业于乌特里特大学。佳林·库普曼斯将数理统计学成功运用于经济计量学,对资源最优分配理论作出了贡献,从而获得1975年诺贝尔经济学奖。

40. 拉面经济
——劳务输出

> 农业劳动力数量相对过剩,是我国二元经济发展阶段的突出矛盾。劳务输出成为我国工业化、现代化进程中的一个显著特征,同时也是我国西部农村地区解决"三农"问题的一个重要举措。

上海一家青海拉面馆里,小伙子贾某在案板前忙碌着,他的法国媳妇正在往煮好的面条里加汤,小店里坐满了人,门外还有很多人排队等候。贾某是典型的青海人,初中没毕业就外出谋生,后来有了一定的资金积累便在上海某胡同开了这家拉面馆。他的媳妇是来自法国的留学生,来馆吃面的时候认识了贾某,因为欣赏其手艺便嫁给了他。他们现在的年收入不下 10 万元。本村人眼见贾某的日子一日胜过一日,非常羡慕,都争相来上海开面馆。到目前为止,类似于这种规模的面馆在上海不下十家。

其实除上海外,广州、深圳、北京、武汉等各大城市均有青海拉面馆出现,据统计,从 2001—2005 年,短短 4 年时间,青海一个县的农民在全国各地开办的拉面馆超过了 8 000 家,4 年净增 6 000 家。目前,政府还大力鼓励本省农民走出去,并每年拿出一定资金资助农民开面馆。除开面馆外,进入工厂、企业,跨出国门的人也日益增多,年底小伙子们还带着外地媳妇回家,有学者开玩笑说:"青海拉面经济不仅拉动了本省经济,还引进了外资。"

自 1985 年邓小平提出"一部分地区、一部分人可以先富起来,带动和帮助其他地区、其他的人,逐步达到共同富裕"以来,我国西部经济有了突飞猛进的发展。让一部分人先富起来的目的,是为了带动大家共同富裕。

然而对于西北部地区来说,由于交通、环境、气候等方面的原因,发展一直缓慢,而且这些地区都是在东部城市发展到一定基础后才开始起步的,所以东西部之间形成的差距不能说几年或几十年就能拉近。为此,西部各省政府为摘掉贫困和落后的帽子,多渠道因势利导,农村人口向城镇转移,加大劳务输出,加强技术引进,并采取退耕还林等举措,希望把农民从农业中彻底解放出来。

　　劳务输出作为劳动力空间流动的一种形式,可以适时解决西部劳动力过剩问题,西部本地区难以全部容纳农村人口到城镇来的问题。劳务输出一般包括国际劳务输出和国内劳务输出。对于国际劳务输出的人员来说,不仅可以学到新技术加快脱贫而且还可以改变我国国际劳务输出底子薄的面貌。国内劳务输出主要集中在中东部发达地区,将西部剩余劳动力转移到中东部发展需求中来,加大发展力度,同时拉动西部经济发展。劳务输出是实现劳动力资源合理利用的重要形式,对解决乡村富余劳动力的出路,满足劳动力不足地区的需要,加速基本建设的进程和经济全面发展,以及加强国内外交流等具有重要意义。大力发展劳务输出已成为必然趋势。

小知识

莱因哈德·泽尔腾(Reinhard Selten)

莱因哈德·泽尔腾(1930.10—　),德国波恩大学教授,数学家、经济学家,世界语者。主要致力于人类实验性经济行为、事物本质的研究,探索人类在面对限制的时候如何思考经济问题,如何做决定。他认为人类的思维能力有时会受到限制,博弈论或许会提供一种方式来考察人的经济行为。

41. 倒卖火车票的该与不该
——自由市场

> 自由市场的信条是:当由价格调整来满足需求时,买者与卖者都将从中获益。

春运期间,整个车站车水马龙、人山人海。为了买到25号的火车票,王先生19号下午5点就跑到火车站排队买票,等到晚上10点,38号窗口的售票员告之凌晨出票。他又来到39号窗口,发现前面已陆续排着7、8个人,大家都是在等待25号的直达车票。时间一分一秒地过去了,每个窗口都排满了人。他注意到排队的人中大都是农民工的模样,他们大包小包,满脸的倦容。

由于等的时间太久,王先生不得不拿出报纸跟其他人一样坐在冰冷的水泥地上,这时票贩子出现了。很多人其实对今晚能否出票并未抱太多希望,包括王先生在内,大家似乎都是来碰碰运气的。为了在票贩子身上获得一点希望,人们便向票贩子打听着。票贩子告之有票,但价格要比正常车票高出3倍。这个价格对于那些希冀早点回家过年的有钱人来说的确不算贵,他们掏了腰包拿着票走了,但大多数数着手指头过日子的人只能对这长龙前的窗口抱一丝希望了。终于到了发票的时间,然而令王先生恼怒的是25号的直达车票全部售完,不论去哪儿都买不到了。急需回家的王先生只能出血本,买了一张比原价高4倍的票。只一分钟时间,票贩子手中的票又涨了一倍,而且还有继续增长的趋势。

这是大多数回家过年的人都会碰到的问题。大家可能都很奇怪,为什么自己排了一个晚上或几个晚上都买不到票,票贩子哪来那么多票呢?其实这跟部分人的投机行为不无关系。站在政治和道德的立场上看,投机似乎是一种很不光彩的行为。然而在今天的市场经济形势下,竞争意识的增强,使很多人能适时抓住商机。在黄金节假日,正是人们外出旅游、探亲的绝好时机,而对于商人来说,这也是他们获利的关键期。由于人们乘着这个机会有足够的时间出去散心或探亲,期间的出行人数超过了任何时期,所以火车票便出现了短缺现象。这就给一些票贩子提供了投机的机会。票贩们以高出原来成本的价格倒卖这些车票,透过收取市场可以承受的高价,保证了那些渴望回家或旅游的人得到这些票。

　　类似情况在我们生活中也是屡见不鲜。譬如今年粮食大丰收,米价下跌,部分农民便会在明年少种大米,多种蔬菜。有的投机者看准了市场的趋势,低价时购入,等明年大米产量减少而价格上涨后卖出,他们便能从中大赚一笔。

　　从社会学的角度来看,这种倒卖行为可能是违法的,因为它扰乱了市场秩序。但从经济学的立场分析,由于需求在现行价格水平上严重超过了供给,因此往往要排几天的队才能买到规定票价的门票,实际上浪费的时间早已增加了门票的成本。如果说允许买高价票对那些有时间排队而无钱买高价票的人不公平,那么禁止倒卖门票对于那些有能力买高价票而没有时间排队的人又公平吗?自由市场的信条是:当由价格调整来满足需求时,买者与卖者都将从中获益。

小知识

约翰·海萨尼(John C. Harsanyi)

　　约翰·海萨尼(1920—),美国人,由于他与另外两位数学家约翰·纳什、莱因哈德·泽尔腾在非合作博弈的均衡分析理论方面作出了开创性的贡献,对博弈论和经济学产生了重大影响,由此获得诺贝尔经济学奖。

42. 镉污染"造就"女儿国
——排污权交易

> 所谓排污权交易,就是把排污权作为一种商品进行买卖。这种交易目前在欧盟国家中已正式运营。

在我国福建省清流县的高阪村,过去总共有 10 户人家,计 49 人,其中男 20 人,女 29 人,他们是 1965 年泉州兴建"惠女水库"时迁入的。在落户的 20 多年时间里,全村只生女婴,不见一个男婴降世。1975 年连生 7 个女婴,村民哭笑不得,人们戏称"七仙女"下凡,高阪村因此成了远近闻名的"女儿村"。村民们由千古流传的"风水"奥秘,想到生儿生女可能与村中三口水井的水质有关。一户生男孩心切的村民首先把家搬到了溪边,改饮溪水,第二年果然生了一个男孩。1989 年,在政府的支持下,群众集资安装自来水管,把山泉引进各户,从此,"风水"开始转向,村中降生了三男一女。后据有关部门检测,原先的井水受了镉污染,造成人体染色体紊乱。难怪村里几十年生不出男孩。

类似污染情况在我们的生活中屡见不鲜:水污染引起的物种灭亡、温室效应使全球变暖、尾气排放破坏臭氧层、食物污染引起的中毒……我们赖以生存的地球"病"得不轻,"病"主要是人为因素造成的。面对一系列的污染现象,人们不得不采取杜绝环境污染的措施,在这种情况下排污权交易就适时出现了。

所谓排污权交易,就是把排污权作为一种商品进行买卖。这种交易目前在欧盟国家中已正式开展。2005 年,欧盟国家在废气排量方面的交易量估计达 1.5 亿吨二氧化碳,交易额约 14 亿~15 亿欧元。《联合国气候变化框架公约》缔约方签订的《京都议定书》已于 2005 年 2 月 16 日正式生效,签署的国家和地区目前已有 140 多个。《京都议定书》规定,发达国家在 2008—2012 年间须将温室气体的排放量在 1990 年的水平上降低 5.2%,这对全球环境的改善有重大意义。

排污权已成为一种抢手的资源。美国、欧洲等西方国家非常看好这一市场,欧洲、美国已经成立了多家废气排污权交易所,每天发布排放额度的最新牌价。例如,最近每吨二氧化碳排放权的交易价格是8.5欧元左右。据交易所估计,2007年欧盟内部的排放贸易额将达500亿欧元,比今年增加30多倍。

排污权交易是一种前所未有的新事物。它不仅可以推动企业治污积极性的提高,从而有效控制环境污染,保证经济可持续发展,而且还具有超出经济利益的更重要的意义。世界各国已充分认识到,气候问题是人类面临的一项长期挑战,人类必须在未来付出更大代价的风险和为长远利益而放弃部分眼前利益之间作出选择,在发展与环保之间选择科学的结合点。

当然,作为新生事物,排污权交易难免也遇到很多问题,诸如排污总量如何确定,排污权指标的分配是否科学、公平,交易价格是否合理,排污权交易政策和法律还不太完善,等等。但是,不管有多少"烦恼",作为解决环境问题的一个有效途径,它已经受到越来越多国家的重视与欢迎。

小知识

道格拉斯·诺斯(Douglass C. North)

道格拉斯·诺斯(1920—),生于美国马萨诸萨州,现任华盛顿大学经济系卢斯讲座教授。他对经济学的贡献主要包括三个方面:用制度经济学的方法来解释历史上的经济增长;重新论证了包括产权制度在内的制度的作用;将新古典经济学中所没有涉及的内容——制度,作为内生变量运用到经济研究中去,特别是将产权制度、意识形态、国家、伦理道德等作为经济演进和经济发展的变量,极大地发展了制度变迁理论。主要著作:《美国过去的增长与福利:新经济史》、《制度变化与美国的经济增长》、《经济史中的结构与变迁》等。鉴于他建立了包括产权理论、国家理论和意识形态理论在内的"制度变迁理论",1993年获得诺贝尔经济学奖。

43. 用诚实换来国王宝座
——诚实的价值

> 经济学认为诚实不光是一种道德品质，也是一种能与金钱、名誉等进行配置的经济资源，并且这种资源与其他物品之间存在某种替代弹性。

从前有个国王，年纪大了，眼睛花了，耳朵也有点聋了，走起路来跌跌撞撞。

国王想，我快要死了，我死了以后，让谁来当国王呢？

有一天，国王告诉全国的老百姓，他要挑一个孩子做这个国家将来的国王。怎么个挑法呢？他给所有的孩子发了一粒花籽，看谁拿这粒花籽种出最美丽的花来，就让谁将来当国王。

有个孩子叫宋金，他领了一粒花籽回到家，把它种在一个花盆里，天天浇水，他希望那花籽赶快长出芽，抽出枝，开出最美丽的花儿来啊！可是，日子一天一天地过去了，花盆里什么也没长出来。他换了一个花盆，又换了一些土，把那粒花籽种上，可是两个月过去了，到了大家送花去比赛的日子，花盆里还是空空的，什么也没长出来。

这一天，全国各地的孩子一齐来到王宫里，他们每个人都捧着一盆花，有红的，有黄的，有白的，都很美丽。

国王出来看花，他在孩子们的面前走过去，可一直皱着眉头，一句话也不说。忽然他看见一个孩子手里捧着一个空花盆。

国王走到宋金面前，问他："孩子，你怎么捧着一个空花盆？"宋金哭起来了，他说："我把花籽种在花盆里，用心浇水，可是花籽怎么也不发芽，我只好捧着空花盆来了。"

国王听完宋金说的话,高兴得笑了起来,他说:"找到了,找到了,我要找一个诚实的孩子当国王。你是诚实的孩子,我让你做将来的国王。"

原来国王发给大家的花籽是煮过的,怎么会发芽、抽枝、开花呢?宋金种不出花来,别的孩子也种不出花来。别的孩子是换了好的花籽才种出花来的,可宋金做了一个诚实的孩子,所以他成了国王。

经济学认为诚实不光是一种道德品质,也是一种能与金钱、名誉等进行配置的经济资源,并且这种资源与其他物品之间存在某种替代弹性。有人曾用"掉钱包"试验来随机检测人们的诚实程度,结果发现了三种结果:一是少部分人拾到钱包之后便据为己有,不再交还失主;二是有相当比例的人将钱包交还给失主,并拒绝失主给予任何酬劳;三是少部分人在交还钱包的同时接受失主的部分馈赠。还有一个有趣的现象,当"掉"的钱包中的现金额增加时,钱包返还的比例随之下降。因此,经济学认为诚实在许多人眼里是有价的。

诚实的价格取决于每个人心中对诚实行为的评判。如果认为再多钱也不能改变自己的诚实行为,那么在这种人眼里诚实是无价的。就像宋金一样,虽然"未来国王"这一头衔诱惑够大,但他却放弃了它,而选择了诚实,这一诚实给他带来的回报是他变成了国王需要的未来国王。言归到"掉钱包"上,当钱包内的现金不变时,不诚实的代价上升(被人们发现的可能性增加等)会使不诚实的行为减少。相反,当不诚实的代价相同时,不诚实的收益越高,诚实的行为也就越多。在那个古老的"狼来了"故事中,牧羊童撒谎的收益十分可笑(仅仅引逗别人上当),而为此付出的成本却极高(最终羊都被狼吃掉了)。由此可见,诚实与不诚实都需要付出代价,诚实的收益或许正是不诚实的成本,不诚实的收益或许正是诚实的成本,二者的收益与成本恰好相反。

44. 为什么汽车都是你们的
——仇富与原罪

> 经济学上有一个增量和存量的关系,在改善以往经济存量状态的同时,不断增加现代的企业制度,完善的法律监督机制,公正的竞争条件,那么真正创造财富的企业将获得更好的经济环境,仇富的人将停止仇富。

一乞丐来到一富裕山村行乞,村民们古道热肠,对他施舍大方。半年过去,那乞丐小敛财富。后来村里不断有摩托车、小汽车的轮胎被人故意扎破,最后村民发现作案者竟是那乞丐。愤怒的村民们质问他为何恩将仇报。不料那乞丐竟振振有辞:"你们凭什么就这么富?我也是人,凭什么就这么穷?凭什么你们出门坐车,我却拄拐挪步,举步维艰!我风吹雨淋、低声下气一天也只能艰难度日,你们空调冷气、颐指气使却财源不断,难道这公平公道吗?我就是要在怀里揣上把修鞋锥子,夜里见一辆扎一辆,我才解气解恨!"

这是典型的仇富心理,当前很多人都存在着这种仇富心理,其原因多半与一部分人致富手段不正当有关。可以说目前存在的仇富心理,是经济发展特定阶段的产物。投机倒把、钻空的人越来越富,老实本分的人却越来越穷。所以随着部分人的日益富有,那些付出了很多但依旧贫穷的人的仇富心理越来越严重。

有一些经济学家表示,要向前看,而不是纠缠于过去的恩恩怨怨;要理性地看待过去,赦免这些富人的原罪。只有这样,才能让所有人都得到好处。

然而仇富心理这样就能消失吗?并不如此简单,应该说它有着充分的心理因素和文化的基础,带有社会快速变化的特有逻辑。

44. 为什么汽车都是你们的——仇富与原罪

就在一些人还在学校接受教育时,他们中的一些同龄人就已经在市场经济里摸爬滚打,得到了第一桶金,并且在不规范的市场经济中占据先机。而那些莘莘学子拿着辛苦换来的文凭进入市场时,发现自己老板的文凭并不比自己高。经济发展太快了,社会变化太快了,以至于把时间用于读书的人还来不及去赚钱,早早跌入市场浪潮的人已经发家致富,其结果是有知识的人赢得了清高的声誉,但有钱的人却进入了被仇视的行列。

透过乞丐的行为,我们可以看出,仇富心理是贫富差距越拉越大的情况下,是人们心理极度不平衡的产物。我付出的比你多,我文凭比你高,我的智慧并不比你差,但凭什么你就比我富有;凭什么你能吃香喝辣、衣着光鲜,我却在烈日下奔波看尽白眼。我正当工作,却贫穷潦倒,你们投机倒把,见法律空隙插针,却能高枕无忧,财源广进……这不光让弱势群体难以接受,只要有仇富心的人都是难以接受的。不过我们也不可否认,对于生活中种种血腥与丑恶现象的敏感与嫉恶如仇恰恰是值得倡导的社会进步因素。

对于富豪阶层的原罪问题,我们从来也不要求一定要追根究底,但是对于造就财富原罪的温床是应该格外警惕的。土地出让、金融里的权钱交易,权利掩护下的非法经营,出台的各种法律依然屡禁不止。这样造成的罪恶与血腥是没有理由要求人们坦然接受。对于原罪的善意放行不能成为原罪新生的借口,也不能单纯说是社会进步的表现。如果积累这种原罪,那么财富带来的只有怀疑与灾难。

财富的积累需要一个正当的手段,如果以不正当的手段去聚敛财富,那么历史的罪恶需要有人承担责任。仇富不是原罪,原罪是社会给了人们仇富的理由。

对原罪者而言,他们的第一桶金已经得到了承认,社会对他们也必须附加两个条件:一是集中在个人手中的资产要进行有效运作,必须产生就业和利润。只要能给国家增加税收,证明个人拥有运作这部分资本的能力,资本的来源就不再追究,这是一种妥协的做法;二是在运用财富的同时要承担法律责任,不要炫耀性使用个人财富,以免引起所有者的道德气愤。事实证明,妥协的方案不仅能够使富豪有效运用已经控制在手的个人资产,而且能为社会提供尽可能多的税收。

经济学上有一个增量和存量的关系,在改善以往经济存量状态的同时,不断增加现代的企业制度,完善的法律监督机制,公正的竞争条件,那么真正创造财富的企业将获得更好的经济环境,仇富的人将停止仇富。

45. 从玉箸看亡国
——棘轮效应

> 棘轮效应，又称制轮作用，是指人的消费习惯形成之后有不可逆性，即易于向上调整，而难于向下调整。

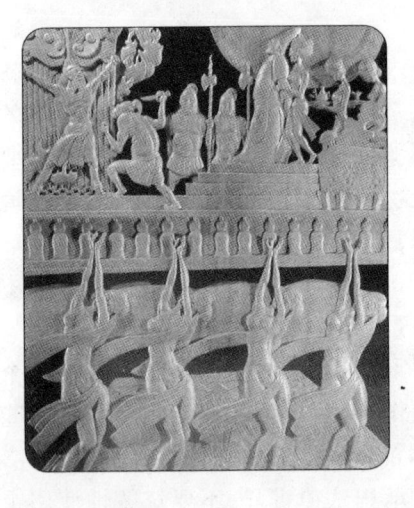

商纣王登位之初，天下人都认为在这位精明国君的治理下，商朝的江山一定会坚如磐石。

有一天，纣王命人用象牙做了一双筷子，十分高兴地使用这双象牙筷子就餐。他的叔父箕子见了，劝他收藏起来，而纣王却满不在乎，满朝文武大臣也不以为然，认为这本来就是一件很平常的小事。

箕子为此忧心忡忡，有的大臣感到莫名其妙，便问他原因，箕子回答说："纣王用象牙做筷子，必定再不会用土制的瓦罐盛汤装饭，肯定要改用犀牛角做成的杯子和美玉制成的饭碗；有了象牙筷、犀牛角杯和美玉碗，难道还会用它来吃粗茶淡饭和豆子煮的汤吗？大王的餐桌从此顿顿都要摆上奇珍异品、山珍海味；吃着这些，自然穿着也要绫罗绸缎为主，住的就更要富丽堂皇，还要大兴土木筑起楼台亭阁以便衬托自己身份的尊贵，那人民的苦难将横空出世。所谓物极必反啊！"

仅仅5年时间，箕子的预言果然应验了。严刑桎梏下的人民怨声载道，以贤德著称的周武王取代了商纣王。

在上面的故事中，箕子对纣王使用象牙筷子的评价，运用了现代经济学一种消费效应——棘轮效应。

所谓棘轮效应，又称制轮作用，是指人的消费习惯形成之后有不可逆性，即易于向上调整,而难于向下调整。尤其是在短期内消费是不可逆的,其习惯效应较大。这种习惯效应使得消费取决于相对收入,即相对于自己过去的高峰收入。

这一效应是经济学家杜森贝提出的。古典经济学家凯恩斯主张消费是可逆的,即绝对收入水平变动必然立即引起消费水平的变化。针对这一观点,杜森贝认为这实际上是不可能的,因为消费决策不可能是一种理想的计划,它还取决于消费习惯。这种消费习惯受许多因素影响,如生理和社会需要、个人的经历等。特别是个人在收入最高阶段所达到的消费标准对消费习惯的形成有很重要的作用。

从个人的角度来说,我们对于欲望既不能禁止,也不能放纵,对于物质过度的奢求,必须加以节制。如果对自己的欲望不加限制的话,过度地放纵奢侈,不能培养简朴的生活习惯,必然会使自古"富不过三代"之说成了必然,就必然出现"君子多欲,则贪慕富贵,枉道速祸;小人多欲,则多求妄用,败家丧身。是以居官必贿,居乡必盗"的情况。

小知识

西奥多·舒尔茨(Theodore W. Schultz)

西奥多·舒尔茨(1902—1998),美国经济学家,1930年毕业于威斯康星大学,获博士学位。1960年,他提出了人力资本投资理论,认为人力资本投资是促进经济增长的关键因素;基于非均衡方法对农业的发展潜力展开分析。1972年,舒尔茨荣获美国经济学会最高荣誉——弗朗西斯·沃尔克奖。主要著作有《改造传统农业》、《不稳定经济中的农业》、《农业生产和福利》、《农业经济组织》、《教育的经济价值》、《改造传统农业》、《经济增长和农业》等。由于在经济发展研究领域中的贡献,特别是对发展中国家的经济问题所做的首创性研究,1979年他获得了诺贝尔经济学奖。

46. 经济学中的木桶定律
——利润与风险防范

> 企业的生产目的最终是为了获得最大的剩余价值。如果生产(或服务)成本增加了,产品市场售价没有紧跟上扬,就意味着利润率在下滑萎缩。要获得相应的利润,要么就必须以管理、创新、网络、品牌建设、服务等为手段,强化企业抗风险能力。

希腊神话中的战神阿喀琉斯是希腊神话中的头号英雄,他的母亲是海神的女儿忒提斯。传说他出生后,母亲白天用神酒搽他的身体,夜里在神火中煅烧,并且提着他的脚踝把他浸泡在冥界的斯得克斯河中,使他获得了刀枪不入之身。

但是因为浸泡时他的脚踝被母亲握着,没有被冥河水浸过,所以留下全身唯一可能致命的弱点。阿喀琉斯长大后,在特洛伊战争中屡建功勋,所向无敌。后来特洛伊王子帕里斯知道了阿喀琉斯这个弱点,就从远处向他发射暗箭。帕里斯是位神射手,很多希腊英雄如克勒俄多洛斯都死于他的箭下,这一箭正好射中阿喀琉斯的脚踝,这位大英雄瞬间毙命。

大英雄的死缘于自身的唯一一弱点,正是这一弱点成为导致悲剧的关键因素。感慨之余,我们联想到生活中一个著名的定律:木桶定律。

众所周知,一只木桶盛水的多少,并不取决于桶壁上最高的那块木块,而恰恰取决于桶壁上最短的那块木板。人们把这一规律总结为"木桶定律"或"木桶理论"。

根据这一核心内容,"木桶定律"还有三个推论:

其一,只有桶壁上的所有木板都足够高,木桶才能盛满水;如果这个木桶里有一块木板不够高,木桶里的水就不可能是满的。

其二,所有木板高出最低木板的部分都是没有意义的,高的越多浪费越大。

其三,要想提高木桶的容量,就应该设法加高最低木板,这是最有效也是唯一的途径。

不可否认，企业的生产目的最终是为了获得最大的剩余价值。企业的生存和发展都离不开资金，所以企业最后的利润非常重要，因为很大一部分是重新投入企业的运营的，它要靠这些来支撑，而维系企业生存的利润又透过产品销售或提供服务来实现。如果生产（或服务）成本增加了，产品市场售价没有紧跟上扬，就意味着利润率在下滑萎缩。要维持相应的利润，就必须以管理、创新、网络、品牌建设、服务等为手段，强化企业抗风险能力，提升企业竞争力，确保适当的利润空间，否则企业经营就会处于亏本边缘，甚至生存无以为续。

小知识

简·丁伯根(Jan Tinbergen)

简·丁伯根(1903—1994)，荷兰海牙人，获得莱顿大学物理学博士学位，荷兰经济学院教授。简·丁伯根发展了动态模型来分析经济进程，被誉为经济计量学模式建造者之父，于1969年和拉格纳·弗里希(Ragnar Frisch)共同获得诺贝尔经济学奖。

47. 可怜天下父母心
——机会成本

> 作出选择或决策的原则是最大化，比较一种决策的成本与收益是判定最大化的方法。

广州有一所著名的外国语学校，教学质量好，毕业生的前程令人羡慕。但想进这所学校却相当困难，据说小学毕业生要经过语文、数学两门学科的考试。考试题目常常比奥林匹克竞赛题目还要难。通不过考试怎么办？花5万元～10万元不等的赞助费。

乔明在班上的成绩还算不错，他属于那种"冲一冲就可能上去，松一松肯定会下来"的"中上阶层"的成员；他父亲在广州算是"金领阶层"。乔明的父母对孩子的教育投入毫不吝惜，在距离外国语学校招生考试还有一个多月时，他们表态：上外校是最好的出路，乔明一定要上，花10万块也要上。

考试的日子越来越近了，可乔明的父母却发现他越来越不如以前用功了。问他是怎么回事，乔说："你们不是说好准备花10万的吗？"爸爸妈妈被噎得没话说了。他们的本意是要坚定乔的决心，给乔打一针强心针，可孩子却如同打了一针镇静剂。结果可想而知：乔明的父母果然花了10万块！

可怜天下父母心，省吃俭用，积攒一笔钱，目的是某个时候一股脑地投给教育事业。其实除了这笔可观的赞助费，据调查，很多父母从孕育一个孩子到16周岁在孩子身上投入的成本不低于25万元。

调查显示，以2003年的物价水平，0～16岁孩子的直接经济总成本达到25万元左右，如估算到子女上高等院校，家庭支出则高达48万元，这个数字还未将亲朋

47. 可怜天下父母心——机会成本

好友、社会资助及学校免费等5~6万元统计在内。

如果再加上孕产期的人均13 000元支出,以及孩子从孕育到成长过程中父母因误工、减少流动、放弃升迁等自身发展损失的间接经济成本,这一数字将更为惊人。

在孩子的总经济成本中,教育成本仅低于饮食营养费,占子女费用的平均比重为21%。这一比重在高中阶段为34%,大学阶段则为41%。学前教育的花费显著高于义务教育阶段,幼插班的年学杂费人均为4 600元,占子女总支出的30%。有少数家庭还支出了高额的择校费与赞助费。

这些数字证明,做父母实在很辛苦,千方百计地挣钱,省吃俭用地攒钱,目的只有一个,那就是让自己的孩子接受更好的教育。现在的丁克一族对他们的父母养育两三个孩子感觉不可理解。因为从经济学的角度来分析,父母为培养一个孩子成才,除了他们付出的这些可预算的资金外,还有很多精神、思想上的投入。举例子来说,一个30岁的母亲,她在这个年龄段还有足够多的资本(青春、精力)投入到一项她喜欢的事业上,为自己、为社会创造很多的财富。但她有个两岁的儿子,为了照顾他,她不得不放弃自己喜欢的事业,做一个全职太太。用经济学的术语说,这也是她为了抚育孩子所投入的机会成本。

知道了机会成本的概念,你就会明白抚养一个孩子的全部成本绝不仅仅是实际的货币支出25万元,还应该包括父母为抚养孩子所放弃的东西。换言之,抚养孩子的全部成本等于实际货币支出和机会成本。这种机会成本包括父母所付出的辛劳,以及为了抚养孩子所放弃的收入。如果说辛劳难以货币化,那么,所放弃的收入还是可以计量的。例如,一个母亲为了孩子放弃了上大学的机会,因此少了收入10万元,那么,这10万元就是抚养孩子的机会成本。仅加上这一项,抚养孩子的成本就达35万元了。如果把父母为抚养孩子放弃的各种机会、所受的辛劳、所放弃的享受都折算为货币,机会成本就非常大了。

经济学家认为,资源是稀缺的、有限的,把资源用于一种用途就要放弃其他用途。你要享受子孙满堂、合家欢乐的天伦之乐就必须放弃自己喜欢的工作,付出自己更多的时间和精力。你得到了其中某一样,就必须放弃另一样。

可怜天下父母心,他们付出这些,并不是求得回报。不过这种付出也是巨大的,难怪丁克族只想把钱存在银行里,而不是生养小孩,但这也并非理性的决策。经济学家说,作出选择或决策的原则是最大化,比较一种决策的成本与收益是判定最大化的方法。如果父母花费这么多的成本培养一个对社会有用的人才,将又会为国家创造多大的财富!

48.日本人说了算
——控股权的实效性

> 企业控制权可以理解为排他性利用企业资产,特别是利用企业资产从事投资和市场营运的决策权。大公司竞争的最后就是控股权之争,谁掌握了控股权,谁就掌握了资源与市场,掌握了企业发展的未来。

日本人非常爱吃鳗鱼食品,特别是一种有花纹的鳗鱼,不过这种花鳗要比普通的鳗鱼贵一倍,养殖起来也比较费劲。有家日本公司看好这一市场,便找了中国温州的某家企业,希望跟该公司合作在中国养花鳗,然后卖到日本去。条件是日本人提供种苗、饲养技术、饲料等,温州老板出人力、场地。

这次合作,技术、原料等都掌握在日本人手里,饲料配方对中国人也严格保密。此外,花鳗的市场主要在日本。这样一分析,虽然养殖场和所有的花鳗都在中国,看似温州老板对这一切有控制权,但这种控制权是没有实效的。技术和市场两头都在日本人手里,温州这边实际上处于被动地位,都是按日本老板那边的安排行事,这样合作的结果可想而知了。

这里涉及到了控制权与实际有效性的问题。企业控制权可以理解为排他性利用企业资产,特别是利用企业资产从事投资和市场营运的决策权。一般来说,在公司的权力分工体系中,董事会拥有公司的决策控制权。由于各国公司法和大多数公司章程以一股一票和多数原则作为董事会的基本议事规则,因而公司的控股股东可以透过控制董事会进而获得公司的控制权。对于温州老板来说,他虽然与日本老板合作,名义上有控股权,但这种控股权没有实效性。一般来说,资源、技术、市场这些要素,合作双方各占一部分,他们就能处于相对平衡的位置,但温州老板只是提供了一块场地给日本人,关于技术,日本人对他保密,生产的产品都销入日本市场,所以资源、技术、市场这三者都在日本人手中,在这种状况下,温州老板只是个为日本人筹备消费品的高级打工者。

控股权背后是对企业资源的支配权,进而主导企业的产品、管理、市场和未来,

48. 日本人说了算——控股权的实效性

直至企业的存亡。当企业发展到一定规模，竞争深化到一定阶段时，控股权显得尤为重要和迫切。海尔董事局副主席武克松说，大公司竞争的最后就是控股权之争，谁掌握了控股权，谁就掌握了资源与市场，掌握了企业发展的未来。

我国加入WTO后，外资对中国的态度正在由观望变为大规模的进入，国内外企业间的竞争越来越激烈。既然开放与竞争是我们绕不开的现实，那么如何在开放与竞争的格局中使我们的企业和产业获得发展，控股权就是我们不得不面对的问题。

然而，不管是在文中事例中，还是有关的调查发现，日企纷纷以各种方式不断加大在合资企业中的股权比重，有的甚至进行股权"倒戈"，直接掌控了合资企业的控股权。当问及他们是否有意识加大对中国境内合资企业控股权时，这些日企避而不谈，顾左右而言他。

日企之所以有如此表现和态度，是因为控股权所关涉问题的高敏感度。最通俗的理解是，控股权直接涉及"谁说了算"，参股各方的争夺自然激烈。

而中方企业在合资之初，或是因为急于要把国外的项目和资金引进来，只能先"求其所在"；或是因为没能掌握谈判的技巧和交易的筹码，或是迫于谈判中的被动地位，因此在组建合资企业时，往往不敢理直气壮地争取控股权。这样的结果是企业壮大之后，才发现原来我方对企业的控制力如此之弱，再要争取时，已经是有心无力。

"当我们与对手实力悬殊时，我们在控股权问题上往往被动。但当我们在发展中拥有自己的核心技术时，就到了争取控股权的时机。控股权能争取时要尽量争取。"一位企业老总如是说。如果某一产业的控股权在外资手中，长久来看，可能这个产业就会完全控制在外资手中，而这恰是中国的一些企业家最为担心的。

49. 税收带来的"无谓损失"
——资源配置与效率

> 经济学认为,政府向某一产品征税,不管这项税收是向生产者征收还是向消费者征收,最后都是由生产者和消费者分担的——生产者得到的价格下降,消费者得到的价格上升,税收在买者支付的价格和卖者得到的价格之间打入了一个"楔子"。

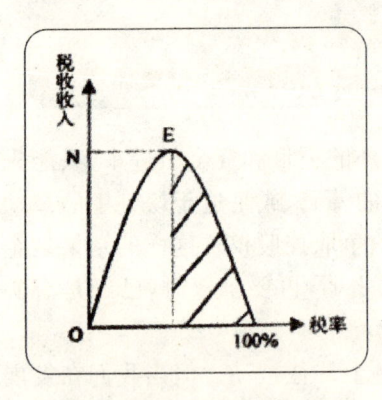

1974年的一天,经济学家阿瑟·拉弗西装革履,缓缓走进美国华盛顿的一家豪华餐馆,围在他周围的是一大批记者和政治家,今天他要将自己研究和捉摸了很久的一个理论拿出来跟大家一起分享。进入餐馆后,他拿来一张餐巾,拿出一支笔在上面画了一幅类似倾斜的抛物线的图,人们都惊奇地看着他的这一举动。画完后他举起那张纸向在座的人说道:"这就是税率与税收收入的关系:税率高到一定程度,总税收收入不仅不增长,反而开始下降。"

这便是著名的拉弗曲线。拉弗曲线问世三十多年来,并没有多少国家的实践证明拉弗的这一假设,但经济学家们大都相信:税收会造成社会总经济福利的减少,过高的税率带给政府的很可能不是税收增加的美好前景,反而降低税收收入。美国经济学家曼昆把税收造成的总福利的减少称为税收的"无谓损失"。

这里所谓的"无谓损失"借用案例可以来解释。王先生想请一个保姆做家佣,但他也是工薪阶层,为此他最多愿意支付每月430元的工资给保姆。王小姐以前每天卖报纸仅有400元的月收入,现在希望能找到一份清闲而且不用风吹雨淋的工作,看到王先生的招聘广告,她非常愿意尝试。最后他们达成协议,王先生每月支付420元的工资请王小姐做家佣。这样一来,从这份工作中,王先生可以节省

10元,王小姐比她原先的工作多赚20元。然而拿工资是要上税的,王小姐拿了420元的工资,必须上50元的工资税。如果这样一计算,王先生至少要付给王小姐450元才能达到她以前的收入水平,但王先生支付的底线是430元。权衡后,王小姐最终放弃了这份工作。王先生也不打算再雇用保姆。对于政府来说,也征收不到这50元的工资税,这就是经济学上的无谓损失。

新近发生在中国汽车市场上的新闻,也凸显出加在汽车上的各种税费的"无谓损失"。《中国经济时报》通过一篇购车经历报道了税费和各种繁杂的手续对人们购车积极性的打击。

这篇购车记中引述了一个销售人员所做的一个自然人贷款买"富康"的详细报价:车价97 800元,首付10%,分期5年,月还款1 514元,车损保险1 414元,第三者险1 170元,盗抢险978元,自燃险392元,贷款额78 240元,购置税8 359元,验车500元,保险保证金1 721元,管理费4 900元,其他20元,首付合计29 234元。

其实,该文报道的如此眼花缭乱的收费项目,只是购车环节支付费用的一部分。以北京地区(市区)而论,购买一辆小汽车还要交纳停车泊位证明费1 700元,车船使用税200元/年,牌照费174元,验车费(免检车)63元。还有一笔费用是汽车生产厂家代消费者交纳的3%~8%的消费税。一系列的征税项,使得多人对购车望而却步。本来的购车欲望被扼杀,从而造成无谓损失。

经济学认为,政府向某一产品征税,不管这项税收是向生产者征收还是向消费者征收,最后都是由生产者和消费者分担的——生产者得到的价格下降,消费者得到的价格上升,税收在买者支付的价格和卖者得到的价格之间打入了一个"楔子"。由于这个"楔子",这种产品的销售量低于没有税收时应该达到的水平,也就是说,市场规模收缩了。由于市场规模收缩,生产者和消费者受到的福利损失之和要大于政府得到的税收。

为什么会出现社会总福利减少这样的"无谓损失"?这是因为人们会对各种激励作出理性的反应。税收提高了买者的价格而降低了卖者的价格,买者和卖者对这种负面激励的理性反应便是少消费和少生产。于是,市场规模缩小到其最优水平之下,资源配置的效率降低了。

50. 要风景还是要产权
——产权的重要性

> 产权,意指使自己或他人收益或受损的权利。产权是社会的工具,其意义来自于这样一个事实:在一个人与他人做交易时,产权有助于他形成那些可以合理持有的预期。

德皇威廉一世在修建完无忧宫后,发现无忧宫的西北角有一个水磨坊的风车挡住了无忧宫的视线。德皇让侍从去与磨房主交涉,付他一笔钱,让他拆掉磨房。磨坊主不肯,他说,这是祖业,不能拆。德皇一怒之下,让人把磨坊拆了。磨坊主并不恼怒,他想,皇帝也是人,也得遵守法律。他便把德皇威廉一世告上了法庭,法庭作出了判决,德皇必须完整地重建磨坊。磨坊于是重建起来。多年之后,磨坊主去世了,他的儿子由于经营不善,濒于破产。无奈之下,他决定把磨坊卖给威廉一世的儿子威廉二世。他于是给威廉二世写了一封信,把磨坊的情况与他们父辈的恩恩怨怨详细地讲了一遍。威廉二世收到信后,给磨坊主的儿子回了一封信,他说:"亲爱的邻居,磨坊无论如何也不能卖掉,它不仅是你的祖业,而且象征着德国法律的公正。现送上5 000马克作为维修费,望能使磨坊得到保护。"于是这座磨坊保护至今。虽然它有碍于人们看到无忧宫全景,但因为它的存在,使更多人对德国法律的公正有了更多的了解。

这一故事告诉我们,磨坊属于磨坊主所有,他作为这一财产的所有者,其财产所有权和产权必须得到国家法律的相应保护。

所有权也称财产所有权或资产所有权,是指所有人依法对自己的财产享有占有、使用、收益和处分的权利,它是一定时期的所有制形式在法律上的表现。所有权的主体是财产所有人,所有权的客体是财产,所有权的内容是财产所有人对其财产所享有的权利和非财产所有人负有不得侵犯的义务。所有权的权能有四项:占有权、使用权、收益权和处分权。对于磨坊主来说,磨坊是财产归他所有,其财产和其所享有的权利任何人神圣不可侵犯,连国家的最高统治者威廉一世也不例外。

50. 要风景还是要产权——产权的重要性

关于所有权的制度安排对于长期经济增长起着至关重要的作用。一个国家、一个企业要想保持长期的经济增长,除了技术创新外,最主要的任务就是要设计出一整套所有权结构、所有权的法律与其他制度安排。所有权的制度安排要充分体现个人的利益要求,在这一制度安排下,个人必然受到物质刺激的驱使去从事社会需要的活动,使社会收益率和私人收益率近乎相等;所有权的制度安排需要实际的费用。对企业和个人来说,创造和实施所有权的费用可能超过收益,而这些所有权对经济的长期增长却十分关键,在这种情况下,所有权的制度安排需要政府支付相关的成本。有些制度创新由企业自己支付了成本,但会出现"搭便车"的行为,即其他企业和个人可以模仿新的制度安排而不给予必要的经济补偿,这会在一定程度上妨碍制度创新的进行。对于"搭便车"行为,政府应当有必要的管理办法。

故事中,法庭依法作出裁决:德皇威廉一世应退还磨坊主的财产,并给予赔偿。这也说明产权保护的重要性。关于产权,西方经济学界具有不同的定论。德姆塞茨说:"所谓产权,意指使自己或他人收益或受损的权利……产权是社会的工具,其意义来自于这样一个事实:在一个人与他人做交易时,产权有助于形成那些他可以合理持有的预期。"强调了产权是界定各交易主体之间权利的一个社会工具。阿尔钦在其论文《产权:一个经典的注释》里给产权下了一个简明的定义:"产权是一个社会所强制实施的选择一种经济品的使用的权利"。磨坊归磨坊主所有,任何人都没有权利去拆除它,除非当事人愿意。如果一旦这一权利受到伤害,所有者可以用法律手段来维护。磨坊之所以保存至今,这是产权受国家保护的结果。

产权和所有权是产权理论的两个基本范畴,在西方现代产权理论文献中,产权和所有权是两个出现频率同样都很高的名词。从本例故事中磨坊主的财产所有权和产权得到了应有的保护可得知一二。

51. 另一只"看不见的手"
——价格歧视

> 价格歧视，实质上是一种价格差异，通常指商品或服务的提供者在向不同的购买者提供相同等级、相同质量的商品或服务时，在购买者之间实行不同的销售价格或收费标准。

有人断了一支臂膀在大街上乞讨，空袖子甩来甩去。人们都很同情他，大家可能以为是某种灾难让他丢了一支胳膊，于是我们将十块、五块的钱放到他的钵里。不过后来有人告诉你，他的胳膊藏在衣服里，故意留出空袖子来卖可怜。我们愤愤不平，却无法保证自己下次不上这样的当。因为我们对他们没有歧视，只有同情。但市场经济中有一支更加隐蔽的手，它不用乞讨，只管在幕后暗箱操作，就能获得丰厚回报。不过这种假象总有浮出水面的时候。2005年新年伊始，这一只"看不见的手"终于在广大消费者面前露了出来。

北京两家刚刚开张的平价药房都遭到了同行的暗算。A药房的平价药被同行恶意收购，厂家拒绝供货，不得不从南方进货。有同行扬言："不提价就别想在京城开店。"另一家受暗算的是B药房。该药房先是接到匿名恐吓电话，接着橱窗玻璃被不明身份的人砸碎。

这是一只藏在市场背后的手：同行业有约定的，或者心照不宣的价格垄断联盟，联合起来实行掠夺式经营，坑害消费者。

市场是一块试金石。一种商品生产出来后是不是能被消费者接受，制定多高的价格才合适，这一切都应由市场决定的。这里提到的市场是竞争市场。而在垄断市场，由于垄断者具有某种市场势力，所以它能够以不同的价格把同一物品卖给不同的消费者，这种做法在经济学中被称为价格歧视。

所谓的价格歧视，实质上是一种价格差异，通常指商品或服务的提供者向不同的购买者提供相同等级、相同质量的商品或服务时，实行不同的销售价格或收费标准。经营者没有正当理由，将同一种商品或者服务，对条件相同的若干买主实行不

51. 另一只"看不见的手"——价格歧视

同的售价,则构成价格歧视行为。价格歧视是一种重要的垄断定价行为,是垄断企业透过差别价格来获取超额利润的一种定价策略。它不仅有利于垄断企业获取更多垄断利润,而且使条件相同的若干买主处于不公平的地位,妨碍了他们之间的正当竞争,限制了竞争。

对于两家药店来说,如果胡乱调价,就打破了竞争市场的原有规律,坑害了消费者;如果不调价,便要受到垄断这只"看不见的手"的危害,利润无法保障,可能还会面临因孤立无援而倒闭状况,这使他们处于两难的境地。

小知识

科尔内(Kornai Janos)

科尔内(1928—),匈牙利经济学家,出生于布达佩斯。1956年获匈牙利科学院理学硕士,1961年获卡尔·马克思经济大学经济学博士,1966年获匈牙利科学院科学博士。《短缺经济学》是他的代表作。他认为短缺是社会主义常见的现象,其根源在于国家与企业存在"父子"关系,短缺影响生活质量的提高,是经济体制改革要消除的目标之一。他还对不同社会制度的国家进行了研究,较早运用西方经济理论和分析工具研究社会主义经济体制。其他著作有《经济管理中的过度集中》、《结构决策的数学规划》、《突进与和谐的增长》、《增长、短缺和效率》、《矛盾和困难,社会主义经济和社会主义社会研究》等。

52. 婚姻中的经济学
——交易成本和机会成本

> 从经济学角度来说,婚姻作为一种社会行为,其中也包含着高昂的交易成本和机会成本。

梅的结婚证上记录着结婚日期:1973年5月1日。这个二十世纪七十年代的结婚证上还有一段毛主席语录:"我们都是来自五湖四海,为了一个共同的革命目标,走到一起来了……一切革命的人都要互相关心、互相爱护、互相帮助。"梅当初嫁给她丈夫,因为看中他是司机。

这个嫁人的理由对今天的青年男女而言,是无法理解的,却反映出那个时代青年女子的普遍心态。当时,家有"三大件"的青年男子最受青睐,此外,司机、医生、厨师这三种职业的男子亦备受欢迎。人们在六十年代饿怕了,司机有一技之长,只知道嫁给司机就不会挨饿。

梅的家里还保存着一张婚礼的礼品清单:的确良衣服2件、枕巾30条、暖水瓶8个、收音机2台、闹钟5个、台灯10盏……

如此简单,也许现代的青年男女看到这个清单,都会惊讶地合不拢嘴。那时的结婚成本多低,而现在,很多男女青年游走在都市边缘之所以不结婚,是因为结婚代价太大,这个代价不仅体现在物质方面,还体现在精神方面。

就物质来说,2009年有人调查都市青年的基本结婚费用足见这一物质成本之高。清单如下:

结婚地点:四星酒店。结婚花费:买房子1 000 000元,装修100 000元,家具、家电50 000元,婚纱照1 500元,服装、首饰、化妆品15 000元,租婚车1 000元,酒席7 000元。婚礼共花了1 174 500元。

这对于二十世纪七十年代的人来说,简直是个天文数字。现在还没有结婚的人不少只能望而却步。其实除了物质和金钱上的开销,还有精神和精力上的支出。有个笑话讲,孩子问父亲结婚要付出多少代价,父亲说我不知道,因为我现在还在

52. 婚姻中的经济学——交易成本和机会成本

还贷。这种精力上的付出是无形的,谁也不知道到底自己投入了多少,但从恋爱开始就必须一直投入下去。

从经济学角度来说,婚姻作为一种社会行为,其中也包含着高昂的交易成本和机会成本。首先,你为了找到适合你的另一半,必须花费一定的时间和精力从人群里去筛选。然后还要经过一段恋爱过程以增加相互之间的了解,在正式结婚时你几乎要倾囊而尽操办婚事,甚至举债购房,正因为交易成本如此之高,有些男女才不得不等攒够了钱再结婚。其次,婚姻还有较大的机会成本,最主要的一点是你一旦决定与某个人结婚,你就失去了同时与其他条件相当的人结婚的可能,如果婚后你发觉对方并非你中意的人,你就为此支付了更高的机会成本。还有一项机会成本就是离婚的难度,离婚的难度越大,婚姻的机会成本就越高,经济学称之为锁定。许多调查数据也显示,如果某个国家或地区的宗教、风俗或婚姻法越是禁止离婚,那么结婚率也就越低,谁都不愿为"锁定"支付高昂的机会成本。

小知识

西蒙·史密斯·库兹涅茨(Simon Smith Kuznets)

西蒙·史密斯·库兹涅茨,俄裔美国著名经济学家,1901年4月30日生于乌克兰的哈尔科夫,1985年7月8日卒于美国马萨诸塞州坎布里奇。他在研究人口发展趋势及人口结构对经济增长和收入分配关系方面作出了巨大贡献。1971年诺贝尔经济学奖获得者。

53. 老翁娶少女的经济学分析
——商业交易

> 老翁与少女这种婚姻执行的交易,不仅不会减少任何一方的利益,还会使当事双方的利益同时得到增加。

80岁的老人娶了20岁的少女,这个爆炸式新闻在社会上引起了轰动。很多人认为这完全是钱色交易。经济学家们马上拿出笔来计算起老翁娶少女的成本。

也许对很多年轻漂亮的女人来说,嫁个有钱有势的老翁无可厚非。因为再笨的女人也会计算她投入的成本会以多少的比例收回来。

先听一个故事,某报业集团的总裁,40多岁,一次回家乡度假,在田野巧遇一个20岁的女孩,她的美丽和清纯一下子就吸引了报业老总的眼球。老总首先花了很多的精力和金钱说服了女孩的父母。她的父母当然禁不住这样的诱惑,势利的他们要求女儿与这报业老总结婚。女儿刚开始不同意这门婚事,但权衡一下后,觉得对自己还是有利的多,最后同意嫁给报业老总。新娘一直以为自己比起报业老总这个人来说自己更喜欢他的钱,可等蜜月结束的时候,她发觉自己已经死心塌地爱上了新郎。报业老总带新娘到了城里,从此手把手引导着这个乡下来的女人进入商界,打拼冲杀。女主人45岁时,报业老总患重病身亡,临终留下遗嘱将报业集团和总裁位置传给了他年轻美丽且比他更铁腕的妻子。

如此完美结局在老翁和少女的婚约中似乎很少见,婚姻有极端的形态,其中一个极端是纯粹的婚姻,婚姻的当事双方借助婚姻这一稳定的结构维系彼此的情爱;另一个极端则是完全畸变的婚姻,男女借婚姻之名组合在一起,就如同注册成立了一个商业性的项目公司,之后的事情就是等待获利分红,再之后就是关门大吉。介于极端形态之间的是中间形态的掺有杂质的婚姻,这种婚姻把情感的需求和物质的考虑包含其中,既想兼而得之,同时两头都不过分。老翁娶少女的婚姻,多半属于畸变婚姻的类型。

从经济学的观点来看,虽然变异的婚姻是完全空壳的婚姻,但作为交易它却具

53. 老翁娶少女的经济学分析——商业交易

有极高的效率。变异婚姻的婚约（相当于商业买卖中的合约），其达成不需要太多的协商和讨价还价，要是谁不慎多了只言片语，失语者就会因为担心自己的多虑暴露了自己的贪欲而深深自责。同样，交易的标准也不用进行质与量的规定，所有与交易有关的事宜皆不需要达成任何书面的或者口头的协议，双方只需有个默契，然后各自根据对方的预期行事就成。假如一方期许对方能为自己让度什么，只需清楚对方拥有什么就可以了。凡是一方拥有的，不管是财物还是身体器官，就不能拒绝另一方占有或者利用。如果一方希望另一方承担义务，只需要了解另一方能做些什么就行了，只要一方需要得到对方的帮助或者援助，另一方就当勉力而为。最后，交易有效期也是随机的，除非一方提出解除婚约，否则有效期将会持续到任何一方死亡为止。

  老翁与少妻的婚姻当然也有风险，而且风险主要集中在老人一边。老之将至还要不失时机地"风光一把"，这不免会引发争议，让别人说长道短，使自己的声誉和形象受损；名为老公，对妻子却没有真正的性趣，弄不好她红杏出墙，背地里寻求婚外的满足，出点绯闻让丈夫蒙受耻辱，惹人讥笑。

  少女是这笔交易中最大的赢家，所以对她来说似乎没有什么大的风险可谈，充其量就是面对不开明社会褒贬不一的议论。由于要在一个或长或短的岁月里同一位老人厮守，她只能暂时放弃同如意郎君朝暮相伴、生儿育女的打算。这种"付出"可以看作少女委身老翁的机会成本。

  身处商品社会和市场经济之中，人人都要接触各式各样的商业交易。老翁娶少女式的婚姻，在法律上是合法有效的男女结合，经济学没有理由去贬低它或者否定它。透过这种婚姻执行的交易，不仅不会减少任何一方的利益，还会使当事双方的利益同时得到增进。比如说报业集团的老总死了，但他的妻子是个比他更有经济头脑的人，在这种情况下，他的财富会一直累积下去。经济学的性格是有一说一，既要指出这种婚姻具有的商业色彩和交易性质，也要肯定婚姻当事人的圆通睿智和独立特行的勇气。

54. 穷人经济学
——马太效应

> 让富有的人更富有,让穷困的人更穷困。这就是发展经济学中著名的"马太效应",用来形容正向回馈,即"富者越来越富,穷者越来越穷"。

对于大多数人来说,只要能充分利用自己的手脚和脑子,应该说不会永远处于贫困当中。然而还是有一些人,他们劳作了一辈子却依旧难脱贫穷。为什么会这样呢?《圣经》中说:"凡是有的,还要给他,使他富足;但凡没有的,连他所有的,也要夺去。"《新约全书·马太福音》说:"对已经富有的人还要给予,使之锦上添花;而对一文不名的人,即使有了一文,也要强行夺走。"由此衍生出强者恒强,弱者恒弱的"马太效应"。到底何谓"马太效应",首先让我们来读一则有趣的故事。

在美国乡村住着一个老头,他有个和他在一起相依为命的儿子。

有一天,他的老同学基辛格路过此地,前来拜访他。基辛格看到朋友的儿子已经长大成人,于是就对他说:"亲爱的朋友,我想把你的儿子带到城里去工作。"

没想到这农民朋友连连摇头:"不行,绝对不行!"

基辛格笑了笑说:"如果我在城里给你的儿子找个对象,可以吗?"

他的朋友还是摇头:"不行!我从来不干涉我儿子的事。"

基辛格又说:"可这姑娘是洛克菲勒的女儿(洛克菲勒是美国最有名望的企业家)。"

老农说:"嗯,如果是这样的话……"

基辛格找到洛克菲勒说:"尊敬的洛克菲勒先生,我为你女儿找了一个万里挑一的好丈夫。"

洛克菲勒忙婉拒道:"可我女儿太年轻。"

基辛格说:"可这位年轻小伙子是世界银行的副行长。"

"嗯,如果是这样的话……"

又过了几天,基辛格又找到了世界银行总裁对他说:"尊敬的总裁先生,你应该

54. 穷人经济学——马太效应

马上任命一个副行长!"

总裁先生摇着头说:"不可能,这里这么多副行长,我为什么还要任命一个副总裁呢,而且必须马上?"

这个人说:"如果你任命的这个副行长是洛克菲勒的女婿,可以吗?"

总裁先生当然同意:"嗯……如果是这样的话,我绝对欢迎。"

基辛格之所以能够让农夫的穷儿子摇身一变,成了美国寡头的乘龙快婿和世界银行的副行长,根本的原因就在于他充分利用人们的一种心理:宁可锦上添花,绝不雪中送炭。这是中国的传统说法,对这种现象,西方心理学家有另外一种更为哲理化的定义——马太效应。

马太效应出自《新约全书·马太福音》中的这样一个故事:一个国王远行前,交给三个仆人每人一锭银子,盼咐他们:"你们去做生意,等我回来时,再来见我。"

国王回来时,第一个仆人说:"主人,你交给我的一锭银子,我已赚了10锭。"于是国王奖励他10座城邑。第二个仆人报告说:"主人,你给我的一锭银子,我已赚了5锭。"于是国王奖励了他5座城邑。第三个仆人报告说:"主人,你给我的一锭银子,我一直包在手巾里存着,我怕丢失,一直没有拿出来。"于是国王命令将第三个仆人的一锭银子也赏给第一个仆人,并且说:"凡是少的,就连他所有的也要夺过来。凡是多的,还要给他,叫他多多益善。"

首先应该承认,穷人自己对贫困的形成和积累难辞其咎。市场经济中弱肉强食、优胜劣汰是自然法则,贫困的一个重要来源是穷人自身素质的相对低下,包括知识水平、努力程度等。而自身的贫困反过来又让穷人缺少提高自身素质的能力,这其中的潜在逻辑就是穷人因为穷所以穷,陷入了纳克斯所言的"贫困的恶性循环"。

但这种贫困循环很容易给人一种假象,即认为是市场竞争引致了贫困,贫困的形成是经济学中"看不见的手"造就的。然而事实并不尽如此。经济学中所言的市场是一个自由市场、公平市场,没有"看得见的手"来潜在地控制生产和分配。但现实就是,穷人生来并不平等,而且在市场竞争中也不能拥有平等的权利。

让富有的人更富有,让穷困的人更穷困。这就是发展经济学中著名的"马太效应",用来形容正向回馈,即"富者越来越富,穷者越来越穷"。

所以说，贫困不是市场的产物，而是不公平的后果，富人对经济资源配置的控制力是贫困的重要来源。正如1998年诺贝尔经济学奖获得者、有"经济学良心"之美誉的印度发展经济学家阿马蒂亚·森在《贫困与饥荒——论权利与剥夺》中所言："繁荣过程自身就有可能成为饥荒的诱因"。

经济学的灵魂是自由和公平，这也是市场经济蓬勃发展的内在动力。因此，只有去洞察穷人经济学，还穷人以"公平起点"，才是经济学家履行社会职责的方向。就像阿马蒂亚·森在《作为能力剥夺的贫困》开篇说的那样，"贫困必须被视为是一种对基本能力的剥夺，而不仅仅是收入低下"。他的这一思想已经被联合国机构接受并发展为人类贫困指数概念。所以，"劫贫济富"的政策建议是对本不平等的穷人权利的再剥夺，这不仅有违人道主义的经济学良心，也偏离了自由平等的经济学主旨。

小知识

陈岱孙（Chen Dai Song）

陈岱孙（1900—1997），原名陈总，中国经济学家、教育家。1920年毕业于清华学校高等科。1924年和1926年分别获哈佛大学文学硕士和哲学博士学位。历任清华学校大学部经济系教授、法学院院长，西南联合大学经济系教授、系主任。中华人民共和国建立后，历任中央财政经济学院第一副院长，北京大学教授、经济系主任，校务委员会副主任委员，并任中国外国经济学说研究会理事长，《中国大百科全书·经济学》编辑委员会副主任等。著有《政治经济史》（主编）、《从古典经济学派到马克思——若干主要学说发展论略》、《陈岱孙文集》等。

55. 可怕的沉没成本
——路径依赖

> 路径依赖,是指一旦人们做了某种选择,就好比走上了一条不归之路,惯性的力量会使这一选择不断自我强化,轻易走不出去。

有一个老人特别喜欢收集各种古董,一旦碰到心爱的古董,无论花多少钱都要想方设法买下来。

有一天,他在古董市场上发现了一件向往已久的古代瓷瓶,花了很高的价钱把它买了下来。

他把这个宝贝绑在自行车后座上,兴高采烈地骑车回家。谁知由于瓷瓶绑得不牢靠,在途中"咣当"一声从自行车后座上滑落下来,摔得粉碎。

大家猜猜,这位老人是什么反应?

这位老人听到清脆的响声后居然连头也没回。这时,路边有位热心人对他大声喊道"老人家,你的瓷瓶摔碎了!"老人仍然是头也没回地说:"摔碎了吗?听声音一定是摔得粉碎,无可挽回了!"不一会儿,老人的背影消失在茫茫人海中。

如果换成一般人肯定会从自行车上跳下来,对着已经化为碎片的瓷瓶捶胸顿足、扼腕痛惜,有的可能会经过好长时间才得以恢复精神。

因为这样一项已经发生的投入,无论如何也无法收回时,这种投入就变成了"沉没成本",痛惜是没有任何意义的。再举个例子来说,你花了10块钱买了一张今晚的电影票,准备晚上去电影院看电影,不想临出门时天空突然下起了大雨。这时你该怎么办?

如果你执意要去看这场电影,你不仅要打车来回,增加额外的支出,而且还可能面临着被大雨淋透、感冒发烧的风险。

每个人做任何事情总有一定的动机。同样,当我们在日常生活中处理家庭问题时,也有明确的目的性。换句话说,当我们决定做某件事情的时候,除了要考虑为什么去做,还要考虑做这件事情到底合不合算,从经济学的角度来看,则是判断成本与效益。

然而每一次的选择之后,我们总是要付出行动,而每一次行动我们总是要投入,不管投入的是人力、物力、财力还是时间。在作出下一个选择时,我们不可避免地会考虑到这些前期的投入,不管它还能不能收回,是否真的还有价值。

最终,前期的投入就像万能胶一样,把我们粘在原来的道路上,无法作出新的选择,而且投入越大,把我们粘得越紧。因此,可以肯定地说,"沉没成本"是路径依赖现象产生的一个主要原因!

这里所说的路径依赖,是指一旦人们做了某种选择,就好比走上了一条不归之路,惯性的力量会使这一选择不断自我强化,轻易走不出去。怎么会走不出去呢?首先我们来看看一则故事:

有人将5只猴子放在一只笼子里,并在笼子中间吊上一串香蕉,只要有猴子伸手去拿香蕉,就用皮鞭教训所有的猴子,直到没有一只猴子再敢动手。

然后用一只新猴子替换出笼子里的一只猴子。新来的猴子不知这里的"规矩",竟又伸出上肢去拿香蕉,结果触怒了笼子里原来的4只猴子,于是它们代替人执行惩罚任务,把新来的猴子暴打一顿,直到它服从这里的"规矩"为止。

试验人员如此不断地将最初经历过惩戒的猴子换出来,最后笼子里的猴子全是新的,但没有一只猴子再敢去碰香蕉。

起初,猴子怕受到"株连",不允许其他猴子去碰香蕉,这是合理的。

但后来人和皮鞭都不再介入,新来的猴子却固守着"不许拿香蕉"的制度不变,这就是路径依赖的自我强化效应。

我们因为怕浪费一张电影票而淋了雨,淋雨后又感冒了,感冒必须打针吃药,打完针吃完药可能还存有后遗症的问题。所以无论是前期投入的金钱还是后期精神投入,都作为一种沉没成本收不回来了。如果我们可惜前期的那些投入,花瓶碎了,下车扼腕叹息,然后将碎片捡起来包好,然后心情沉重地往家走。其实一点用处都没有,而且你又投入了时间成本,搞不好捡碎片的时候划破了手,还要包扎,不及时的话可能引起破伤风……一系列的投入让我们似乎从原始损失的资本中走不出来了,而且后期越投越大。

56. 主流经济学家的消费
——效用最大与边际效用递减

> 这种效用理论造就了艾丽斯这样的从高到低计价消费以达到"主流经济学"的核心范畴——"效用最大化假设"和"边际效率递减假设",重要分析工具是均衡概念和交易成本概念。

艾丽斯是个精打细算的女人,家里十几口人,每个人的吃穿住行都要经过仔细盘算后才上街购买。所以每次她到商场购物时,一边往自己的购物篮里放东西,一边数着口袋里的钱,盘算着哪一元钱买的哪一份东西最合算。尽管商场里每种商品的每一个单位都是按照同一个价格出售的,但是艾丽斯执意要将每一单位所值的钱数加以区分,因为她已经计划好了回去以后先消费哪一件物品后消费哪一件物品,而她觉得因为顺序不同从中得到的效用是不同的。其中有一件是她最不想要的,因为那一件是准备最后消费掉的,它的效用是0,因此她往篮子里放这一个单位的时候痛苦万分。

她认为在第一件物品上愿意支付的价格必须足够高,以便后边购买的东西价格逐渐递减,直至为零。比如家里需要牙膏,买五盒,总共100块,那么她所购买的第二件商品就不能超过100元,以次类推到买完最后一件时,这最后一件商品的价格也是所有商品中最低的。然而购买这些东西,并使价格依次递减并不是那么容易。如果第一件愿意支付的价格不是足够高,以后逐个递减,到最后愿意支付的平均价格肯定低于商场的标价,商场是肯定不会接受的,假如他按照商场的标价付钱,就会出现消费者剩余为负的情况,也就是说她实际支付的总价格总是高于他愿意支付的总价格。这和她希望的消费者剩余总是为正值矛盾的。为了避免这种情况出现,她每次进商场之前都对商品的价格做最保守的估计,宁高勿低,以便自己可以得到更多的消费者剩余。

我们来分析一下她的这种行为。如果她需要购买两种商品,而两种商品不在一个商场里的话,她不像其他消费者那样在一个商场里买够一种商品再到另一个商场购买另一种商品,而是会不停地奔波于两个商场之间,因为她每次只花出去一元钱,然后计算出下一元钱该用在哪一种商品的购买上,以便使自己达到消费者均衡。她每次出来采购都不知道自己需要商品的数量,只是计算是否达到了均衡,如果均衡了她就停止购买,不论购物篮里的量是多少。

她能够对所买到的商品满意那是万幸,如果对其中的一项不满意可就麻烦了。不过这些东西实在需要,不得不买,那她只能将就着回家。

当艾丽斯回到家中开始消费时,她也是一边消费一边计算着有多少钱已经被消耗掉了。对其他正常的消费者来说,何时消费是其需求的三要素之一,是计划好的,买回来的物品是根据需求来使用的,比如床在休息时要用到,淋浴器在洗澡时需要。而艾丽斯面对两种物品时,她不是根据需要来消费它们(尽管他已经按照需要购买了),而是要看看先消耗哪一个得到的效用更大,因此经常出现把早餐食品当做晚餐、洗澡到一半时又去吃饭的情况。

这就是主流经济学家的消费。这种效用理论造就了艾丽斯这样的从高到低计价消费以达到"主流经济学"的核心范畴——"效用最大化假设"和"边际效率递减假设",重要分析工具是均衡概念和交易成本概念。

> **小知识**
>
> **帕德玛·德赛(Padma Desai)**
>
> 帕德玛·德赛,美国哥伦比亚大学教授、转型经济理论的奠基人之一,分别于1951年和1953年在印度孟买大学获经济学学士和硕士学位,1960年获哈佛大学经济学博士学位,1980年担任美国哥伦比亚大学经济系和哈里曼学院的经济学教授。德赛教授在转型经济、经济体系比较研究以及经济发展理论方面造诣深厚。其长期致力于中央计划经济的追踪观察和研究,几乎在转型经济的所有方面都有着令人信服的理论研究和实证分析,是转型经济学当之无愧的重要奠基人。

57. 消费换来享受还是债务
——住房投资

> 美国老太太借款投资就是一种理性行为。方便的金融体系为她提供了贷款，所以，她在年轻的时候就借款买了房然后慢慢偿还。

一个中国老太太和一个美国老太太在天堂相遇。中国老太太说："我找到工作后，就开始不停地积累，一年到头辛苦地忙碌，舍不得吃穿享受，我攒够30年的钱，晚年终于买到了一套大房子。"美国老太太说："大学毕业后，找到了一份收入稳定的工作；然后，我就向银行贷款买别墅，又买了许多高档生活用品，每月还利息，生活紧张而充实。因为我有很好的居住条件，又可以车代步享受各种人生乐趣，等到我80岁临终时，恰好把银行的贷款都还完了。"

故事包含的意思很明显：中国人观念落后，不懂得超前消费，不知道超前享受。房屋作为提前消费的标志，目前中国的很多人都处于观望状态，这除了跟人们的观念有关外，更与居高不下的房价有直接的关系。

消费和投资是经济学中两个完全不同却又息息相关的概念。投资的目的是满足人的消费，但这种消费带给投资者的是巨大的效益。无论投资与消费都与个人的收入相挂钩，有再强烈的消费欲望，如果没有足够的资金是没办法实现消费的。但生产的东西总需要人来消费，这样倡导提前消费的概念就呼之欲出。提前消费，就是拿明天的钱获取今天的需要和享受，这的确是一种趋势。就以房地产市场来说，尤其是发达城市的房地产市场，一套房屋，几十、几百万的售价让一般大众望而却步；让那些有钱的人去消费，他们也不需要买几套或几十套供自己居住。一般大众作为社会的主体，才是真正需要住房的人。房地产业的发展最好的办法就是鼓励百姓从银行借贷，先住房，后还贷。

借款消费就是一种投资行为，不过，这种行为建立在你有能力偿还你所借的贷款的基础上。一般来说，影响消费的因素主要是收入，但影响投资的主要因素是未来的收益率。当住房投资收益率高时，美国老太太借款投资就是一种理性行为。

发达的金融体系为她提供了贷款,所以,她在年轻的时候就借款买了房然后慢慢偿还。然而,中国老太太却害怕这种住房投资,所以一辈子只能精打细算,老了才买得一套房住。

再从另一个方面仔细来分析,可以得出这样一个结果:银行吃了美国老太太一辈子的利息,而从中国老太太那里似乎未能得到任何好处。

假设外国老太太提前还贷,那么银行获得的利息就会折扣,对于银行来说他们更希望消费者能按期还贷。有一个案例说上海房产市场出现大量提前还贷现象,使银行不得不开始说"不"了。提前还贷,这个被多数人认为是信誉良好表现的行为,现在却遭遇到了一些银行的红牌警告。对于突如其来的红牌警告,各界众说不一,是非难断。对大多数的工薪阶层来说,购房仍需银行的贷款支撑。离开了贷款,购房只能是一种奢望。由于种种原因,市民对收入和支出的预期往往难以把握,例如企业突然效益不好;突发疾病;孩子教育费用的支出不确定以及其他天灾人祸等。因而在签订借款合同时,尽可能地为自己留有余地。一般情况,按时还款,一旦钱有富余时,则可能提前还贷,以防不测。令很多上海市民不解的是,众多银行联手惩罚,使广大的购房者面临滞后和提前的双重违约风险,与银行处于不平等地位。

提前消费给大众带来了好处,而提前还贷又给银行带来了负面效果,如何平衡二者之间的关系,还待国家出台一种有效的机制。

小知识

丹尼尔·卡恩曼(Daniel Kahneman)

丹尼尔·卡恩曼,1934年出生于以色列的特拉维夫,1961年获得美国加利福尼亚大学伯克利分校博士学位。卡恩曼拥有以色列希伯来大学、加拿大不列颠哥伦比亚大学和美国加利福尼亚大学伯克利分校的教授头衔。自1993年起,卡恩曼担任美国普林斯顿大学心理学和公共事务教授。他把心理学研究和经济学研究结合在一起,特别是与在不确定状况下的决策制定有关的研究。

58. 都是倒卖批文惹的祸
——寻租行为

> 寻租行为的实质是权力与金钱的交易。这种行为的本身不创造任何财富,反而会造成社会资源的极大浪费。批文的层层倒卖使得商品价格上扬,市场经济将受到严重伤害。

从前有一个天然牧场,里面有着数百万头绵羊,上帝规定,牧场由这些绵羊共同享有。一个叫魏国的公仆对上帝说,绵羊们不会管理牧场,草都白白糟蹋了,而且羊群们吃的也不好,为了让绵羊们生活得更好,请允许他管理牧场。上帝答应了。

魏管家刚到任时,虽然财力有限,绵羊们住的勉强一些,但还能维持。忽然有一天要现代化了,上帝拨了一批款子叫魏国好好利用,建设一个绵羊小康村。魏国信誓旦旦,发誓要让所有的绵羊过小康日子,把牧场打扮一番,以弄一个"政绩工程"出来。于是,魏国请来了另一个人,说要一起经营牧场。于是,这个人占用了部分牧场开发了一片羊圈,绵羊们看见了"小康羊圈"后个个都很兴奋。可是当原来羊圈中的绵羊要搬到新羊圈时,修建新羊圈的人却说,要住可以,先拿钱来。绵羊们问,不是上帝已经拨款了吗?建造者说,"我修建这些花的全是自己的钱,而且还给了你们的魏管家很多,不信问他去。"绵羊们质问魏国到底怎么回事。魏国说,"我是求人家来给你们修建小康羊圈的,上帝给的那点钱我已投资到这项工程上了,投进去后才发觉那点款连一个角都修建不了,所以新羊圈都是人家花自己的钱修建的,你们要住就得给他钱。"绵羊们纳闷了:上帝不是给了魏国几个亿吗?怎么连一个角都建不了?看来这房子的确很贵。绵羊们被魏管家搞糊涂了,于是把自

己的那一点点积蓄全拿出来了。可建造者看了后冷笑,现在这个地方魏管家已经批给我搞现代化了,不仅新的羊圈是我的,连地也是我的了。要想住进来,至少再加上几倍的银子。一些先富起来的绵羊见此,连忙掏出所有的积蓄和借来的票子,争先住进了"小康羊圈"。

原先羊圈中没有资金能力的绵羊们不干了,他们找到魏国抗议。魏国说,"你们可要辩证地看啊,我这么做还不是为了我们牧场率先小康和现代化吗?何况他们还只是借我们的土地使用权,也就70年的时间。"见绵羊们都垂头丧气,魏国话锋一转道:"上帝作证,我一切为了你们啊!我在这块牧场以外还管了一些地,如果你们实在没钱住小康羊圈,就到那儿去吧。虽然条件比现在的牧场荒凉一些,但也不错,有些还是上帝特地批准建造的。"那些莫名其妙被赶出家门流浪的绵羊见又有羊圈了,反而很感激他。魏国说,"你们可别感谢我,还是上帝的政策好啊。我还要解放思想大干一番,争取两个率先,在上帝给予的5年任期内把这块牧场的羊圈全部改造成'小康羊圈'。"

5年后,这块牧场全部小康了。魏管家挺着吃肥的肚皮,在这块牧场里呼风唤雨。那些建造者在绵羊身上攫取了不少好处,个个眉开眼笑。但绵羊们个个负债住房,为了还债,他们不仅成天为建造者打工,而且终生也解脱不了。

这个故事告诉我们倒卖批文给消费者带来的危害。倒卖批文也称为"官倒",是经济体制转型期的一种社会现象。既不需要资本,也不冒经济风险,只靠手中的权力和人际关系,将一纸批文倒来倒去便可从中牟取暴利。公共选择理论认为,倒卖的利润叫做租金,它的获得是因为倒卖者透过特殊途径得到了某些特权。这种透过特权来寻找租金的行为就是寻租行为。

寻租行为的实质是权力与金钱的交易。这种行为的本身不创造任何财富,反而会造成社会资源的极大浪费。批文的层层倒卖使得商品价格上扬,市场经济将受到严重伤害。

对于魏管家来说,他可以凭借自己是管理者的特权把上帝批准的建造权高价卖给那个建造者,不仅得到了上帝拨给的那笔资金,而且还利用自己的特权将绵羊的土地开发权倒卖给了开发商,不费吹灰之力从中大赚一笔。开发商又透过绵羊(用户)的需求,将原本绵羊的土地透过翻修后以高出付给魏管家的价格出售给绵羊(用户),从中又获取暴利。魏管家所拥有的这种特权指政府所给予的对某些稀有商品的经营权,或者政策允许的一种垄断经营。这种特权破坏了市场的公平性,使得消费者在购买稀有商品的时候不得不支付更高昂的价格,同时它也潜在影响了生产者的利益,因为他们完全可以用更低的成本生产出质优价廉的商品,却得不到允许。

第二部
宏观经济学故事

59. 囚犯命运掌握在谁手里
——最优政策

> 最优政策就是把经营者的特殊利益与企业的整体利益联结起来,使两者产生相关的关系。透过产权这一核心纽带,把经营者的个人利益纳入到企业利益中,这样一来,经营者在进行决策时必然就把企业利益放到第一位。

17、18世纪英国经常要把大量犯人运送到澳大利亚的监狱服役。起初国家启用的押送工具是私人船主的船只,并按照犯人的人头给私营船主付费。私营船主为了牟利,便不顾犯人的死活。本来只能容纳几十人的船只,却装进了几百个犯人,透风条件本来就不好的船舱因为人多造成生存环境的恶劣,加之船主克扣犯人的食物,使得大量犯人中途就死去了。更为严重的是,只要一离岸,有些私人船主把大量犯人直接丢进大海。英国政府极力想降低犯人的死亡率,却遇到两大难题:如果加强医疗措施,多发食物,改善营养,就会增加运输成本,同时也无法抑制船主的牟利私欲;如果在船上增派管理人员监视船主,除了大大增加政府开支外,也难以保证派去的监管人员在暴利的引诱下不与船主进行合谋,这样一来政府赔了夫人又折兵。

怎么办?最后英国政府制定了一个新制度。他们重新规定"按照到达澳大利亚活着下船的犯人给私人船主付费",于是私营船主绞尽脑汁、千方百计让最多的犯人活着到达目的地。后期运往澳大利亚的犯人死亡率相当低,最低时只有1%,而在此制度实施之前的最高死亡率竟达到94%。

59. 囚犯命运掌握在谁手里——最优政策

由此看出，真正好的制度不仅能够自动地"区别真伪"而且能够使决策者自动地修正自己的决策轨道，避免"内部人控制决策"问题的发生。对于企业而言，正如一支箭不能射中几只鸟儿一样，有时出台的决策是无法实现多个政策目标的。要同时实现多个目标就需要一个强有力的政策，这个政策的出台为的是满足多种利益的需求，解决多个矛盾。

例如，在企业中，既存在着经营者的特殊利益，又存在着企业的整体利益，这时政府就要制定出一种最优政策来满足两大利益集团的需求，最优政策就是把经营者的特殊利益与企业的整体利益联结起来，使两者产生相关的关系。透过产权这一核心纽带，把经营者的个人利益纳入到企业利益中，这样一来，经营者在进行决策时必然就把企业利益放到第一位。

不过，一种政策的出台必须有一个强有力的法人治理结构和一个监管会监管，才能使更优政策被更多的人遵守、履行。

一般来说，要协调好犯人生命安全保障、私人船主的利益要求、国家支出成本的均衡等问题间的矛盾，就必须制定出一个能化解这三者之间矛盾的最优政策。不过"按照到达澳大利亚活着下船的犯人给私人船主付费"这一政策在制定和出台前后，都会出现有人反对、有人支持、有人观望的局面，在这一情况下，政府必须有一个法人治理结构来协调这些矛盾。对于企业来说，公司法人治理结构是公司制的核心。要明确股东会、董事会、监事会和经理层的职责，形成各司其责、协调运转、有效制约的公司法人治理机构。董事会要对公司发展目标和重大经营活动统一决策。要规范董事会决策的程序、决策的责任，做到谁决策谁负责。有了这样一种法人治理结构，就可以把"内部人"的特殊利益约束起来，使个人的特殊利益不能对企业决策产生决定性影响。

监理会、监事会是监督机构，接受出资者的委托对企业的生产经营活动和经营者的行为进行有效的监督，并提出工作建议。监督会的监督包括对企业决策的监督。监事会有责任建立企业重大决策的监督机制，把事关企业发展全局的决策纳入监督会日常监督工作之中。有了这样一种制度，才能使企业发展有比较深厚的基础，使企业的发展自动地找到自己的利益区域，避开各种陷阱。

英国政府制定出"按照到达澳大利亚活着下船的犯人给私人船主付费"的政策

作为解决三种矛盾的最优政策,它的出台不仅需要有效的法人治理结构,也需要监理会发挥政府决策的监督与约束作用。除了政府,企业也不例外,只有将二者的作用充分发挥出来,才能使企业中出现的矛盾最小化。

小知识

列奥尼德·康托罗为奇(Leonid Vitaliyevich Kantorov)

列奥尼德·康托罗为奇(1912—1986),俄罗斯彼得堡人,毕业于列宁格勒大学。在1939年创立了享誉全球的线性规划要点,对资源最优分配理论作出了贡献,从而获得1975年诺贝尔经济学奖。

60. 如何分粥才公平
——制度的作用

> 分粥理论给我们的启示是要有一套好的制度,就要敢于跳出传统的思维去寻找新的解决问题的办法,一套好的制度对领导者来说比自己事无巨细、事必躬亲要有效得多。

大锅饭时代,在一个村庄里,7个人组成一个小团体,分食一锅粥。每个人都是普通而平等的,但人类的私心依然存在,如何分粥便成了问题。为了解决这个问题,在没有称量用具的情况下,大家试验了不同的方法:

方法一:指定一个人负责分粥事宜。很快大家就发现,这个人为自己分的粥最多。于是又换了一个人,结果总是主持分粥的人碗里的粥最多。

方法二:大家轮流主持分粥,每人一天。虽然看起来平等了,但是每个人在一周中只有一天吃得饱而且有剩余,其余6天都饥饿难挨。大家认为这种办法造成了资源浪费。

方法三:大家选举一个信得过的人主持分粥。开始这位品德尚属上乘的人还能公平分粥,但不久他开始为自己和溜须拍马的人多分粥。

方法四:建立一个分粥委员会和一个监督委员会,形成监督和制约。公平基本上做到了,可是由于监督委员会常提出种种议案,分粥委员会又据理力争,等分粥完毕时,粥早就凉了。

方法五:每个人轮流值日分粥,但是分粥的那个人最后一个领粥。令人惊奇的是,在这个制度下,7只碗里的粥每次都是一样多。

每个主持分粥的人都认识到,如果7只碗里的粥不相同,他确定无疑将享用那份最少的。

看来制度至关重要。分粥理论给我们的启示是要有一套好的制度,就要敢于跳出传统的思维去寻找新的解决问题的办法,一套好的制度对领导者来说比自己事无巨细、事必躬亲要有效得多。就像分粥一样,很多事情不是没有办法,而是我们一时还没有想到。

这套机制，在经济学方面，是用以说明经济系统像一部大机器或一个生物机体那样，通过它的各个组成部分的互相作用，实现总体功能。因为国民经济是一个有机的整体，具有内在的构造和特定的联结方式。

在国民经济这个大系统中，有物质生产部门和非物质生产部门，并存在生产、流通、分配、消费四个环节，各部门各环节之间不仅存在有机的联系，而且具有特定的功能。例如，物质、资金和信息的交换，各部门各环节之间的协调平衡，以及相互联结和调节的功能。如何使它们在运行过程中的功能和谐，发挥最佳的总体效应，使得社会经济机体具有自我组织、自我调节、自我发展的性能，这就是我们需要研究的经济运行机制。

小知识

陈志武（Chen Zhi Wu）

陈志武出生于革命老区湖南茶陵，1983年获中南工业大学理学学士学位，1986年获国防科技大学硕士学位。1986年去美国留学，放弃了攻读7年的计算机专业，转而学习经济，并于1990年获耶鲁大学金融学博士学位。曾经获得过墨顿·米勒奖学金。现在是美国耶鲁大学管理学院金融学终身教授，北京大学光华管理学院特聘教授。他的专业领域为股票、债券、期货和期权市场以及宏观经济。主要研究方向：市场监管、资本市场、证券投资管理、公司治理、公司财务与组织战略、股票定价等问题。

61. 花钱的艺术
——总需求决定理论

> 短期中决定经济状况的是总需求而不是总供给。这就是说,由劳动、资本和技术所决定的总供给在短期是既定的,这样,决定经济状况的就是总需求。总需求决定了短期中国民收入的水平。总需求增加,国民收入增加;总需求减少,国民收入减少。

有一位倾国倾城的美貌少女,因一心迷恋钱财与贪图安逸的生活,答应嫁给一个富商。这个富商跟她爷爷一般大,整天只知道赚钱并像守财奴一样守着它,不过有点奇怪的是他从不吝啬他的妻子花钱。

朋友们看到美丽光鲜的少妇很羡慕,同时也为她的这种行径感到不值。于是问她:"你这样年轻漂亮,跟着这样一个又干又老的老头,不厌恶吗?"

少妇回答说:"我为什么要厌恶呢?我爱的是他的钱,如果他把它们全部存起来而不是投入到更大的生产中,岂不是成了不动资产而无法流通了吗?如果我用这些钱来买我想要的东西,比如化妆品、衣服、首饰、鞋帽,以及娱乐和享受上,它就不会成为不动产了,可以在商品交换中很好地流通,从而促进国家经济的发展啊!我这是为国家作贡献,我为自己骄傲都来不及。"

从此以后,朋友们都会看到少妇将每天1/4的时间用在购买货物上,大量化妆品、衣服、首饰塞满了屋子,在饮食上她也相当奢侈,几乎顿顿都是山珍海味。

也许对于这种为钱而婚,并如此奢侈的生活,很多人都会嗤之以鼻。这正如

18世纪初,一个名叫孟迪维尔的英国医生写的一首题为《蜜蜂的预言》的讽喻诗一样成为众矢之的,因为这首诗中也极度宣扬了"浪费有功"的思想。

然而伟大的经济学家凯恩斯却受这些故事的启发,建立了现代宏观经济学和总需求决定理论。

凯恩斯认为,在短期中决定经济状况的是总需求而不是总供给。这就是说,由劳动、资本和技术所决定的总供给在短期中是既定的,这样,决定经济状况的就是总需求。总需求决定了短期国民收入的水平,总需求增加,国民收入增加;总需求减少,国民收入减少。引起20世纪30年代经济危机的正是总需求不足,或者说是有效需求不足。

凯恩斯把有效需求不足归咎于边际消费倾向下降引起的消费需求不足和资本边际效率下降与利率下降有限引起的投资需求不足。通俗点讲,就是人们把一些可流动资本存入银行,不去投入到商品交换和流通中。比如一个食堂本月需要2桶色拉油,但节省点用,1桶半也可以维持伙食。于是,老板只买了1桶油,过更为"节俭"的生活,这样食堂就可以每年存更多钱。似乎这种做法更商业化,更有利于资本的积累。然而,如果长期这样下去,一个食堂的做法就会使产油厂12桶油积压卖不出去。如果有10家、20家或更多的食堂如此"节省",势必给产油厂造成危机:生意清淡,入不敷出,然后裁员,让很多人失业。

解决这一问题的方法则是政府用经济政策刺激总需求,包括增加政府支出的财政政策和降低利率的货币政策,凯恩斯强调的是财政政策。

在凯恩斯经济学理论中,总需求分析是中心。总需求包括消费、投资、政府购买和净出口。短期中,国民收入水平由总需求决定。通货膨胀、失业、经济周期都是由总需求的变动所引起的。当总需求不足时就出现失业和衰退;当总需求过大时就出现通货膨胀和扩张。从这种理论中得出的政策主张成为需求管理,其政策工具是财政政策与货币政策。当总需求不足时,采用扩张性财政政策(增加政府各种支出和减税)与货币政策(增加货币供给量,降低利率)来刺激总需求。当总需求过大时,采用紧缩性财政政策(减少政府各种支出和增税)与货币政策(减少货币量,提高利率)来抑止总需求。这样就可以实现既无通货膨胀又无失业的经济稳定。

从凯恩斯的理论,以及少妇的言论中,我们不难看出,消费是总需求的一个重要组成部分,消费减少就是总需求减少,总需求减少则使国民收入减少,经济衰退。由此看出,对个人是美德的节俭,对社会却不一定是好事。

62. 每天进步1%
——技术进步与经济增长

> 经济学家把经济增长的原因归为三类。一是制度,这就是经济学家常说的"路径依赖"。其中心意思是只有存在一套有效的激励机制,经济才会有迅速的增长。二是投入,主要指劳动与资本的增加。早期的经济增长往往是由投入增加引起的,因此,早期经济增长理论往往强调投入增加,尤其是资本增加的重要性。三是技术进步。这是现代经济增长理论所关注的问题,也是经济增长的中心。

1986年,各国的体育尖子齐聚美国洛杉矶,进行一场各国特派篮球队世界联谊赛。所谓联谊赛,但也有冠亚军之分,也是为国争光,赢得声誉的好机会。大家都在为赛事紧张不已,尤其是美国湖人队。在前一年,湖人队有很好的机会赢得冠军,当时所有的球员都处于巅峰状态,可是决赛时却输给了韩国的兰西尔队,这使得教练雷利和所有的球员都极为沮丧。

雷利为了使球员相信自己有能力登上冠军宝座,便告诉大家:只要能在球技上进步1%,那个赛季便会有出人意料的好成绩。

1%的技术投入似乎微不足道的,可是,如果12个球员都进步1%,整个球队便能比以前进步12%,湖人队便足以赢得冠军宝座。结果,在后来的比赛中,大部分球员进步不止5%,有的甚至高达50%以上,这一年居然是湖人队夺冠最容易的一年。不仅为国家赢得了声誉,而且还拿回了大笔奖金,可以说是满载而归。

从故事中我们可以看出,虽然这仅仅是一场友谊赛,拿到的只是一个冠军的奖杯和一笔不菲的奖金。但是从这场比赛的结果中,我们可以看出技术进步才是导致这一结果的直接原因。我们可以把这一实例引用到经济学中去分析。

经济增长是人类社会生存与发展的基础。自从经济学产生以来,经济学家就关注经济增长问题。经济学的奠基人亚当·斯密研究的国民财富的性质与原因就是增长问题。在这些年的研究中,经济学家把经济增长的原因归为三类。一是制

度,这就是经济学家常说的"路径依赖"。其中心意思是只有存在一套有效的激励机制,经济才会有迅速的增长。二是投入,主要指劳动与资本的增加。早期的经济增长往往是由投入增加引起的,因此,早期经济增长理论往往强调投入增加,尤其是资本增加的重要性。三是技术进步。这是现代经济增长理论所关注的问题,也是经济增长的中心。

20世纪80年代之后出现的新增长理论把劳动、资本和技术都作为经济增长模型的内生变量,从而深入分析了它们之间的关系,解决了一些重要问题。例如,根据传统的理论,资本的边际生产力递减,即随着资本的增加,产量在增加,但增加的比率越来越小,然而现实中并没有出现这种现象,原因是什么呢?

新增长理论解释了这一点,简单来说,资本增加不是量的简单增加,而是质的改变。这种质的改变体现了技术进步。就球赛来说,如果国家投入大量资本修建一个环境条件相当不错的球场,方便他们练球,并为每个球员提供最好的训练设备。如果他们不寻求技术的突破,只是多练练,多跑跑,至于怎么打才能更好发挥自己的水平这一问题都不考虑清楚,哪怕国家再承诺如果夺冠每个人将得到100万元的奖金,结果一样还是失败,而且前期投入都成了沉没成本。

再拿一个工厂来说,一个工厂的资本从10万增加到100万,并不是从一台牛头刨床增加到10台,而是用了一台先进的数控机床。如果仅仅是牛头刨床数量的增加,当然会出现边际生产力递减,但采用了先进的数控机床时,边际生产力不仅不递减,反而还增加了。这就解释了资本增加与技术进步的内在关系:资本增加是技术进步的条件,技术进步表现在资本质的变化上。同样,劳动的增加也不是人数或工时的增加,而是人力资本的增加。人力资本的增加同样体现了技术进步。

无论从理论还是实践上说,技术进步是经济增长的中心已无可非议了。

63. 气象家的生财经
——预期的形成与作用

> 宏观经济学之父凯恩斯注意到了预期问题,他认为预期与人们对经济未来的信心密切相关。乐观的预期引起充分的信心,这就刺激了投资,带动了经济繁荣;悲观的预期使人丧失信心,这就引起投资减少,导致经济衰退。

一个气象家预测到明年将会干旱,于是他低价收购了一大批粮食。第二年果然大旱,很多农户颗粒无收,农民们都需要粮食来维生,于是这个气象家将头一年收购来的粮食,比原价高出很多倍出售出去,赚了一大笔钱。很多人都很羡慕,以为他是个先知先觉的人,于是向他请教并以很高的价格收购了他多余的粮食。他们以为这种干旱还会继续,农民对粮食的需求还会增加,粮食的价格自然也会不断飙升。然而就在第三年的时候,各地风调雨顺,农民们都有了一个大丰收,从气象家手中收购粮食的那些人亏得很惨,粮食都积压在仓库里腐烂了。于是,他们去找那个预测第三年还会干旱的气象家,可他已不知去向。

经济学上将这种成功预测粮食提价的行为称为预期,但预期不同于占卜。它的最早提出者是古希腊哲学家泰勒斯。公元前6世纪,古希腊哲学家泰勒斯精通天象,他在冬天时就预期来年的橄榄丰收,并低价租下了丘斯和米利都(两个地方)的所有橄榄榨油器。到橄榄收获时他高价出租这些榨油器,赚了一大笔钱。泰勒斯成功的预期使他发了财,但对当时整个经济的影响充其量是略微增加了橄榄油的成本而已。经济中的每个人都有预期,他们的预期如何形成,又对经济有什么影响呢?这是宏观经济学家所关心的问题。

许多经济活动是在今天耕耘,未来收获。未来情况的变动影响今天人们某种经济活动的信心和决策。但未来是不可知的、不确定的,不同的人以不同的方式作出不同的预期。这就难以确定一般的预期形成方式及其对经济的影响。预期困惑着经济学。

宏观经济学之父凯恩斯注意到了预期问题。他认为预期是无理性的,受一种

"动物本能"支配的,很难得出规律性的东西,但他也注意到了预期的作用。他认为预期与人们对未来经济的信心密切相关。乐观的预期引起充分的信心,这就刺激了投资,导致经济繁荣;悲观的预期使人民丧失信心,这就引起投资减少,导致经济衰退。他把经济危机的发生归结为资本边际生产率——未来预期利润率的突然崩溃,这种突然崩溃正来自于极其悲观的预期。凯恩斯重视预期对经济的影响,这使以后的经济学家更多地关注预期问题。

以后的经济学家研究预期形成的方式,并把预期结合到宏观经济模型中。在早期,经济学家们使用了三种预期方式:完全预期、静态预期和适应性预期。

完全预期假设人们对未来有完全的了解。使用这种预期方式的经济学家并没有解释它是如何形成的,只是作为一种假设使用。一些经济学家在分析长期的趋势时运用了这种预期。当然,这种长期趋势只是一种概括,谈不上如何精确。

静态预期又称外推式预期。这种预期方式假设未来将和现在完全一样,换言之,人们是根据现在的情况来推导出预期的。这种预期只适用于静态情况下极短期的情况。

这两种预期方式实际上对分析宏观经济并没有重要影响,有没有这种预期对宏观经济分析无足轻重。

真正有意义的预期方式是货币主义者弗里德曼和菲尔普斯提出的适应期预期。这种预期方式认为,人们不是简单地根据过去推测未来,而是会根据过去预期的失误来调整对未来的预期,这样就会使预期接近于正确。例如,预期通货膨胀率为5%,结果实际通货膨胀率为10%,而且这种通货膨胀率持续下去,人们有一个根据过去预期失误修正未来预期的过程。

货币主义者用这种预期的概念解释了菲利普斯曲线。这就是说,短期中人们的预期会有失误,当预期通货膨胀率低于实际通货膨胀率,实际工资下降,生产增加,就业减少,从而存在失业与通货膨胀的替代关系。但在长期中,人们会修正自己的预期,从而要求提高工资。这时,失业和通货膨胀之间的替代关系就不存在了,这是对传统菲利普斯曲线的重要发展。

这种预期方式还解释了中央银行抑制通货膨胀决心对降低通货膨胀的重要性。当中央银行表现出这种决心时,人们会修正自己的通货膨胀预期。预期通货膨胀率的下降会使短期菲利普斯曲线向下移动,以较低的失业率代价换取低通货膨胀率。20世纪80年代初,沃尔克反通货膨胀的胜利与他反通货膨胀的决心相关,正是这种决心影响到人们预期的修正。

在宏观经济学中真正有革命性意义的是理性预期的概念。这一概念是由美国经济学家莫思提出,并由卢卡斯引入宏观经济分析的。

63. 气象家的生财经——预期的形成与作用

理性预期是根据所有能获得的相关信息所作出的预期。莫思给理性预期下的定义是：由于预期是对未来事件有根据的预期，所以它们与有关经济理论的预期在本质上是一样的。我们把这种预期称为理性预期，也就是说，在正常情况下，人们在进行经济决策时依据所得到的信息能对有关变量的未来变动率作出正确估算，即主观概率分布的预期值与客观概率分布的预期值是一致的。

小知识

让·雅克·拉丰(Jean Jacques Laffont)

让·雅克·拉丰(1947—2004)，生于法国图卢兹。1990年，他创建了产业经济研究所(IDEI)，并一直担任该研究所的所长。目前，这个研究所已经成为世界上研究产业经济最知名的学术机构之一。拉丰教授在微观经济学的许多领域都作出了杰出的贡献，其中包括规制理论、激励理论、公共经济学、发展经济学等领域。主要著作有：《政府采购与规制中的激励理论》（与泰勒尔合著）、《电信竞争》（与泰勒尔合著）、《激励和政治经济学》等。

64. 卢卡斯的辉煌与尴尬
——理性预期革命

> 理性预期学派的宏观经济理论范围甚广,已成一个体系,包括总需求—总供给理论、货币理论、失业与通货膨胀理论、经济周期理论、经济增长理论,以及政策分析。这个体系的中心是不变性命题。

1995年是美国经济学家卢卡斯辉煌的一年,由于对理性预期理论的贡献而获得诺贝尔经济学奖。但这件好事也使他遇到尴尬。他与妻子1989年协议离婚,妻子预期他会获诺贝尔经济学奖,提出如在1995年前获奖,分享一半奖金。他预期1995年前不会获奖,就答应了妻子的要求。结果理性预期大师的预期错了,他获了诺贝尔经济学奖。因为以前的协议,他不得不给他的妻子50%的奖金,为此他损失了50万美元。理性预期大师的这个失误成为媒体爆炒的花边新闻,令卢卡斯尴尬不已。

当然,我们不能根据卢卡斯这点轶事而否认理性预期对宏观经济学的革命性作用。这种作用就在于:第一,科学地解释了预期的形成,使预期在宏观经济分析中起到重要作用。以前对预期解释缺乏科学性,从而使预期在宏观经济中没有发挥应有的影响。理性预期以信息为基础解释预期的形成,这就使预期成为一个可分析的概念。第二,使宏观经济学有了一个微观基础。在此之前,无论是凯恩斯主义也好,新古典综合派也好,宏观经济学都缺乏微观基础。理性预期学派意识到了这一问题,把对个人行为的解释作为宏观分析的基础,这是宏观经济学的巨大进步。现在所有的经济学家都承认这一点,就连坚持凯恩斯主义基本观点的新凯恩斯主义也力图在微观基础之上重建凯恩斯主义宏观经济学。第三,打破了宏观经济学中凯恩斯主义的主流地位。理性预期学派的前提是理性预期和市场出清。理性预期坚持了新古典经济学关于理性人的假设。市场出清坚持了新古典经济学关于市场机制完善性的假设。市场出清是指价格自发调节现实供求相等的均衡。正因为如此,理性预期也被称为新古典宏观经济学。他们的许多观点受到理论界的重视,对政策也有某些影响。现在的宏观经济学正是这两大流派平分秋色。

理性预期学派的宏观经济理论范围甚广,已成一个体系,包括总需求—总供给理论、货币理论、失业与通货膨胀理论、经济周期理论、经济增长理论,以及政策分析。这个体系的中心是不变性命题。也就是说,在理性预期时,产量总处于自然率水平,即潜在 GDP 的水平,失业总处于自然率水平,即使在短期中也不会背离。无论在长期还是短期中,产量与失业在其自然率时是不变的,无论采取什么政策也无法改变,这就是不变性命题。

不变性命题有三点重要含义。第一,引起产量和失业率背离其自然率的预期失误也许不可避免,但只能是短暂或偶然的,因为长期背离意味着预期的系统失误,而这与理性预期的概念是矛盾的。第二,任何稳定经济的政策都必然失败。因为经济主题会根据理性预期作出对策抵消政策效应。这就是我们常说的"上有政策,下有对策"。第三,只有政府的信息比公众更多(政府与公众之间信息不对称)时,才能使政策有效。这种情况短期中是可能的,但并不普遍,因为公众可以拥有与政府相同的信息。

可以用一个例子来说明这些含义。假设经济处于衰退中,政府要用扩张性政策刺激经济。政府的目的是增加总需求,从而物价水平上升,实际工资下降,企业增加生产,GDP 增加,失业减少。但公众拥有政府作出决策的信息,能理性地预期到扩张性政策引起的总需求增加和物价水平上升,于是他们要求提高工资作为这种政策的对策。工资提高使总供给曲线向上移动,企业名义成本增加(货币成本增加),实际利润不变。因此,在采取了扩张性政策后,由于公众根据理性预期作出的对策,尽管物价水平上升,但产量水平和失业率仍在自然率时没有变。

那么,为什么现实中政策有时也会起作用呢?这是因为政府随即采取了扩张性政策,这种政策违背了正常规划,公众事先并不知道。或者说,政府比公众拥有的信息多。在采用这种扩张性政策时,公众无法作出预期,也无法作出对策,从而物价水平上升,实际工资下降,刺激了生产,使产量高于自然率,失业低于自然率。但这种情况只能是偶然的或暂时的,在长期中公众不会犯系统的预期失误。卢卡斯说,你可以在一时欺骗所有人,也可以在长期欺骗一部分人,但你不能永远欺骗所有的人。从长期来看,这种政策不仅不能稳定经济,反而会成为经济不稳定的外部冲击之一。

由不变性命题可以看出理性预期学派是反对国家干预的。这就是说,在市场机制的自发调节下,理性的经济主体会作出理性预期,并以此为依据作出正确决策。这样,市场机制就可以实现市场出清。政府应该做的不是用随机性政策干预经济,而是取信于民,把自己决策的规律告诉公众,以便他们作出理性预期,这才是经济稳定的正确途径。

> **小知识**
>
> **阿瑟·林德贝克(Assar Lindbeck)**
>
> 阿瑟·林德贝克,1963年获瑞典斯德哥尔摩大学经济学博士学位,现为瑞典斯德哥尔摩大学国际经济研究院国际经济学教授。1996年获Frank E. Seidman杰出奖(政治经济学)。主要研究领域:宏观经济与货币政策、公共经济学、劳动经济学、国际经济学、经济制度和经济体制、经济思想史与方法、瑞典经济、收入分配与福利等。主要著作和论文:《失业与宏观经济》、《养老金管理的前景瞻望》、《通货膨胀——全球、国际及国家层面》、《均衡经济的财政政策——经验、问题和前景》、《凯恩斯主义和总体经济活动》等。

65. 宏观调控不是筐
——宏微观经济政策的不同

> 宏观调控是中央政府透过财政与货币政策以实现整体经济稳定与增长的政策。微观政策是实现公平与效率的各种政策，如限制价格政策、支持价格政策、反垄断政策、收入再分配政策、社会福利政策等。

  楚国有个人在一次打猎的时候捉到了一只猴子。回家后，他将猴子杀了煮熟后，请他的邻居来吃。他并没有向他的邻居事先说明，而他的邻居以为是狗肉，吃得津津有味，不住地夸这肉香。等吃完了后，这个人才告诉他的邻居刚才吃的不是狗肉而是猴肉。他的邻居听了后顿时呕吐不止，差点把肠子都给吐出来了，并不住地埋怨这个人没有将事情告诉他，他是不能吃猴肉的，这会让他大病一场。
  这个楚国人不解地回答："我并不知道你不吃猴肉啊！再说猴肉和狗肉有什么区别呢？还不都是肉。"
  在这个故事中，不是想讽喻或讲点什么道理，只是想让人们知道正确认识食物的重要性。虽然混淆概念会导致不良后果或闹笑话，但在经济领域，人们总是无法正确区分宏观经济政策和微观经济政策的概念。下面就是一个很好的例子。
  记得前几年进口大片票价高达70元。许多观众颇为反对，于是中影公司发文限制进口大片的最高价格。某大报在报道此事时，标题是"国家加强宏观调控，限制进口大片价格"。限制某种产品的价格实际属于微观经济政策，说成宏观调控就出笑话了。
  在市场经济中，政府对经济的调节与管制是多方面的，有立法手段（如各种保证市场经济正常运行的法律制度）、行政手段（如发放许可证等）、经济手段。这些不同的调节经济手段不能笼统都称为宏观调控。
  即使就经济手段而言，大体上也要分为微观经济政策和宏观经济政策，这两者之间存在重大的差别，不能统称为宏观调控。严格意义上的宏观调控是指运用宏观经济政策所进行的调节。

微观经济政策与宏观经济政策的区别首先在于理论基础不同。微观经济政策依据微观经济理论。微观经济理论透过分析家庭与企业的决策说明价格机制如何调节经济。但经济学家发现，市场机制的调节并不总是有效的。

当市场机制的自发调节没有实现资源最优配置时，就产生了市场失灵。市场失灵产生于垄断、公共物品的存在和外部性。在垄断之下，产量低于完全竞争时，而价格高于完全竞争时。公共物品（如国防）人人都可以免费消费，依靠市场提供，则会供给不足。外部性是一项经济活动，给予这项活动无关的人带来影响（如污染），这就使市场决定的产量社会边际成本大于社会边际收益。要解决市场失灵问题就要求助于政府的干预。

宏观经济政策依据宏观经济理论。宏观经济理论说明整体经济的运行规律，当经济完全由市场机制自发调节时，会产生周期性经济波动，即有时经济过热，通货膨胀严重，有时经济衰退，失业加剧。要消除或减缓经济波动，就要求助于政府的宏观经济政策。各种宏观经济政策都是根据宏观经济理论对整体经济的分析制定的。

其次，这两种政策的目标也不同。微观经济政策的目标是效率与公平。克服市场失灵引起的资源配置无效率是为了提高效率。例如，政府对垄断的管制、提供公共物品、针对外部性的税收或补贴，都是为了提高效率。

此外，由于这两者目的不同，手段不同，对经济的影响也不同。微观经济政策的影响是局部的。例如，限制进口大片票价只影响进口大片这种产品和放映这种大片以及看这种大片的观众，并不影响其他人或其他行业；使收入分配平等的所得税政策只影响符合规定的某个群体；反垄断政策只影响垄断企业，等等。而宏观经济政策影响整个经济。例如，变动利率的货币政策对所有的人和部门都是同样的。微观政策对整体经济没有直接影响，宏观政策并不针对经济中的个别人或部门。

严格来说，宏观调控是中央政府通过财政与货币政策以实现整体经济稳定与增长的政策。微观政策是实现公平与效率的各种政策，如限制价格政策、支持价格政策、反垄断政策、收入再分配政策、社会福利政策等。

66. 小作坊的1 231美元的投入
——投入与增长

> 投入是引起经济增长的重要因素,尤其在经济增长的初期,投入的增加至关重要。投入包括资本投入和劳动投入。投入与增长之间的关系是早期经济增长理论的中心。从哈罗德—多马增长模型到新古典增长模型分析的正是这一问题。

1981年前后,有几个好事的秘鲁经济学家做了一个不同寻常的实验,以便看看在这样一个严密控制的复杂体制下,成立一个小企业到底会有多艰难。他们在秘鲁首都利马建立了一个有两台缝纫机的小作坊,然后申请注册,他们在报告中写道:"注册这个作坊所需要的成本是1 231美元的经济成本、289天的时间成本和一个专职人员的人力成本。也就是说开办这样一个小作坊,要32个月不吃不喝才能积累这1 231美元的成本。这对于任何要通过常规办法来合法注册一个小工厂的人来说,代价实在是太高了。"

然而据他们预测,如果把这1 231美元的成本投入到小作坊中去,他们得到的回报就更多。如果在运作过程中有足够的资金投入,除个人收入增加外,对国民经济的增长也能起促进作用,这在经济增长的初期尤为明显。所以通过经济学家的这一报告,政府立刻注意到了成本投入对经济增长的重要性,马上拨款给各乡政府,让他们多鼓励家庭开设类似于缝纫店的小作坊。

投入是引起经济增长的重要因素,尤其在经济增长的初期,投入的增加至关重要。投入包括资本投入和劳动投入。投入与增长之间的关系是早期经济增长理论的中心。从哈罗德—多马增长模型到新古典增长模型分析的正是这一问题。

如果把英国古典经济学家亚当·斯密的《国富论》作为近代经济学的开端,那么,他所研究的"国民财富的性质与原因"实际上就是今天所见的增长问题。斯密把增长的因素归之于两个:专业化与分工引起的生产率提高,以及人口和资本增加引起的生产劳动人数增加。这就强调了投入的重要性。

二战后,经济增长问题受到关注时,首先引起重视的是投入中的资本问题。美国经济学家罗斯托在《经济增长的阶段》中把投资率达到10%以上作为经济起飞的条件。美国经济学家刘易斯在《经济增长理论》中也把积累率达到12%～15%作为发展的关键。但最能体现资本积累重要性思想的还是20世纪50年代最著名的哈罗德—多马增长模型。

基本的哈罗德—多马模型设计三个变量:经济增长率、储蓄率,以及资本—产量比率。这三个变量的关系是经济增长率等于储蓄率除以资本—产量比率。这说明,当资本—产量不变时,增长率取决于储蓄率,也说明投资(由储蓄而来)或资本积累在经济增长中的重要性。

通过故事我们知道,任何一个经济的增长总是从投入的增加,尤其是资本的增加开始的。就拿作坊来说,如果不投入那1 231美元的成本,作坊主就不可能有收入,再多的财富也没办法积累,可见资金投入是至关重要的。不过,光有资金投入还不行,必须有劳动力的加入才能实现资本的原始积累,资本的积累导致的最终结果是,作坊主扩大作坊规模,增加更多劳动力,赚取更多利润,利润带来的后果是国家经济的稳步增长。可见,没有资本积累和劳动增加就没有经济增长。投入型增长是所有经济早期增长的基本特征。早期增长理论正是这种现实的反映。

在哈罗德—多马模型中,技术被假定为不变的。就作坊来说,有了资金的投入和劳动的投入似乎就足够了,关于技术进步,经济学家只字未提,而政府也忽略了技术方面的投入。在新古典模型中(这个模型认为,经济增长取决于资本、劳动、资本与劳动在生产中的组合比例,以及技术进步),技术进步只被作为一个外生变量。这两个模型都无法科学地说明技术进步在增长中的作用。这个任务是由20世纪80年代之后的新增长理论完成的。

67. 吃狗屎换来GDP
——国民生产总值

> GDP是指一定时期内在一个国家所创造的产品和劳务的价值总额,即在一国的领土范围内,本国居民和外国居民在一定时期内所生产的、以市场价格表示的产品和劳务的总值。

经济学家爱文和叟逊是一家研究院颇有名气的两个经济学天才青年,他们带着沉甸甸的眼镜,拿着厚重的散发着历史味的经济学著作,研究一些高深的问题,并时不时交换着彼此的意见。但大多数时间他们的谈话都以玄幻莫测的争论开头,然后以超乎常人想像的方法得到解决。他们觉得这就是经济学领域的博弈,无子无盘,却无形中显露着厮杀中的血雨腥风和他们的高深智慧,因此他们乐此不疲,并决定将经济学研究进行到底。

一天饭后散步,为了某个经济学问题,两位杰出青年又开始争论起来,正在难分高下时,突然发现前面草地上有一堆新鲜的狗屎。爱文就对叟逊说:"看到那堆新鲜的狗屎了吧,如果你能一口气把它吃下去,我愿意出五千万。"

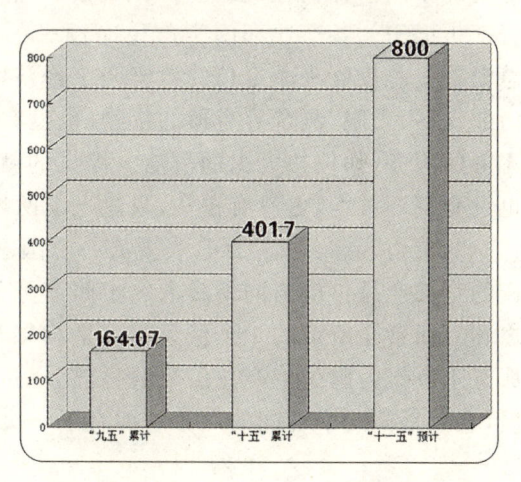

五千万啊!一个不小的数字,他的诱惑远远超过了这个问题本身的答案。叟逊冷静了一下后迅速掏出纸笔,进行了精确的数学计算,很快得出了经济学上的最优解:吃!于是爱文损失了五千万。

他们继续往前走,突然又发现一堆狗屎,这时候叟逊开始剧烈的反胃,呕吐便一发不可收拾。趁着叟逊难受的当口,爱文也掏出纸笔,迅速在纸上计算着,当他看到一个五千万的数字和一堆狗屎形成的强烈对比后,开始心疼刚才花掉的五千万。

呕吐让叟逊非常虚弱,越想越觉得吃亏,看到又有一堆狗屎后,叟逊就对爱文说:"你把它吃下去,我也给你五千万。"于是,不同的计算方法,相同的计算结果——吃!爱文心满意足地收回了五千万,而叟逊似乎也找到了一点心理平衡。

他们继续往前走,看见一个扫马路的清洁工正在清理路边的垃圾。两位天才经济学家经过他身边的时候,他突然转过身对他们说道:"谢谢你们让我少扫了两堆狗屎。"看看两手空空的彼此,天才们同时号啕大哭:闹了半天我们什么没得到,却白白吃了两堆狗屎!

他们怎么也想不通,只好去请教他们的导师,一位著名经济学泰斗。听了两位高足的故事,没想到泰斗也号啕大哭起来。只见泰斗颤巍巍地举起一根手指头,无比激动地说:"1个亿啊!1个亿啊!我亲爱的学生,你们仅仅吃了两堆狗屎,就为国家的GDP贡献了1个亿的产值!"

其实这只是一个笑话,是人们对GDP缺少一个基本的认识造成的。GDP是指一定时期内在一个国家所创造的产品和劳务的价值总额,即在一国的领土范围内,本国居民和外国居民在一定时期内所生产的、以市场价格表示的产品和劳务的总值。

GDP的测算有三种方法,生产法:GDP=Σ各产业部门的总产出-Σ各产业部门的中间消耗;收入法:GDP=Σ各产业部门劳动者报酬+Σ各产业部门固定资产折旧+Σ各产业部门生产税净额+Σ各产业部门营业利润;支出法:GDP=总消费+总投资+净出口。对于两个经济学家来说,他们既没有为国家提供包括诸如食品、衣服、汽车等有形的货物,也没有付出包括诸如教育、卫生、理发、美容等无形的服务(那位扫大街的清洁工提供的就是一种无形的服务);他们既没有赢利也没有利润可言,更没有投资,只是吃了两堆根本不能算到GDP里的垃圾。

从价值形态分析,GDP表现为一个国家或地区所有常住单位在一定时期内生产的全部产品价值与同期投入的中间产品价值的差额,即所有常住单位的增加值之和。而泰斗所谓的1个亿只不过是狗屎与五千万形成的一个循环过程罢了,而那五千万作为国民生产总值中的一部分,并未投入生产中创造更多价值,也没有折损,它只是被两个不同的人分别拥有了一次罢了,最终的数字还是五千万。

68. 傻瓜与股市
——股市中的价格和需求量

> 作为其他因素之一的预期价格在股市中和现有价格的相关性特别明显,价格的变化必然会导致预期价格的变化,这就无法保证"其他因素不变",所以股市中常会出现价格和需求量的同方向变化。

几个白天黑夜都梦想着发财的人,使用了很多手段,比如办厂,养牛羊,挖矿山,但这些行动的最终结果都以失败而告终。发财无门的他们,便想出一个妙招——光明正大地骗。

他们拿着一些写着面值一元的纸片对一群同样也渴望着发财的傻瓜说,"你们看,我们这里有一些神奇的纸片,它们不是货币但它们比货币还值钱。它们代表一座不断长高的金山,你们可以透过它神奇的升值来获得很多货币。你们看,现在这些纸片就已经升值了,我们可以把它们一张卖5元钱。"于是傻瓜们一拥而上,抢购为先,他们花5元买一张纸片。

后来没有买到的傻瓜就以10元、20元甚至100多元的价格从前面的傻瓜手里买那些纸片,并且还给那些骗子交手续费。因为每个傻瓜从前面一个傻瓜的经历中获知这张纸片还会升值,并且有更大的傻瓜以更高的价格买下它们,这样他们就可以赚更多的钱。然而直到有一天,傻瓜们发现那些纸片其实连一元钱也不值,于是最后以最高价格买到那些纸片的傻瓜就成了最大的傻瓜。

赚了钱的傻瓜乐呵呵去卖另一种纸片,希冀发更多的财。而那些成了最大傻瓜的人,赔了夫人又折兵,拿着那些曾经风光过的纸片哭爹喊娘无济于事后,便某名奇妙地怀疑起这怀疑起那来。

这就是股市。股市即股票市场也称为二级市场或次级市场,是股票发行和流通的场所,也可以说是对已发行的股票进行买卖和转让的场所。股票的交易都是通过股票市场来实现的。一般地,股票市场可以分为一级、二级,一级市场也被称为股票发行市场,二级市场也被称为股票交易市场。从上文故事中可以看出,以最小的资本抛售一元纸片的那些人就是一个发行市场,而那些傻瓜之间的买卖就成了交易市场。

从股票市场的成形到现在,没有人怀疑这样一个事实:证券市场是整个市场经济的一部分。并且,在一些经济学教科书上,证券市场常被描绘成一个典型的有大量买方和卖方的完全竞争的市场:供给方只要略微降低价格,就可以把股票卖出去;需求方只要略微提高价格,就可以买到股票。但是,证券市场中游戏规则的特殊性和信息的不对称性使经济规律在其中的运用遇到了很多困难。比如,利用经济规律可以准确地预测出:降低利率会引诱投资和消费,大量发行货币意味着通货膨胀,加入WTO会导致汽车实际价格的下降等,但用已知的经济信息来预测未来股票的走势就不是那么简单,就连经济学家也常常犯错。那些最大的傻瓜也不知道,什么时候股市继增不降,或什么时候突然下滑。也许等他们预知不妙时,为时已晚。所以他们就会怀疑市场经济规律在股市中是否有用,有些人甚至认为股市是"随机漫步"的,没有人可以长期稳定地获得收益,这就使得人们开始怀疑经济规律的有效性。其实这种怀疑混淆了"正确"和"适用"的界限。

在股市中,并不是经济规律错了,而是有些经济规律不适用罢了。比如被称为微观经济学基石的需求规律(在其他因素不变情况下,需求量和价格呈反方向变化)就难以直接套用在股市。因为作为其他因素之一的预期价格在股市中和现有价格的相关性特别明显,价格的变化必然会导致预期价格的变化,这就无法保证"其他因素不变",所以股市中常会出现价格和需求量的同方向变化。也难怪有人成为最大的傻子,因为人们的需求降低后价格也会跟着大跌。由此可见,经济规律在股市中仍发挥着不可替代的作用。

69. 圈地运动的另类诠释
——房地产与供求

> **房地产**,是人们所熟悉的土地、建筑物及固定在土地、建筑物上不可分离的部分及其附带的各种权益。房地产由于自身的特点即位置的固定性和不可移动性,又被称为不动产。投资房地产的人必须具备足够的资金能力或贷款才能影响整个行业,这也是它与股市的本质区别。

应该说,城市是在乡村的基础上发展起来的。几千年前,人类的祖先都是用一双手自力更生的,过了很多年,人们依旧种地的种地,放牧的放牧,很多人都没觉得这有什么不好。

不过有这样的一些理想家,他们觉得劳动让他们感到厌倦,他们梦想着建造一所不用耕地、养畜类的城市。等城市出现后,他们可以用他们的头脑赚取成堆的谷物和食品贻享天年。

有一天,几个骗子来到这里,他们对老实巴交、放牧牛羊的农民说,我们把你们的牛羊全买了,你们到我们那里的城市去卖牛羊肉吧。被骗的农民没有了牛羊,就把土地交给了这些骗子。骗子们在那些土地上面盖了很多房子,然后卖给那些梦想用头脑赚取谷类和食品的人,从而赚了很多钱。骗子走了,梦想家们又把这些房子以二手的形式卖给了其他人。这下好了,有了他们梦想的财富,这些人开始过上了很好的生活。这可惹得很多不知从哪儿冒出来的疯子眼红了,他们蜂拥而来,从银行那里借了很多钱,买农民的土地。对农民说,种地多苦呀,你们也去城里吧。于是农民拿着卖地的钱去了城里,发现那些钱连一套普通的住房都买不起,他们只能住在贫民窟里做苦工。而那些疯子买到土地也盖了很多房子,却突然发现已经

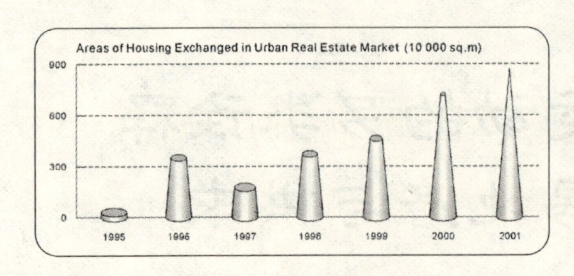

没有人买了，只好闲置在那里，欠的债也还不起，于是跑掉的跑掉，跳楼的跳楼，把银行也拖垮了。城里的农民活不下去，纷纷跑回来，把荒废的房子拆掉，该种地种地，该放羊放羊，只留了少部分储藏杂物。

这就是房地产，是人们所熟悉的土地、建筑物及固定在土地、建筑物上不可分离的部分及其附带的各种权益。房地产由于其自己的特点即位置的固定性和不可移动性，又被称为不动产。投资房地产的人必须具备足够的资金能力或贷款才能影响整个行业，这也是它与股市的本质区别。

从人类进入工业时代开始，房地产业的波动起伏，已直接影响到整个国家经济发展的稳定性。从上文我们得知，土地本身被热炒的背景下，整个房地产业很难保持冷静。房价上涨的幅度开始被不断刷新。刚开始由于供不应求，房屋在未开盘前已被抢购一空。随着这一行业不断被热炒，一些没有资金能力的人也开始蠢蠢欲动，由于房地产业不需要周转资金，在房屋还未成形前，楼盘已被售出，所以很多人便从银行借贷，只是以一块地皮为幌子，从需求者那里赚取房地产的第一桶金。毫无疑问，这种情况下，问题房、危机房，甚至没房等现象都滋生了。

而且更多的人预计到房价将持续上涨后，开始大肆借贷，当市场上供大于求时，房价开始下跌。此外，当初疯狂上扬的房价刺激了需求并导致了贸易逆差，货币市场意识到情势不妙时，开始卖出货币，从而导致利率的上升，这反过来又加剧了房价的下跌趋势。当开发商最终无法向银行偿付贷款时，银行破产了。最后，汇率机制被破坏，整个国民经济陷入困境。

我们不能任由这种情况发展下去，政府作为整个社会经济的统筹规划者，要通过改革来合理规划这一现象，要设法对目前开发商手里的土地如何调控拿出相应的措施，比如可利用税收政策、贷款政策来调控开发。

70. 第一张邮票的价值
——邮市和价值

> 价值,就是客体与主体需要之间的一种关系,就是作为客体的客观事物满足主体的需要的关系。这种价值关系是从主体对待满足他们需要的客体的关系中产生的。

1827年,英国人罗兰·希尔在报刊上发表了题为《邮政制度的改革——其重要性与实用性》的文章,建议在英国本土对重量在1/2盎司以内的普通信件收取一便士的预付邮资。该方案虽然解决了邮资问题,但给使用者带来许多不便,于是有人建议在普通信封上使用粘贴式的邮票,既方便又表示已付邮资,希尔采纳了这项建议。随后,他亲自动手设计了邮票。他以维多利亚女王的肖像为基础,画了两副邮票的画稿交给查尔斯和弗雷得利克父子雕刻,并由帕金斯·培根公司承印。1840年,世界上第一枚邮票诞生了,这在当时引起了不小的轰动。不过对于当时的人们来说,邮票的真正价值仅仅体现在它能否寄出去一封信。

很多年过去后,英国邮票的图案换了一个又一个,第一张邮票几乎已被人们遗忘。不过有一个没落家庭的子弟,从他的祖先那里拥有了第一张邮票的继承权。有一天,他突发奇想拿着这张发黄的纸片参加了一个古董拍卖会,竟然将这张只有1便士的纸片用50 000英镑的价钱拍卖了出去,在社会上掀起了不小的轰动。有人说只是一张废邮票,它能值50 000英镑吗?又有人说它没有使用价值,只有收藏价值。

拍卖早已落下帷幕,很多人却还在争论邮票的价值。那何谓价值呢?"价值"作为一个概念,是在原始社会末期,随着商品交换的出现而产生的。最初它仅有经济学上的意义,一般是指物品对人的效用及在商品交换过程中表现出来的量值。后来逐渐引申到社会生活的各个领域,成为具有普遍意义的概念。

马克思认为,所谓价值,就是客体与主体需要之间的一种关系,就是作为客体的客观事物满足主体的需要的关系。这种价值关系是从主体对待满足他们需要的客体的关系中产生的。也就是说,具有某种属性的客观事物只有在满足了人的某种需要时,客观事物的价值才会表现出来。对于愿意花50 000英镑来购买这张邮票的人来说,它的确值那么多,因为它满足了收藏家的收藏要求,体现了它的收藏价值;而对于需要一张邮票寄信的人来说,历史上的第一张邮票也不过够他寄一封信罢了,所以在他那里邮票体现了它的使用价值。可见所谓的价值还需要从具体的人的具体需要来衡量,因此,我们说价值作为标志客体与主体需要之间关系的普遍范畴,就是从对人们(主体)和外界物(客体)关系的考察中逐步形成的。

价值作为一个宽泛的概念,适用于很多商品。一双标价1 000美元的鞋子,它的价值只有通过使用者所穿的次数和时间长短才能体现出来,如果只是将它搁置在柜台不去跟其他商品交换,或者只是放置在鞋柜里不去穿它,都无法体现出它的价值来,虽然它明码标价1 000美元。

小知识

阿马蒂亚·森(Amartya Sen)

阿马蒂亚·森,1933年出生于印度孟加拉国湾,1959年在英国剑桥大学获得博士学位,先后在印度、英国和美国任教,1998年离开哈佛大学到英国剑桥大学三一学院任院长。由于他对福利经济学几个重大问题作出了贡献,包括社会选择理论、对福利和贫穷标准的定义、对匮乏的研究等作出精辟论述,荣获诺贝尔经济学奖。主要著作有:《技术选择》、《集体选择与社会福利》、《论经济不公平》、《就业、技术与发展》、《贫穷和饥荒》、《选择、福利和量度》、《资源、价值和发展》。

71. 通货膨胀的外实内虚
——通货膨胀

> 通货膨胀即通货供应量过度增加，物价持续上涨，货币不断贬值；而恶性通货膨胀，则是一般通货膨胀在程度上的恶性发展。

1945年8月抗日战争结束时，法币的发行额是5 569亿元，比1937年6月的14.1亿元增加了392倍，增加幅度惊人，但与此后的法币发行量相比简直是小巫见大巫。1945年底，法币发行量已突破1万亿元大关，达10 319亿元，与1945年8月相比，几乎翻了一番；1946年底更增至37 261亿元，比上年底增加了2.6倍；1947年12月高达331 885亿元，在1946年的基础上又增加近8倍；1948年8月21日，发行量竟高达6 636 946亿元之巨，短短的8个月里增加了19倍，"币值已贬到不及它本身纸价及印刷费的价值"。于是当局孤注一掷，发行新的通货金圆券来取代法币，以1∶300万的比例收兑无限膨胀了的法币。1948年8月19日新方案付诸实施，规定新币每元含金量为纯金0.222 17公分，发行总限额为20亿元。但政府当局很快自食其言，1948年12月，金圆券的发行量已达83.2亿元，超过限额4倍多；1949年1月，再增加至208亿元，相当于发行最高额的10.4倍；1949年5月上海解放前夕，更猛增至679 458亿元，是金圆券发行限额的33 972倍，如果以1∶300万的兑换率折合成法币，则数量高达2 038 374 000 000亿元，相当于1937

年 6 月的 144 565 531 900 倍。票面额也越发越大,从 100 元额到 1 万元、10 万元,最后竟出现 50 万元、100 万元一张的巨额大票。当人们拿着这 100 万元的大钞也换不了一袋大米,金圆券最后遭到人民拒用。

这是国民党政府 1945—1949 年的恶性通货膨胀。何谓通货膨胀？国际经济学界似乎还没有"被普遍接受或令人满意"的定义,萨缪尔森、米尔顿·弗里德曼及 Laidler 和 Parkin 三家的观点是目前公认比较权威的解释。萨缪尔森对通货膨胀下的定义是"在价格和成本的一般水平上升的时候出现通货膨胀"。弗里德曼认为通货膨胀永远是个货币现象,过多地增加通货量是通货膨胀的唯一原因。Laidler 和 Parkin 则认为"通货膨胀是一个物价持续上涨的过程,或者等价地说,是货币价值持续下跌的过程"。综合他们的论述,通货膨胀即通货供应量过度增加,物价持续上涨,货币不断贬值;而恶性通货膨胀,则是一般通货膨胀在程度上的恶性发展。

国民党政府为了弥补财政赤字,便不断印制纸钞。但货物的短缺引发物价飞涨,当人们拿着一箩筐的钞票也换不回自己所需的简单日用品后,货币贬值了。国家企图用新币扭转这种状况,然而法币已流通 10 多年,"虽然贬值,但至少还为人民所熟悉、接受,而新币则办不到"。由于当时的政治、经济形势极其动荡,加上政府弥补巨额赤字完全依赖印钞机的做法没有任何改变,因此决定了金圆券的命运只能以草草收场告终,并且加速通货制度的彻底崩溃。

纸币是一种纯粹的货币符号,没有价值,只是代替金属货币执行流通手段的职能。纸币的发行量应以流通中需要的金属货币量为限度,如果纸币的发行量超过了流通中需要的金属货币量,纸币就会贬值,物价就要上涨。因此,纸币发行量过多引起的货币贬值、物价上涨,是造成通货膨胀的直接原因。当一个政府创造了大量本国货币时,货币的价值下降了。

通货膨胀给国民经济发展带来严重影响,主要表现在:① 对经济发展的影响。通货膨胀的物价上涨,使价格信号失真,容易使生产者误入生产歧途,导致生产的盲目发展,造成国民经济的非正常发展,使产业结构和经济结构发生畸形化,从而导致整个国民经济的比例失调。② 对收入分配的影响。通货膨胀的货币贬值,使一些收入较低的居民的生活水平不断下降,使广大居民的生活水平难以提高。当

71. 通货膨胀的外实内虚——通货膨胀

通货膨胀持续发生时，就有可能造成社会的动荡与不安宁。③ 对对外经济关系的影响。通货膨胀会降低本国产品的出口竞争力，引起黄金外汇储备的外流，从而加速本国货币贬值。

小知识

特里夫·哈维默（Trygve Haavelmo）

特里夫·哈维默，1911年生，挪威人，由于他建立了现代经济计量学的基础性指导原则，而获得1989年诺贝尔经济学奖。

72. 机制才是硬道理
——机制的作用

> 随着市场经济的不断发展，交易范围的不断扩大，科学技术的不断进步，自发的秩序、规则早已经不能满足需要。于是有了经过特定程序，由专门的社会管理部门制定、颁布的规则和规则约束下的秩序。将这种约定上升为法律、法规、交易规则、技术质量标准以及道德准则等就是规则、制度。

150年前的美国，以现金交易为主的商业活动中，稍具规模的店铺都雇有店员，他们每时每刻都在与现金打交道，而且每一个店铺都经常会遇到这样的情况：钱箱中的零用钱不够用了，雇员先从自己的口袋中掏出钱垫上，然后再从钱箱中找回。但一个雇员从钱箱中往回拿钱的时候，谁也无法否认，他面对着一个极大的诱惑：有那么多的钱，而且又没有记录，为什么不往回多拿一点呢？于是，有不少意志薄弱者经不住诱惑而下狠手，为此，各地的店主们伤透了脑筋。

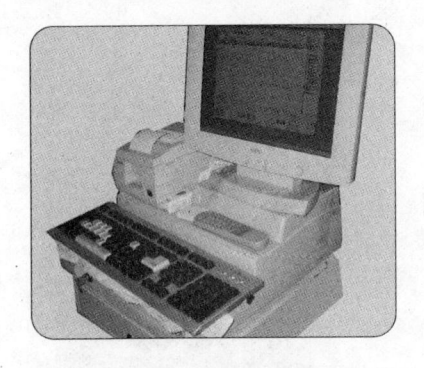

后来，在二战结束后不久，美国俄亥俄州一位杂货店老板的儿子詹姆斯在自己开咖啡店时也遇到了上述问题。后来轮船上记录螺旋桨转动的一个机器给了他启示，他设计了一个能够把每一笔交易的结果都显示出来的机器，伙计和顾客都能够看到显示的结果。这样一来，店员原有的小偷小摸的冲动就被打消了不少。后来，新专利的拥有者又对收款机作了关键性的改进，在收款机上设计了一个按有自动锁的放现金的抽屉，还有一个铃。伙计把每样东西的价格和数量打进去，机器自动相加得出总数，再把顾客递上的现金打入，机器自动计算找零，整个过程都显示出来。双方无异，一按键，随着一声铃叫，抽屉就自动弹了出来，假如你没有按照规矩做，抽屉打不开。机器把每笔交易的全过程都记录在纸上，收款机把整个交易都透明化和可控化了。

从这里可以看出,发生小偷小摸这种错误其根本的缘由不在哪一个人身上,而在于机制问题。也就是说,机制可以在很多方面克服人的不确定性、不可靠性。

俗话说:没有规矩不成方圆。人作为一个社会个体,很多时候都存有私心的。私心的驱动会使人们作出违反社会常规的事情,所以无论远古还是现代,无论现实社会还是神话传说中,都有机制和制度的影子。孙悟空再能耐,也逃不出如来佛祖的手掌心,这个掌心就是对其的约束机制。

我们处于市场经济社会,货物与货物之间的交易,人与人之间的竞争,都需要一个规范的机制来约束,所以各种秩序和法规便应运而生。这些秩序,或者说各种社会约定是人们在千万次交易、竞争中总结出来的。人们在市场交易的实践中逐步懂得,建立秩序是有利于所有市场参与者的利益的,约束所有的人,也保护所有的人。

最初的秩序、规则可能是自发的,但随着市场经济的不断发展,交易范围的不断扩大,科学技术的不断进步,自发的秩序、规则早已经不能满足需要。于是有了经过特定程序,由专门的社会管理部门制定、颁布的规则和规则约束下的秩序。将这种约定上升为法律、法规、交易规则、技术质量标准以及道德准则等就是规则、制度。

小知识

默顿·米勒(Merton H. Miller)

默顿·米勒杰出的学术生涯开始于哈佛,1943年他从那儿毕业。随后的几年他在华盛顿特区度过,就职于美国财政部和联邦储备委员会。1952年他在约翰·霍普金斯大学获得博士学法。次年,他加入了位于匹兹堡的卡内基理工学院,教授经济史。在卡内基理工学院,默顿·米勒首次遇见了略微年长的经济学家——弗兰科·莫迪利安尼。他们随后的合作后来成为经济学说史的一部分。莫迪利安尼在1985年获得了诺贝尔经济学奖。

73. 凯恩斯的最大笨蛋理论
——期货的利与弊

> 期货合约在期货交易所交易,并且是每日结算,使买卖双方皆可顺利履约。期货价格每日都会波动,投资者试图从这些价格的变动中获取利润,而避险者则从价格的变动中规避经营风险。

"期货和证券在某种程度上是一种投机行为或赌博行为。比如说,你不知道某个股票的真实价值,但为什么你花 20 元买走 1 股呢?因为你预期有人会花更高的价钱从你那儿把它买走。"这就是凯恩斯所谓的"最大笨蛋"理论。

人们之所以完全不管某样东西的真实价值,即使它一文不值,也愿意花高价买下,是因为他们预期有一个更大的笨蛋,会出更高的价格,从他那儿把它买走。投机行为的关键是判断有无比自己更大的笨蛋,只要自己不是最大的笨蛋就是赢多赢少的问题。如果再也找不到愿出更高价格的笨蛋把它从自己那儿买走,那他就是最大的笨蛋。

1593 年,一位维也纳的植物学教授到荷兰的莱顿任教,他带去了在土耳其栽培的一种荷兰人此前没有见过的植物——郁金香。没想到荷兰人对它如痴如醉,于是教授认定可以大赚一笔,他的售价高到令荷兰人只有去偷。一天深夜,一个窃贼破门而入,偷走了教授带来的全部郁金球茎,并以比教授的售价低得多的价格很快把球茎卖光了。就这样,郁金香被种在了千家万户荷兰人的花园里。后来,郁金香受到花叶病的侵袭,病毒使花瓣生出一些反衬的彩色条或"火焰"。富有戏剧性的是病郁金香成了珍品,以至于一个郁金香球茎越古怪价格越高。于是,有人开始囤积病郁金香,又有更多的人出高价从囤积者那儿买入并以更高的价格卖出,一个快速致富的神话开始流传,贵族、农民、女仆、烟囱清扫工、洗衣老妇先后卷了进来,每一个被卷进来的人都相信会有更大的笨蛋愿出更高的价格从他(她)那儿买走郁金香。1638 年,最大的笨蛋出现了,持续了五年之久的郁金香热迎来了最悲惨的一幕,郁金香球茎的价格跌到了与一只洋葱头的售价持平。

73. 凯恩斯的最大笨蛋理论——期货的利与弊

这都是期货惹的祸。期货(Futures)，严格说来并不是货物，而是一种法律合约，是签订合约的双方约定在未来某一天，以约定的价格和数量，买卖该项特定商品。这种商品可能是某种粮油产品或金融产品。简而言之，期货就是事先订好的合约，内容载明了买卖双方所必须履行的义务。而期货市场就确保了买卖双方一定会履行应尽的义务。

期货合约在期货交易所交易，并且是每日结算，使买卖双方皆可顺利履约。期货价格每日都会波动，投资者试图从这些价格的变动中获取利润，而避险者则从价格的变动中规避经营风险。

例如，你买进商品A的期货，它的保证金比例是1∶10，它的交易价格是每单位10 000元。那你只需付出1 000元就可以买一个单位A商品了。如果A商品的价格涨了10%，那你就翻番了，你的1 000元变成2 000元。如果A商品的价格跌了10%，你就赔光了，你此刻要是平仓，你的1 000元就变成了0，要想继续持仓，就必须追加保证金。许多人往往因为不服市场，不断追加保证金，最后损失惨重。

所以，期货交易让人欢喜让人忧，有些人抓住了市场需求和时机，在期货交易中狠赚一笔，而有些人因为不了解市场发展走向，只能赔了夫人又折兵。

小知识

赫伯特·亚·西蒙(Herbert A. Simon)

赫伯特·亚·西蒙(1916—)，美国经济学家。赫伯特·亚·西蒙对于经济组织内的决策程序进行了研究，这一有关决策程序的基本理论被公认为关于公司企业实际决策的创新见解，从而获得1978年诺贝尔经济学奖。

74. 亚洲金融风暴中的蝴蝶效应
——金融危机与货币危机

> 东南亚金融危机的爆发来自于外汇市场的冲击,货币危机又成了金融危机的附属。

1997年7月2日,泰国宣布放弃固定汇率制,实行浮动汇率制,引发了一场遍及东南亚的金融风暴。当天,泰铢兑换美元的汇率下降了17%,外汇及其他金融市场一片混乱。在泰铢波动的影响下,菲律宾比索、印度尼西亚盾、马来西亚林吉特相继成为国际炒家的攻击对象。同年8月,马来西亚放弃保卫林吉特的努力。一向坚挺的新加坡元也受到冲击。印度尼西亚虽是受"传染"最晚的国家,但受到的冲击最为严重。10月下旬,国际炒家移师国际金融中心中国香港,矛头直指香港联系汇率制。中国台湾突然弃守新台币汇率,一天贬值3.46%,加大了对港币和香港股市的压力。10月23日,香港恒生指数大跌1 211.47点;28日,下跌1 621.80点,跌破9 000点大关。面对国际金融炒家的猛烈进攻,中国香港特区政府重申不会改变现行汇率制度,恒生指数上扬,再上万点大关。接着,11月中旬,东亚的韩国也爆发金融风暴,17日,韩元对美元的汇率跌至创纪录的1 008∶1;21日,韩国政府不得不向国际货币基金组织求援,暂时控制了危机。但到了12月13日,韩元对美元的汇率又降至1 737.60∶1。韩元危机也冲击了在韩国有大量投资的日本金融企业。1997年下半年日本的一系列银行和证券公司相继破产。于是,东南亚金融风暴演变为亚洲金融危机。

是不是不可思议?但事实就是这样,由于泰国政府的一个小小举措,却让整个亚洲经济陷入危机。有一个演讲家在一次演讲中说,一只亚马逊河流域热带雨林

74．亚洲金融风暴中的蝴蝶效应——金融危机与货币危机

中的蝴蝶偶尔扇动几下翅膀，两周后，可能在美国得克萨斯州引起一场龙卷风。原因在于，蝴蝶翅膀的运动，导致其身边的空气系统发生变化，并引起微弱气流的产生，而微弱气流的产生，又会引起它四周空气或其他系统产生相应的变化，由此引起连锁反应，最终导致天气的极大变化。

亚洲1997年的这场金融危机就是"蝴蝶效应"的具体表现，也是经济全球化带来的负面影响所致。

金融危机又称金融风暴，是指一个国家或几个国家与地区的全部或大部分金融指标（如短期利率、货币资产、证券、房地产、土地、商业破产数和金融机构倒闭数）的急剧、短暂和超周期的恶化。其特征是人们基于经济未来将更加悲观的预期，整个区域内货币币值出现幅度较大的贬值，经济总量与经济规模出现较大的损失，经济增长受到打击。往往伴随着企业大量倒闭，失业率提高，社会普遍的经济萧条，甚至有些时候伴随着社会动荡或国家政治层面的动荡。

金融危机可以分为货币危机、债务危机、银行危机等类型。近年来的金融危机越来越呈现出某种混合形式的危机。

泰国的金融危机事发于股票市场和外汇市场的动乱。首先是外汇市场的美元收缩冲击，使得泰铢在很短的时间内大幅度贬值，进一步影响了泰国的股票市场和金融体系。东南亚的金融市场是一荣俱荣，一损俱损的捆绑经济，而且各国的货币不统一，在国际化的金融市场上美元最终成为交易单位，间接为金融危机的爆发提供了助动力。

所以，东南亚金融危机的爆发来自于外汇市场的冲击，货币危机又成了金融危机的附属。

75. 破窗缘何又被击破
——破窗理论

> "破窗理论"在经济领域得到广泛应用。学者黑兹利特曾在1979年对该事例进行过引用,认为小孩打破窗户,必然导致破窗人更换玻璃,这样就会使安装玻璃的人和生产玻璃的人开工,从而推动社会就业,进一步刺激经济的增长,也就是说"破坏创造财富"。

　　一家理发店的门窗破了一个角,由于生意红火,老板没有时间去修理它。有天晚上,一个小男孩路过这里,看见那扇破了一个角的窗,很是手痒,捡起一块石头砸了过去,大半截玻璃稀里哗啦的掉落下来。等老板追出来后,小男孩已跑得无影无踪。老板依旧很忙,那扇掉了大半截玻璃的窗依旧破裂着。过了几天,小男孩又经过这里,看见那扇破窗,捡起一块石头又砸了过去,毫无疑问那剩下的半截玻璃全都稀烂了。等老板追出来后,小男孩又跑得无影无踪了。不得已,老板只能换了块新的。为了谨防再出现打碎玻璃的情况,很多个夜晚老板都会站在理发店门口,企图逮到那个砸玻璃的小男孩,可奇怪的是此后再也没有人砸玻璃了。

　　"如果有人打坏了一个建筑物窗户的玻璃,而这扇窗户又未得到及时修理,别人就可能受到暗示性的纵容去打烂更多的窗户玻璃。久而久之,这些破窗户就给人造成一种无序的感觉。"这就是政治学家威尔逊和犯罪学家凯琳提出的"破窗理论"理论。

　　"破窗理论"在经济领域得到广泛应用。学者黑兹利特曾在1979年对该事例进行过引用,认为小孩打破窗户,必然导致破窗人更换玻璃,这样就会使安装玻璃的人和生产玻璃的人开工,从而推动社会就业,进一步刺激经济的增长,也就是说"破坏创造财富"。后来经济学家把"破窗理论"应用于像洪灾、地震、战争破坏性事件之中,认为这些破坏性事件对于推动经济增长起着不可忽视的作用。

古典经济学家巴师夏的"破窗"理论却认为:理发店不得不支付意外的费用,即安装新的玻璃,他将损失一些钱。也许,他本打算买套衣服,但现在他的计划泡汤了——衣服没有被生产出来。看来,玻璃商得到的商机只不过是制衣商损失的商机。从社会的角度讲,社会有了一扇新窗户,但它损失了旧窗户和一套新衣服。在净余额中,社会状况并没有得到改善。

现在的西方主流经济学界,对"破窗理论"概述较为系统。他们的理论揭示了潜在购买力与现实购买力之间的关系——小孩打破了理发店的玻璃,理发店老板就被迫把自己家里储蓄(潜在购买力)拿出来购买玻璃(转化为现实购买力)。于是生产玻璃的企业就会扩大就业,从而推动社会财富的显著增长。

其实,黑兹利特式和巴师夏式的经济人的理论都存在着偏颇之处。黑兹利特式认为战争、洪灾能带来效益,推动经济增长,但他们忽略了这些灾害带来的巨大损失。认同巴师夏观点的人忽视了部分破坏带来的经济增长。

其实就破窗这一现象来说,社会财富的确增长了,它从这么两个方面体现出来。一,如果理发店老板在玻璃没有打碎之前就考虑要购买一套电器,那么小孩打破理发店窗户玻璃的行为迫使老板既要购买电器同时还要购买玻璃。这时,玻璃企业和电器企业都增加了就业或收入,玻璃的破裂带动了需求,拉动了经济增长。二,理发店老板用于购买玻璃的资本是储蓄不用的资本。老板一直很忙,根本没有时间去管他的窗玻璃,在这种情况下,他从理发获得的利润就成为"不动资产",不会花费到任何物品上去,即潜在的购买力不会转化为现实的购买力。但有了小孩的破坏行为就迫使老板把那部分收入变成现实的购买力,促使玻璃企业就业的增加,进而导致整个社会就业及经济增长。以上两种情况都有利于社会财富的积累、就业的扩大和经济的增长。

76. 克林顿也没办法
——自然失业

> 弗里德曼提出了"自然失业率"的概念，强调劳动力市场实时出清的制度因素和结构因素可能导致某种水平的失业率，即自然失业率，成为瓦尔拉斯体系中的均衡状态。

一个因失业而挨饿的人住在到处充满着富贵气息的纽约城，为了躲避房东催交房租，他每天都在马路上东跑西窜，他感到耻辱和绝望。一天，当他经过一处贫民窟时，看见很多妇女拿着旧棉絮在烹煮从街上捡来的食物，那里的每个孩子都面黄肌瘦，孩童的激情全被饥饿扼杀了，他们虚弱地躺倒在阴冷的地板上，微弱地呼吸着。他们的爸爸妈妈也都是失业的人，只不过，他们中的多数人因为工伤事故被高位截瘫或缺胳膊少腿，生活的艰难一目了然。

这个人非常伤心，他慢慢地从贫民窟走了出去，他决定从明天开始好好找工作，然后赚取很多的钱来解决这些人的问题。

其实失业，这一随着十八世纪工业革命滋生出来的社会问题，连克林顿也是没有办法解决的。身为美国前总统的克林顿尽管丑闻频爆，但真正令他感到头疼的还是居高不下的失业率。因为当时的美国把失业率作为衡量历届政府政绩的重要指标之一。

失业一般分为永久性失业和寻找性失业。永久性失业是针对那些已丧失工作能力，无法再为社会创造财富的人而言的。寻找性失业一般指因单位变动或个人原因造成的失业，但可以根据个人能力和市场需要再就业。比如，由于电力供应量的增加，电价下降，发电行业对此的反应便是减少生产和就业岗位，大量发电行业的工人便离开了过去的工作岗位，加入到寻找性失业者的行列。同时，廉价的电价刺激了家电产品的需求，因此，家电企业便增加了生产和就业，那么很多从发电行业裁减下来的人员就可能填补到家电企业中去了。不过不管是永久性失业，还是寻找性失业，它们的生成都是相当复杂的，而且给国家经济带来的损失也很大。

76. 克林顿也没办法——自然失业

鉴于失业造成的危害和生成原因的复杂性，失业理论一直是宏观经济学的一个热门研究专题。古典宏观经济学将失业理解成实际工资偏高的产物；凯恩斯主义则认为，产品市场的超额供给是导致劳动力市场超额供给的主要原因。后来，弗里德曼提出了"自然失业率"的概念，强调劳动力市场实时出清的制度因素和结构因素可能导致某种水平的失业率，即自然失业率，成为瓦尔拉斯体系中的均衡状态。

对于目前来说，失业人数的增多，工农业领域就业的饱和，各级政府采取了大力发展第三产业，降低社会失业率的政策，失业者根据自身优势投入到第三产业。这种行业之间的需求构成变动被称作政府试图通过政策减少失业工人寻找新工作的时间。美国作为世界上失业率最高的国家，每年联邦政府为此支付数十亿美元，然而依旧收效甚微。

小知识

约翰·希克斯（Hicks, John Richard）

约翰·希克斯（1904年4月8日—1989年5月20日），英国著名经济学家，在微观经济学、宏观经济学、经济学方法论，以及经济史学方面卓有成就。1972年获得诺贝尔经济学奖，是20世纪最有影响力的经济学家之一。主要理论贡献：1. IS-LM 模型，成为凯恩斯宏观经济学的核心。2. 乘数-加速原理，用于解释经济周期。主要著作：《工资理论》、《经济史理论》、《经济周期理论》、《凯恩斯经济学的危机》。

77. 失业中的多米诺骨牌效应
——隐性失业

> "隐性失业"队伍的不断扩大,会造成大众对大学教育价值的质疑,甚至引发"读书无用论",对整个社会稳定和经济的可持续发展带来不利影响。

宋宣宗二年(1120年),民间出现了一种名叫"骨牌"的游戏。这种骨牌游戏在宋高宗时传入宫中,随后迅速在全国盛行。当时的骨牌多由牙骨制成,所以骨牌又有"牙牌"之称,民间则称之为"牌九"。

1849年8月16日,一位名叫多米诺的意大利传教士把这种骨牌带回了米兰。作为最珍贵的礼物,他把骨牌送给了小女儿。多米诺为了让更多的人玩上骨牌,制作了大量的木制骨牌,并发明了各种的玩法。不久,木制骨牌就迅速在意大利及整个欧洲传播,骨牌游戏成了欧洲人的一项高雅运动。

后来,人们为了感谢多米诺给他们带来这么好的一项运动,就把这种骨牌游戏命名为"多米诺"。到19世纪,多米诺已经成为世界性的运动。在非奥运项目中,它是知名度最高、参加人数最多、扩展地域最广的体育运动。

从那以后,"多米诺"成为一种流行用语。在一个相互联系的系统中,一个很小的初始能量就可能产生一连串的连锁反应,人们就把它们称为"多米诺骨牌效应"或"多米诺效应"。

多米诺骨牌效应告诉我们:一个最小的力量能够引起的或许只是察觉不到的渐变,但是它所引发的却可能是翻天覆地的变化。这有点类似于蝴蝶效应,但是比蝴蝶效应更注重过程的发展与变化。

77. 失业中的多米诺骨牌效应——隐性失业

就目前我国的就业率来说，随着大学连年扩招，人才市场供大于求。迫于就业压力，大学毕业生不得不接受既无承诺，又无保障的就业模式，匆匆签约，然后再寻求更好的发展。同时，随着就业层次的下降，不仅毕业生不能作出正确的职业选择，就连用人单位也缺乏对求职者的了解，从而导致人员的高流动性，造成"隐性失业"。

此外，越来越多的毕业生选择透过考研、留学等方式来提高自己的竞争力，暂时缓解就业压力。在考研录取率没有明显提高的情况下，相当一部分考生失意考场。落榜后，很多考生选择了"复考"，从而形成间歇性的"隐性失业"群体。

如此连锁发展，一旦形成"气候"，很容易引发多米诺骨牌效应。一方面，为以后劳动力的大量廉价雇佣和低层次就业提供了"范例"，扰乱大学生就业市场秩序，导致全社会劳动力价值观念被颠覆；另一方面，"隐性失业"队伍的不断扩大，会造成对大学教育价值的质疑，甚至引发"读书无用论"，对整个社会稳定和经济的可持续发展带来不利影响。

小知识

戈特哈德·贝蒂·俄林（BERTIL OHLIN）

戈特哈德·贝蒂·俄林，瑞典人（1899—1979），由于与詹姆斯·爱德华·米德（James E Meade）共同对国际贸易理论和国际资本流动作出了开创性研究，而获得1977年诺贝尔经济学奖。

78. 就业难的经济学分析
——中国就业问题

> 在中国就业难除了跟人才需求的饱和有关外,也跟企业"效率工资"有关。所谓的"效率工资"是指即使在经济衰退的情况下,企业也不愿意降低员工的工资,宁愿裁掉一部分员工。

21岁的赵景,是中央财经大学的财经新闻系大四学生。因为财经新闻系是新增加的专业,全系只有一个班,共40人左右。在外人看来,赵景的学校和专业都相当不错,而且她学习也不错,应该说有很好的前途。按照惯例,每年的11月都会有企业进驻学校招聘人员。但她毕业这年,惯例的日子早过了,还没有公司到学校招人。学生们纷纷着急起来,不得不开始自己寻找出路。先前同学们在埋头学习和准备考研的时候,赵景却花了大三大半年的时间在几家公司进行实习和兼职。到了找工作的时候,她自然在求职问题上应该说比别的同学更有优势。

在人山人海的招聘会上,排了半天的队,终于轮到她面试了,但拥挤的人群中,根本无法让她很好地表现自己。在排队中,赵景几次被汹涌而来的人潮挤出队伍,其中多数是男生。招聘会没有几家可心的单位,稍稍看上眼的,费了九牛二虎之力递上自己的简历,基本上就没有下文了。甚至有时候,招聘单位看都没看一眼简历就扔到一边了。后来赵景又参加了无数次招聘会,都是无果而终。

有数据显示,2002届全国普通高校共有毕业生123万,比2001年的115万增加了9.4%左右;截至2003年6月20日,全国普通高等学校毕业生就业的签约率为50%左右;全国高校毕业生将猛增至212万人,增幅达72.4%;2004年将达到280万人,而且以后每年还将保持10%~30%的增长率。摆在大学生面前的就业形势已经急剧恶化了。

就业难除了跟人才需求的饱和有关外,也跟企业"效率工资"有关。所谓的"效率工资"是指即使在经济衰退的情况下,企业也不愿意降低员工的工资,宁愿裁掉一部分员工。这样做的意义在于:第一,成本降低了,一部分员工被裁掉之后,企业的工资支出减少，成本降低，企业有可能渡过难关；第二，留在企业的员工一方面感激企业在危急时期提供岗位给他们，工作效率提高，另一方面，大量的失业人员在寻求工作岗位，就业难的压力再一次加大。

另外，如果企业降低整体员工的工资，就可能导致企业员工的效率低下，主要是由于优秀员工的积极性被降低了，他们会认为，不应该降低他们的工资而应该降低不优秀员工的工资，而相对不优秀的员工本来就低的工资又被降低了，工作积极性也会降低。这样，就导致了企业整体员工的工作效率的降低。

同样，如果我们采用该理论来解释大学生就业情况的话，也存在与"效率工资"一样的"素质规模"效应。高校学生的增加（应该说是迅猛增加），而高校在师资力量等方面没有显著变化的情况下，大学生的素质开始急剧下降，一方面因为扩招，学校的生源质量开始下降；另一方面，学校的师资力量保持不变的情况下，大学生就被放任自流了，学校根本就管不到。有统计称，大学生的游戏、睡觉等占据了 80~90% 的时间，而学习仅仅不到 20%，同时，作为认知社会的实习环节更是被偷工减料到了只要一个单位的公章而已。这样就导致了大学生素质的直线下降。

小知识

罗伯特·索洛（Robert Merton Solow）

罗伯特·索洛（1924— ），美国经济学家，出生于纽约的布鲁克林，以其新古典经济增长理论著称，并在1961年被美国经济学会授予青年经济学家的克拉克奖章（John Bates Clark Medal），于1987年获得诺贝尔经济学奖。新古典派（Neoclassical）经济增长模型由于索洛的开创性工作而被称为索洛模型，直到现在该模型仍然是经济增长理论中不可或缺的内容。

79. 卖水与买水的道人
——货币与交换

> 货币在充当了交换媒介的同时,还承担了货币执行价值尺度的功能。货币执行价值尺度功能,就是赋予商品一定的价格。

有一个道观,观里共有十个道人,附近的村民都很尊重他们。因此,他们生活所需的吃、穿、用,统统都是由村民们免费送来,因此这些事情他们不用操心。但是有一点,就是他们的用水,包括饮用水和日常洗漱用水,是从二十几里路以外的一个井里挑来的,如果从道观出发到挑水点一个来回大概需要一天。村民有很多农活要干,所以在挑水这点上帮不上忙,也雇不到外人。

所以道士必须自己想办法。假设每个道士每天需要一小盆水,而一担水正好十小盆,正好够这十个道士用。而且,一个道人早上出发,差不多到晚上能把一担水挑回来。但人都是自私的,道人也不例外,谁都不愿意花一天时间山高路远地主动挑水给大家喝。但不喝水也不行,那么十个道人怎样挑才会公平呢?一种办法是每个道人自己负责挑自己用的水,但这样一来得备十副扁担和水桶,造成了生产工具的浪费。而且,大家每天统统跑一趟,也不划算。还有一种办法就是轮流,但是轮流也会导致不公平,就是说,谁第一个去挑,谁就吃亏了。为什么这么说呢?因为这几个道人都很自私,想着自己早晚会死,轮流下去,第一个挑水的人可能会多挑一担,这不公平。所以没有一个人愿意第一个

79．卖水与买水的道人——货币与交换

去挑。

正在大家不知如何是好的时候，一个局外人出了个主意：买水喝。怎么个买水法呢？一个人可以去挑一担水，然后分成十盆，留一盆给自己，剩下的九盆就可以出售给九个道人。到底拿什么去买水呢？道人们又陷入了困境。局外人又出主意，挑水的人可以按自己的想法和价格出售水给其他道人，而需要水的道人们可以拿自己身上的念珠、道袍来换，等自己挑了水可以再换回来。这样一来大家都不吃亏，就算死了，还有交换的实物在自己手中。就这样，问题解决了。

也许这就是最原始的物物交换，不过在自己需要的物品前，自己拿出去交换的东西就充当了货币的作用。为什么这样说呢？对于挑了水的 A 道人来说，别人拿来换水的东西对他并没有太大的用处；而对于拿物换水的 B 道人来说，之所以拿物换水，是因为对他来说水是目前最重要的物品，拿出去的东西以后还能换回来，但没水可能就会渴死，所以交换水的对象就充当了货币的角色。随着时间的推移，对象因为携带不便，人们经研究拿出便于携带而且社会上又稀有的东西充当货币角色，比如金银。但金银携带也不是特别方便，慢慢地随着人们对商品交换和买卖这一概念的普遍化，出现了纸钞。纸钞就是货币演变的结果。

在一个道观里，道人们为了自己需要的物品，想出了货物（水）出售的办法，解决了吃水问题。在市场经济的今天，货币的贡献更是功不可没。因为在交换中，货币不仅充当着商品流通的媒介，其本身也作为财产的代表成为信用活动的工具。它的产生是一个长期的过程。

人类历史上最早的商品交换是直接的物物交换，以物换物。不过，没有货币的物物交换往往颇费周折，如果甲需要乙的商品，乙却不需要甲的商品，两人就不能成交。所以在交换的实践中，人们逐渐习惯与用某种比较容易为大家接受的商品来充当商品交换的"中间人"，先把自己生产的商品设法换成这种商品，然后再用它去换回自己需要的商品，从而导致了货币的产生。

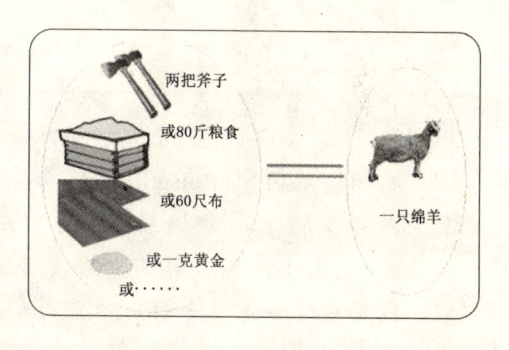

两把斧子
或80斤粮食
或60尺布
或一克黄金
或……
＝
一只绵羊

货币在充当了交换媒介的同时，还发挥了货币执行价值尺度的功能。货币执行价值尺度功能，就是赋予商品一定的价格。市场上的商品有千万种，个人对同一种商品效用的评价又千差万别，因此人们往往难以弄清各种商品之间的交换比例，交易自然也就难以做到公平。由于某个商品出卖后可以得到的货币就

是该商品的价格,一旦该商品在市场交易中形成了被广泛接受的价格,人们再也不必一一记住各种商品相互之间的交换比例,只要一看价格就一目了然。

此外,货币可以随时方便地换成各种各样的商品和财务。因此,货币本身也成为了财产的代表。货币作为财产的代表,不仅可以储存起来作为未来的购买力,而且可以通过出让给别人收取利息,实现增值。

小知识

布阿吉尔贝尔(Boisguilbert)

布阿吉尔贝尔,法国经济学家。法国古典政治经济学创始人,重农学派的先驱,生于法国鲁昂。曾任鲁昂地方议会的法官和路易十四的经理官。他反对货币是唯一财富的重商主义观点,与对外贸易是财富源泉的观点相反,主张农业才是创造财富的最重要源泉。他强调人们只能按自然规律办事,法国重商主义人为干预经济,违反自然规律,必然给法国带来灾难。他是自由竞争的早期拥护者,他的经济自由思想和重视农业的观点为后来的重农学派所继承和发展。著有:《法国详情》、《谷物论》、《法兰西辩护书》、《论财富、货币和赋税的性质》等。

80. 从"9·11"看恐怖主义对美国经济的影响——短期与长期

> 宏观经济学中,短期是价格(包括工资)不能根据供求变动而调整的时期;长期是价格能根据供求变动而调整的时期。

美国时间2001年9月11日上午,美国航空公司的两架客机遭劫持,这两架飞机共有乘客和机组人员156名。8时48分,其中一架波音767飞机在超低空飞行后一头撞向世贸中心南侧大楼,把大楼撞了个大洞,在大约距地面20层的地方冒出滚滚浓烟。就在楼内人员惊惶失措之际,18分钟后,另一架被劫持的波音757飞机以极快的速度撞穿了世贸中心姊妹楼的北侧大楼,并引起巨大爆炸。此后不久,南侧的大楼终于在另一次爆炸后轰然倒塌,当地时间11日10点30分,随着又一声巨响,北楼也在爆炸中成为一片废墟,闻名世界的纽约世界贸易中心姐妹双塔从此告别了这个世界。

2001年9月11日,恐怖分子袭击美国,纽约世贸大厦顷刻之间消失,经济活动受到严重创伤。政治家关心的是该事件对以后经济的影响。

与对任何问题的分析一样,经济学家又是仁者见仁,智者见智,分歧相当大。摩根·斯坦利全球首席经济学家斯蒂芬·罗奇认为也许这种衰退时间要长、程度要深,甚至会引起全球经济衰退。但美国的华人经济学家张欣教授认为,这件事也许会拉动美国经济,使美国因祸得福。

未来总是不可知的,谁是谁非还要由历史来判断。但有一点值得注意的是,在分析这次恐怖事件对美国经济的影响时,我们首先应该区分短期与长期。

经济学家非常重视短期与长期。在微观经济学中,研究对象是个人与企业,短期与长期的区分是针对企业的,区分的标准是企业生产要素的调整。短期是企业不能根据产量来调整全部生产要素的时期。短期生产要素分为固定生产要素和可变生产要素。长期是企业能根据产量来调整全部生产要素的时期。不同行业的企业调整全部生产要素所需要的时间不同,因此,对不同的企业而言,长期与短期的时间长短并不一样。例如,汽车、钢铁这类重工业企业,长期也许就是1年之内。在微观经济学中,区分短期与长期对分析企业的决策至关重要。

宏观经济学中的短期和长期与微观经济学中不一样,这时区分短期与长期是为了分析整体经济的运行。短期是价格(包括工资)不能根据供求变动而调整的时期。这就是说,在短期中,当供求变动时价格不能及时调整,或者说价格有黏性的,即价格的变动要慢于供求关系的变动。由于价格黏性,短期中仅仅依靠市场机制调节不能实现充分就业均衡,会出现衰退或通货膨胀。长期是价格能根据供求变动而调整的时期。这就是说,在长期中,价格是完全有伸缩性的。经济依靠市场机制调节能自发实现充分就业均衡。在宏观经济中,多长时间是长期,并没有完全一致的说法,一般把3年以上作为长期。

各派经济学家对短期与长期划分的看法也有分歧。新凯恩斯主义者注意强调短期与长期的区分。他们认为,长期中市场机制的作用不充分,国家干预还是必要的。

在宏观经济学家中,绝大多数人还是接受了短期与长期的划分,对长期与短期作出了相同的分析,即使是一些反对国家干预的经济学家在分析宏观经济问题时也区分了长期与短期。例如,货币主义者尽管反对国家干预,但在分析货币量变动对经济的影响时仍区分了长期与短期,即在长期中货币量只决定物价水平而不影响实际GDP,但在短期中货币量的变动既影响物价水平,又影响实际GDP。

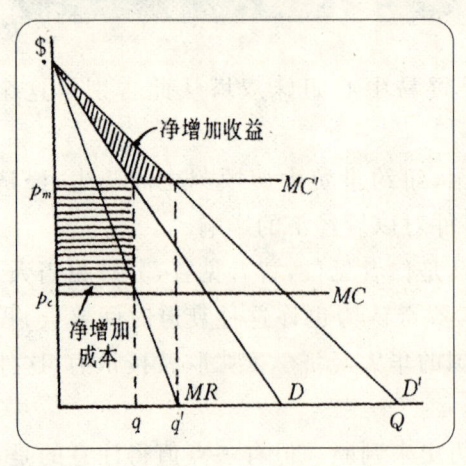

"9·11事件"会给美国经济带来多大冲击也要从长期与短期来看。经济学家认为,由于美国市场经济完善、经济基

础好，又有科技创新的领先地位，长期中"9·11事件"不会对美国经济有多大影响，更谈不上摧毁美国经济。但对短期的影响大家则看法不一。有人认为在短期内会加剧从小布什上台就开始的经济衰退，而且这种短期会有2~3年之久；也有人认为，这次事件会有"破窗经济"的作用，即由于政府支出增加会拉动经济，使衰退结束。

小知识

理查德·A·波斯纳（Posner Richard Allen）

波斯纳，美国法律经济学家，1939年1月出生。他将人们从互相交换中各自获得利益的简明经济理论和与经济效率有关的市场经济原理应用于法律制度的研究，为属于非市场行为经济学的、法律经济学的研究奠定了理论基础。他认为法律应该在任何行为领域引导人们从事有效率的活动。著有《法律的经济分析》、《反托拉斯法：一种经济学观点》、《正义经济学》、《侵权法：案例及经济分析》、《法理学问题》等。

81. 微软垄断与反托拉斯政策
——垄断与反垄断法

> 同竞争企业一样,垄断企业的目标也是利润最大化。垄断由此带来的市场结果,从社会利益的角度来看往往不是最好的。因此,政府可以通过行政手段改善这种不利的市场结果。

2006年6月28日,美国哥伦比亚特区联邦上诉法院作出裁决,驳回地方法院法官杰克逊2005年6月做出的将微软一分为二的判决,但维持有关微软从事了违反《反垄断法》的反竞争商业行为的判决。上诉法院要求地方法院指定一位新法官重新审理这一历史性的反垄断案。

从微软一案可以看出,在新经济时代,美国的反垄断政策重点在于:通过促进竞争推动技术创新。

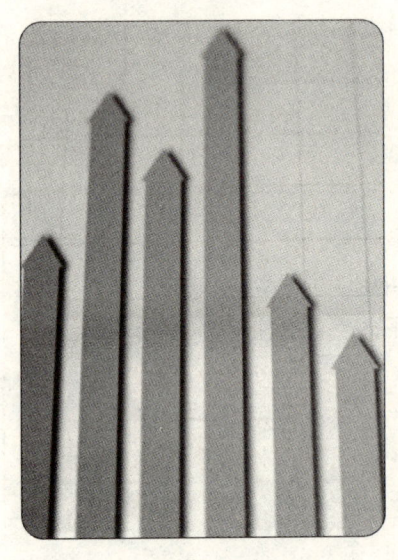

从1990年联邦贸易委员会开始对有关微软垄断市场的指控展开调查算起,美国政府对微软的反垄断行动已历时10年多,其间白宫两易其主。根据司法部的指控,杰克逊曾于1997年底裁定,禁止微软将其网络浏览器与"窗口"捆绑在一起销售,但第二年5月上诉法院驳回了杰克逊的裁决。于是,司法部和19个州于1998年5月再次将微软拖上被告席,这一次微软险些被分拆为两家公司。

很多年前微软首次设计出窗口软件时,便申请并得到了法律给予的版权。版权使微软公司具有排他性生产和销售窗口操作系统的权利。

在竞争市场上因为许多企业提供基本相同的产品,因此每个企业在为自己的

81. 微软垄断与反托拉斯政策——垄断与反垄断法

产品定价时必须参照市场上同类产品的价格,所以这些竞争企业是价格接受者。而微软没有接近的竞争者,它是不折不扣的价格制定者。微软将它的程序复制到另一张磁盘上只会额外增加区区几美元的成本,但其收费却将近100美元。

同竞争企业一样,垄断企业的目标也是利润最大化。垄断由此带来的市场结果,从社会利益的角度来看往往不是最好的。因此,政府可以透过行政手段改善这种不利的市场结果。微软输了官司便是证明。

类似的情况已不止一次。1994年微软准备收购另一家软件公司时,美国司法部门担心微软与图文公司的合并会造成过大的市场势力集中到一家企业身上,因此禁止了他们的合作。由此可见,垄断只能在一个行业内形成,而政府可以通过立法限制垄断的形成和扩大化。

垄断是出现在自由市场之前的,只要看过亚当·斯密的《国富论》,就可以清楚看到这一点。在自由市场作为一种制度还没有稳定确立并获得理论支持之前,各国政府都习惯性地创造着形形色色的垄断企业,19世纪初,自由市场伴随着工业革命崛起。然而,到了19世纪末,舆论的潮流又转向了。在自由市场出现后,为了控制大企业垄断对小企业的冲击,政府建立了反垄断制度。不过,一百多年来,该制度对于保护和促进竞争到底起了多大的作用,经济学家并无定论。

"垄断"可以理解为经济力量过度集中,少数企业市场占有率太高也可以理解为滥用市场支配地位。市场占有率高并不违法,只有当企业利用在某个市场的支配性地位设置障碍阻止其他竞争者进入,或者以"捆绑销售"等方式在另外的市场进行不平等竞争,才构成需要反对的"垄断"行为。前者是结构规制的思路,注重市场结构的平衡;后者则可以称为行为规制,针对企业的具体行为。

82. 我们所认识的经济学家
——像经济学家一样思考

> 无论认为经济学家聪明还是愚蠢,但不得不承认经济学家在研究经济问题时用了一套独特的方法、工具和概念,建立了反映市场经济中经济运行规律的理论。

"经济学家就是这样一种人,他并不知道他所谈论的,但是,他让你觉得这是你的错误。"这句话,很难判断人们是觉得经济学家聪明还是愚蠢。

有3个经济学家和3个数学家一同外出旅游。去的时候,3个数学家买了3张票,而3个经济学家只买了1张票,数学家心想:"这下经济学家要被罚款。"但是,当有人过来查票时,3个经济学家一起躲进洗手间。看到有人进了洗手间,查票的就紧紧跟到洗手间门口敲敲门,躲在里面的经济学家递出一张票,查票员看看就算了。数学家们觉得这是一个节省开支的好办法,于是,在回来时,3个数学家只买了1张票,准备如法炮制。奇怪的是,3个经济学家连一张票也没买。上车后,数学家一看到查票员就躲到洗手间,当数学家听到敲门声就把买的一张车票递出来,但票并没有还给他们。为什么?因为经济学家敲门后把票拿走,并躲到另外一个洗手间去了。

但是,也有不少学者旗帜鲜明地发表关于经济学家"愚蠢"的观点。在著名经济学家克鲁格曼的一本著作中有这样一个故事:一个印度的经济学家向他的学生解释他个人领会的转世再生理论,"如果你是一个尽职尽责、高尚的经济学家,你将转世为一个物理学家;如果你是一个邪恶的、水平低下的经济学家,那你就将转世为一个社会学家。"

加尔布雷斯似乎对经济预测比较反感,他说:"有两类经济预测专家,一类是并不知道经济状况的;另一类是不知道自己不知道的。"与此有异曲同工之妙的幽默见解是比特所说的:"经济学家是这样一种专家,他明天就会知道,为什么他昨天预言的事情在今天没有发生。"

经济学家追求的是经世济民，因而政策主张总是希望能够被采纳。但是，Alan S. Blinder 的"墨菲经济政策定律"给了他们当头一棒："经济学家们在他们最为了解、也是最易达成一致的领域，对政策的影响最小，而在他们最不了解、分歧最大的领域，对政策的影响最大。"

无论认为经济学家聪明还是愚蠢，但不得不承认经济学家在研究经济问题时用了一套独特的方法、工具和概念，建立了反映市场经济中经济运行规律的理论。当一般人仅仅看到经济中各种问题的现象时，经济学家却抓住了事物的本质，这正是经济学家的高明之处。只有认识事物的本质，掌握经济规律才能作出正确的决策，这正是我们要学习经济学的原因。但学习经济学并不是要用现成的理论去套现实问题，而是要学会一套分析这些问题的方法。经济学不可能为所有问题都提供现成的答案，但能教会我们分析这些问题的方法。我们每天都会遇到许多经济问题，也需要随时作出多种决策。像经济学家一样思考就是要学会用经济学提供的方法、工具、概念和理论来分析现实问题，并作出正确的决策。

小知识

迈克尔·斯彭斯（A. Michael Spence）

迈克尔·斯彭斯，1948年生于美国的新泽西，美国斯坦福大学教授，2001年获得诺贝尔经济学奖。斯彭斯教授在现代信息经济学研究领域作出了突出贡献。此外，他提出的信号发送模型将预期、决策信息集、信息条件等概念引入博弈论，从而对博弈论的发展和应用产生了深远的影响。

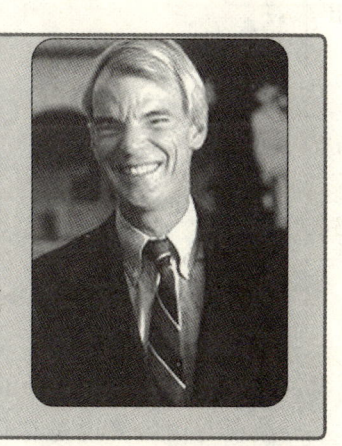

83. 小布什减税失败
——持久收入假说

> 消费者的消费支出不是由他的现期收入决定的,而是由他的持久收入决定的。

"减税"一词注定要贯穿乔治·布什就任美国总统的整个过程。在大选中,布什承诺"10年减税1.6万亿"(但在国会审批时被减为1.35万亿),令选民笑逐颜开。这一承诺也为他战胜减税目标为5000亿的戈尔立下汗马功劳。

上任之后,为了其减税案的通过,布什果然不遗余力四处游说。他这样做的最直接原因就是,想要兑现自己的竞选承诺,给选民一个交代。但另一方面,实际上在贯彻共和党一贯的"小政府"观念。

共和党历来主张"小政府"——减少政府税收、控制政府支出。布什就任伊始,美国经济已开始露出疲态。减税的扩张财政政策有利于扩大消费需求,刺激经济增长,扩大就业,对于渐渐开始萧条的美国经济来说,无疑是个好消息。

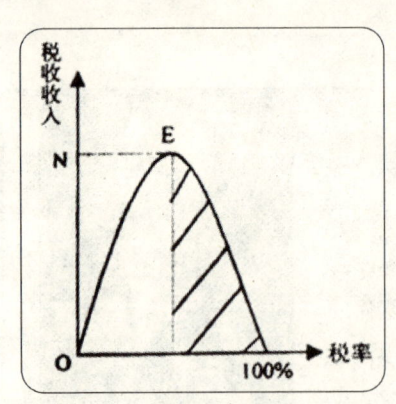

但在民主党看来,这项减税计划却是"不负责任的财政标志"。参院预算委员会主席、民主党人士肯特·康拉德谴责说:"如此大规模的减税计划将使社会保障体系的资金来源受到影响。这完全是错误的财政政策!"暂且撇开党派嫌隙不说,两党在减税上的分歧,实质上反映了两党在财政政策问题上一贯不同的立场。反对归反对,减税政策还是实施了,可惜美国经济在这一时期的衰退现象并未改变。最后小布什的减税不得不以失败告终。

减税对国民来说是有利的,为什么会以失败而告终呢?这就要了解收入如

83. 小布什减税失败——持久收入假说

何决定消费,以及不同的减税政策如何影响收入。

凯恩斯把消费与收入联系起来,建立了说明消费与收入之间关系的消费函数。但凯恩斯把收入解释为现期绝对收入水平,并得出边际消费倾向递减的结局,却是不准确的。从长期统计数据看,消费函数是稳定的。为了说明这一问题,经济学家提出了不同的消费函数理论,重新解释了决定消费的收入。美国著名经济学家弗里德曼的持久收入假说就是一种重要的消费函数理论。

该理论认为,消费者的消费支出不是由他的现期收入决定的,而是由他的持久收入决定的。也就是说,理性的消费者为了实现效应最大化,不是根据现期的暂时性收入,而是根据长期中能保持的收入水平即持久收入水平来作出消费决策的。

为了说明影响消费的收入,弗里德曼把人们的收入分为持久性收入和暂时性收入。持久性收入指长期有规律的收入,一般定义为连续3年以上的固定收入。暂时性收入指临时的、偶尔的、不规律的收入。持久性收入是有规律的、可预期的,它决定着人们的消费水平。想去高档的商场消费,用我们做钟点工赚来的钱来满足商场的高消费是不可能,只有那种收入稳定且能支付得起消费金额的人,对消费的拉动才是至关重要的。因为持久收入不仅包括劳动收入,还包括财产收入。

美国是个高税收国家,其税收额约相当于国内生产总值的1/3,是财政收入的一个主要来源。共和党人一直支持"小政府"理念,希望减少税收、控制政府支出;而民主党人则倾向于维持较大的政府开支,透过政府行为来提高社会福利。克林顿执政时期,共和党控制的国会曾多次提出大规模减税建议,都被坚持"以社会福利为主"的克林顿政府束之高阁。

有专家指出:虽然减税和扩大政府支出同为扩张性财政政策的工具,但两者在对经济的刺激方式上有着根本区别。降低税率可直接刺激消费,鼓励投资,最终带来新一轮的经济增长。而扩大政府支出则不一样,政府仅支出一小部分直接用于政府的购买,刺激消费需求,拉动经济;但绝大部分支出则投入到了社会保障和医疗等公共事业,这一部分是不会带来投资效益的。

因此,相对而言,减税对经济的拉动是长期的,而扩大政府支出虽见效快,但时效短。那为什么小布什的减税就失败了呢?因为小布什的减税并不是降低税率,而是把应该在2002年从工资中扣除的所得税推迟到2003年,即在2003年某个规定的日子再交齐2002年未扣除的所得税。这实际上并不是减税,而是为人们提供了一种短期贷款,这样一来,人们考虑到这种减税的暂时性,都不会主动去消费,所以减不减税都无法刺激消费。税收的降低是长期的,影响持久性收入,从而就会影响消费。但小布什的这种减税,并没有增加人们的持久收入,只是暂时性的,所以失败也是在情理之中。

小知识

道格拉斯·C·诺思(Douglass C. North)

诺思,1920年11月5日生,1983年至今为圣路易大学鲁斯法律与自由教授及经济与历史教授。重要著作有:《美国的经济成长》(*The Economic Growth of the United States*)、《美国过去的经济增长与福利:新经济史》(*Growth and Welfare in the American Past: A New Economic History*)、《制度变迁与美国经济增长》(*Institutional Change and American Economic Growth*)、《西方世界的兴起:新经济史》(*The Rise of the Western World: A New Economic History*)等,并于1993年因研究非正式制度成绩突出获得诺贝尔经济学奖。

84. 贸易逆差导致美国净资产流失了吗——货币的含义与功能

> 货币的职能有两点：一是作为交换的特殊商品，一是货币发行国无偿占有他人资源的货币税。

美国的投资大师华仑·巴菲特先生曾经说过，美国的贸易逆差导致美国的净资产以惊人的速度向海外转移，因此，他说自己并不看好美元。为了说明自己的观点，他编造了一则寓言故事：勤俭岛上的居民辛勤耕作，每天生产出很多食物。这些食物除了满足本岛居民的需要外，还出口到挥霍岛。挥霍岛上的居民不喜欢工作，于是便以本岛的债券作为交换，从勤俭岛进口食物。勤俭岛上的居民日复一日地换取挥霍岛上的债券，并且用这些债券购买挥霍岛的土地，最终他们完全拥有了挥霍岛。

巴菲特是过来人，他见证了 20 世纪 80 年代日本对美国的疯狂大收购。因此，他有着非常强烈的忧患意识。但是，这次巴菲特可能错了，因为美国出口的是一张一张的美元货币，换来的却是真金白银和美国极需要的食物。一些学者认为，巴菲特的寓言在跨国投资的年代并不可靠。假如挥霍岛上的居民将自己的投资搬到勤俭岛上，进行跨国经营，那么，勤俭岛上的居民要想购买挥霍岛的土地，必须获得越来越高的收益，否则无法完全支配挥霍岛的土地财产。换句话说，挥霍岛上的财产因为公司的跨国投资而不断增值，勤俭岛上的居民只不过是勤奋地为别人打工而已。这种现象被某些经济学者概括为后发劣势。

我们暂且不说这种后发劣势的危害性，就美国与其他国家的贸易往来来说，什

么东西充当了一个信用符号呢？是货币。货币是商品交换的媒介，是商品生产发展的必然产物。据古籍记载，人类社会较早使用的实物货币主要有龟、贝、珠、玉、刀、布等多种。从最早出现，且使用最广泛、最长久的贝币这一实物货币到今天的纸币，货币的发展经历了一个长期的过程。

货币的本质是交换媒介或支付手段，其他职能则与此相关。货币作为价值尺度就使用货币来表示价格或纪录债务。货币作为价值尺度是其作为交换媒介的前提条件。货币作为价值储藏是把货币作为保存购买力的工具，或者资产的一种形式，这是作为交换媒介的延伸。有谁把交换不到其他物品的东西作为资产或精心储藏起来呢？只有货币。只要交换还存在，货币就永远不会贬值。

美元作为美国货币的一个代替符号，充当着信用与媒介的作用。美国人拿这些纸币，可以从他国换取很多美国本国需要的东西。比如粮食、石油、飞机、大炮，甚至土地。拥有了这些美元的人，要想在美国购得住房、物品，就必须拿美元来换取，这样美元就在交换的过程中不断流动，并不会成为某个人或某个国家的固定资产。它只有在不断流通中才会发挥其媒介和信用的作用。

具体来说，货币的职能有两点：一是作为交换的特殊商品，一是货币发行国无偿占有他人资源的货币税。巴菲特提出美元贬值的构想，其实是基于一种古老的概念，那就是在掌握了结算货币主动权之后，透过操纵货币的发行数量，可以有效地实现本国资产的保值和增值。

这种贸易方式在过去经常被使用，但在货币经济渐趋一体化的今天，其副作用不可小视。一些发达国家之所以打压别国的货币政策，而不对本国的货币进行直接的干预，就是因为货币牵一发而动全身。货币的改变不仅仅会损害贸易伙伴的利益，也会对本国的经济形成很大的杀伤力。所以，巴菲特只是强调了货币的一个方面，而没有说到货币的另一方面。

85. 雅浦群岛上的"费"
——货币的意义

> 人们常常认识不到货币体制乃至货币政策的细微变动会给社会乃至国家的命运带来影响,其中的原因是在人们的眼中货币太过神秘。其实货币就是一种信念。

诺贝尔经济学奖得主、货币主义大师米尔顿·弗里德曼对美国白银政策对中国的影响进行了分析。用弗里德曼的说法,在他几十年的货币研究生涯里,他一而再再而三地注意到,货币制度中很多看似微不足道的小事或者变化,常常会造成影响深远而且始料未及的后果,就像美国的白银政策会对遥远的中国产生影响一样。

他认为,人们常常认识不到货币体制乃至货币政策的细微变动会给社会乃至国家的命运带来影响,其中的原因是在人们的眼中货币太过神秘。其实货币并没有那么复杂,说白了它就是钱,就是一种信念,就是在使用阶段不会贬值并能给人们带来好处的东西。为了让人们对货币的这一概念有一个更明了的认识,弗里德曼专门列举了一个故事:

在太平洋加罗林群岛中有个雅浦群岛,岛上不出产金属,所以岛上使用打制成圆形的石头作为交换媒介,岛民们管这种当货币使用的圆形石头叫做"费"(fei)。用石头做货币并没有什么奇特之处,毕竟在这个世界上,有很多东西比如羽毛和珠串等都一度充任过货币。这里值得说道的是岛民们用石头作交易的方式。与世界其他地方不同的是,这个岛上的居民在完成一笔交易后,竟然可以不用搬走石币。最典型的例子是,有一家人的祖上曾经在另外一个盛产石头的岛上,采到了一块硕大的"费"(石头),在运回雅浦群岛的途中,运"费"的木筏遭遇了风暴,为了救人,只好砍断了捆着"费"的缆绳,"费"也因此沉入海底。幸存者们回家后,都证明那家人得了一块质地优良的"费",体积也非常巨大。从那时起,岛上所有的人都承认,石头落入海底只是一个意外的事故,事故太小,几乎不值一提。海水虽然淹没了石头,但影响不了石头的购买价值。因为石头已经被凿制成形,很多人都看

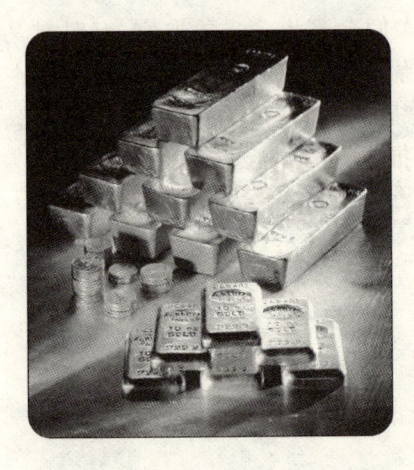

见过,所以石头虽然在海里,但就像放在家里后院一样。因此,这块"费"虽然躺在大洋底下一动未动,但它在岸上却承担了几辈子的交易。更好玩的是,因为雅浦群岛上没有公路,当时的殖民统治者想修一条路,但命令发下后,岛民们因为赤脚走惯了碎珊瑚小路而懒得执行。情急之下,统治者想出了一个办法,他们派人拿着一支黑笔,把每块有价值的"费"都画上一个黑十字,表示这块"费"已经被政府征收。这个办法真的很神,岛上的公路马上就修好了,而且非常齐整。然后,当局又派出几个人擦掉了"费"上的黑十字,擦掉了黑十字的"费"又成了岛民们自己的资本,岛民和当局都很高兴。

在这里,弗里德曼展示了他是如何透过一些表面现象来探讨货币现象的。他对这个故事感兴趣并不是出于猎奇,而是想让我们认识货币。所以,他又说了一个文明社会都司空见惯的事情来和岛民们的行为加以对比。

1932年,法国银行害怕美国因为美国经济中的某个事件而放弃金本位,害怕美国不再按照一盎司黄金兑换20.67美元的传统价格兑换黄金。于是,法国银行要求纽约联邦储备银行把法国存在美国的美元资产转换成黄金。法国并不想把这笔黄金装船运回法国,所以法国银行要求联邦储备银行把黄金存到法国银行的会计账簿上。于是,联邦储备银行的官员来到地下金库,将那笔黄金从一个柜子里拿了出来,又放到了这个金库的另一个柜子里,不同的是,这个柜子上有个标签,标签上表明这个柜子里的东西是属于法国的。

联储官员的这一行动当然会见诸财经报刊头条,内容自然是说美国的黄金储备正在减少,法国的黄金储备正在增加。市场对此的理解则是,美元走软,法郎走强。历史上,这次因为法国向美国兑换黄金而造成的所谓黄金流失,最终成为导致1933年银行业大恐慌的原因之一。

现代人和原始岛民对财富的看法实际上并没有什么不同。原始岛民将开采出来并打制成形的石头视为自己的财富,宝贝似的放在自家后院墙根下;现代人将开采出来并经过冶炼的黄金视为自己的财富,又存入精心设计的地下金库中。某一样东西为什么会成为宝贝,原因只有一个,那就是每个人都相信别人会接受这个东西。你看,哪怕我们只是捏着一张纸,如果每个人都认为这张纸能代表财富,我们就会十分珍惜它。

只是,为什么这个代表财富的货币,有时候人们会豁出命去争取它,有时候又只有在枪口指着的时候才肯接受呢?按照弗里德曼在书中的说法,这里其实存在一个信念价值,石头或黄金或纸张能代表财富是基于人们的一种信念。这种信念有时候非常强大,坚不可摧,有时候非常脆弱,不推也倒——这就是货币。

> **小知识**
>
> **威廉·夏普(William F. Sharpe)**
>
> 威廉·夏普,1934年6月16日生于美国。威廉·夏普在金融经济学方面作出了开创性工作,从而获得1990年诺贝尔经济学奖。重要著作:《投资组合理论与资本市场》(*Portfolio Theory and Capital Markets*)、《资产配置工具》(*Asset Allocation Tools*)、《投资学原理》(*Fundamentals of Investments*)与亚历山大(Gordon J. Alexander)及贝雷(Jeffrey V. Bailey)合著,等等。

第三部
经济学其他相关故事

86. 猎人与猎狗的博弈之道
——效率与收益递减

> 任何事物的利用都必然会出现收益递减现象，最终甚至出现负收益。资本、劳动、技术等生产要素的投入是这样，作为制度的激励运用同样也是如此。

林子里，生活着一个猎人，猎人养了一只绵羊和一条猎狗。一天，猎狗看见一只兔子，便撒开腿追赶起来。然而猎狗始终未能捉到。绵羊看到此种情景，讥笑猎狗说："还是小的比大的快！"猎狗回答道："你不知道我们两个跑的目的是完全不同的吗？我仅仅为了一顿饭，而它是为了保住性命呀！"

这话被猎人听到了，猎人想："猎狗说得对，每只动物或每个人的目标取向不同，所以最后达到的效果也不一样。如果我想得到更多的猎物，我就得想个办法。"于是，猎人又买了几条猎狗。他告诉猎狗们，凡是能够捉到兔子的，就可以得到几根骨头，捉不到的就没有。为了生计，猎狗们不得不拼命去追兔子，而猎人得到的猎物也直线上升。

这样过了一段时间，问题又出现了。猎狗们捉到大兔子得到的奖赏和捉到小兔子得到的奖赏一样多，但捉大兔子要比捉小兔子费劲，所以猎狗们专挑小的去追。慢慢地，猎人看到它们捉到的兔子越来越小，很是纳闷，就问第一只猎狗："最近你们捉到的兔子为什么越来越小了呢？"忠实的猎狗说："猎狗们都觉得捉大捉小得到的奖赏都一样，更何况大兔子又难捉到，与其费那么大的劲还不如捉小的来得容易。"

猎人考虑再三，决定采取另一种措施来杜绝猎狗的这种想法。他不再以捉到兔子就可以得到奖赏来对待猎狗，而是采用每过一段时间，就统计一次猎狗捉到兔子的总重量的方法，按照重量来评价猎狗，以此来决定其在一段时间内的待遇。

这就有点多劳多得的性质，于是猎狗们捉到兔子的数量和重量都增加了。

吃骨头总有吃腻的时候，有了经验的猎狗们已不满足把自己辛辛苦苦捉到的

86. 猎人与猎狗的博弈之道——效率与收益递减

兔子都奉献给猎人，自己只得到骨头，所以它们决定脱离猎人自己捉兔子享用。

猎人意识到猎狗们正在流失，并且那些流失的猎狗像野狗一般和自己的猎狗抢兔子。情况变得越来越糟，猎人引诱了一只野狗，问它到底野狗比猎狗强在哪里。野狗说："猎狗吃的是骨头，而野狗吃到的是整只兔子。您想想骨头和肉哪个在身体里释放的能量大？话说回来，不是所有的野狗都顿顿有肉吃，有时候连骨头都得不到，不然也不至于被你诱惑。"

于是猎人又进行了改革，使得每条猎狗除基本骨头外，可获得其所猎兔肉总量的 n%，而且随着服务时间加长，贡献变大，该比例还可递增，并有权分享猎人总兔肉的 m%。这一决策一出台，流失的猎狗纷纷要求归队。

日子一天一天过去，冬天到了，兔子越来越少，猎人的收成也一天不如一天。而那些服务时间长的老猎狗们老得不能再捉兔子，但仍然无忧无虑地享受着那些他们自以为是应得的大份食物。终于有一天，猎人觉得他们已经对他没有任何用处，便将他们扫地出门，然后招募更加身强力壮的猎狗为己所用。

扫地出门的老猎狗们已经积存了一定量的资源，于是他们成立了一家公司，采用连锁加盟的方式招募野狗和流散的猎狗，向他们传授猎兔的技巧，并从猎狗们猎得的兔子中抽取一部分作为管理费。公司还许诺，只要野狗加盟就能得到公司 n% 的股份。诱惑力使野狗们拖家带口地加入了。一些在猎人门下的年轻猎狗也开始蠢蠢欲动，甚至连猎人也想加入。就这样，他们开始享受双赢。

猎人和猎狗博弈的结局告诉我们：在企业发展过程中要多考虑企业之间的合作利益。在市场经济的今天，化竞争为合作是企业盈利的关键。因为合作不仅创造利润而且降低交易成本，而且参与交易的各方都能够自觉地遵守他们达成的各种正式的或者非正式的契约，不用花大量的成本用于监督交易双方的契约行为，意味着双方都旨在提升双方的力量做一件事情，目的是为了提高效率。所以猎人和猎狗的这种合作并不单纯是为了便利而是生死攸关：猎狗捉到了兔子，猎人就有饭吃，而猎狗也能得到骨头。所以棋逢对手，慎重地走好每一步，为的是双方都能走得更长远。

从分配角度来分析，猎人作为公司管理的最高层，采用一系列的激励机制来激发猎狗的积极性。从最初的平均主义，到多劳多得、少劳少获，再到实施奖励机制、股份分成等手段，将激发员工创造更多效益的激励机制和约束员工的惩罚机制有机结合起来，从而为自己创造了更多利润。

猎人最后之所以失败，从经济学的角度来分析，任何事物的利用都必然会出现收益递减现象，最终甚至出现负收益。资本、劳动、技术等生产要素的投入是这样，作为制度的激励的运用同样也是如此。适度激励能为企业带来良好的动力效果，而过度地追求激励，则可能对员工产生负面作用，导致工作与激励的过度依赖，最终影响企业的健康发展。

> **小知识**
>
> **弗兰科·莫迪利安尼（Franco Modigliani）**
>
> 弗兰科·莫迪利安尼，1918年生于意大利，意大利籍美国人。第一次提出储蓄的生命周期假设，这一假设在研究家庭和企业储蓄中得到了广泛应用，因而获得1985年诺贝尔经济学奖。重要著作：《国民所得与国际贸易》(*National Income and International Trade*)，与内舍(H. Neisser)合作；《通货膨胀环境中稳定住宅新抵押设计》(*New Mortgage Designs for Stable Housing In Inflationary Environment*)，与莱沙德(D. Lessard)合作等。

87. 皇帝为什么要杀掉功臣
——代理理论

> 皇帝与功臣间的关系也是一种委托代理关系。皇帝作为帝国的所有者,控制着帝国的产权,但他不可能直接治理国家,必须委托一个或数个代理人来帮助他管理国家。

有一个关于朱元璋建庆功楼宴请功臣的故事。

朱元璋为了表示对跟随他南征北战,打下江山的开国功臣们的谢意,要建造一座庆功楼宴请诸功臣,很多人深受感动,称赞太祖英明。只有军师刘伯温忧心忡忡,恳求朱元璋让他辞官归田。朱元璋再三挽留不得,便取出许多金银送给刘伯温,亲自送出宫外。刘伯温来到徐达府上向他辞行,临别再三叮嘱徐达在功臣楼庆宴之日,要紧随皇上,寸步不离。

建成的功臣楼坐落在鼓楼岗的山坡上,楼身又宽又矮,窗户又高又小,看来似乎又结实又安全。朱元璋择定日子,邀请所有功臣前来赴宴。徐达因为谨记刘伯温的临别赠言,席间跟着朱元璋离开了庆功楼。刚走出庆功楼不久,只听"轰隆隆"一声巨响,功臣楼瓦飞砖腾,火光冲天,可怜满楼功臣全部葬身火海。原来,朱元璋为了永保朱姓天下,才设下这火烧功臣楼的毒计。徐达虽从功臣楼死里逃生,但朱元璋最终还是将他赐死了。

"飞鸟尽,良弓藏",在中华封建王朝几千年的历史上,周而复始地上演着这

出闹剧。整个历史陷入一个怪圈,无论个人如何挣扎,终究不能走出循环。经济学的发展使人们可用经济理性的分析方法来分析一些历史现象,功臣与皇帝间的关系用信息经济学的理论可以得到一个比较合理的解释,尽管这不会是唯一的解释。

在信息经济学的委托代理理论中,由于信息不对称,代理人有多种类型,代理人自己知道自己属于什么类型,但委托人不知道。为了显示自己的类型,代理人选择某种信号,委托人根据观测到的信号来判断代理人的类型,同代理人签署合同。

如同越国的范蠡一样,吴国已灭,越王勾践江山已稳,这时他是不愿意看到比自己优秀的人出现在他身边的。范蠡观测到君王这种妒才心理,马上功成身退,最后得以保全性命。这就是所谓的信号传递模型。

一个企业中,信号传递模型体现了企业雇主与雇员的关系:雇员知道自己的能力,雇主不知道;为了显示自己的能力,雇员选择接受教育的水平,而雇主根据雇员的教育水平支付工资。

皇帝与功臣间的关系也是一种委托代理关系。皇帝作为帝国的所有者,控制着帝国的产权,但他不可能直接治理国家,必须委托一个或数个代理人来帮助他管理国家。在这样一个委托代理关系下,皇帝给功臣们高官厚禄,对他们的要求是勤奋工作,为皇帝效命。不过皇帝最关心的还是功臣们是否效忠,会不会造反。一旦皇帝感知这种"造反"的信号,不管这种信号是否准确,他都会采取一定的行动来扼制。这就是皇帝们为了保住自己的皇位,"宁可错杀千人,不肯放过一个"的原因。

其实用经济学理论很容易解释这个现象。功臣们的资产除了官位、兵权这些有形资产外,还有不可与其肉体分离的威望、才干、人际关系和势力集团这些无形资产。功臣们交出了兵权,但这些无形资产却无法一起上交。正像越王勾践赐给文种宝剑时说的一样:"你教给我七种讨伐吴国的计谋,我用了其中三种就打败了吴国,还有四种在你那里没有使用,你为我到先王那里去试用这些计谋吧。"于是,文种不得不自杀。那些葬身在庆功楼火海中的人,智慧与才能都不在朱元璋之下,他们的存在只会给朱家天下带来致命威胁,所以朱元璋必须一网打尽,确保自己的皇帝宝座。

> **小知识**
> **理查德·约翰·斯通(Richard Stone)**
> 理查德·约翰·斯通(1913—1991),生于英国。他被誉为国民经济统计之父,在国民账户体系的发展中作出了奠基性贡献,极大地改进了经济实践分析的基础,从而获得1984年诺贝尔经济学奖。

88. 哈雷彗星和少校
——决策信息传递失真

> 少校的命令在传递过程中一次次被过滤、被叠加、被篡改、被遗漏，最后到士兵那里已是面目全非。一般在经济领域，决策失真会导致财产的损失和企业形象的破坏。

1986年，哈雷彗星要经过地球的前天上午，某部队就这件事的传达发生了这样的一系列情况：

少校对值班军官说："明晚8点钟左右，百年难遇的哈雷彗星将经过地球，人们可能会在这个地区看到它的踪迹。这种彗星每隔76年才能看见一次，命令所有士兵穿着野战服在操场上集合，我将向他们解释这一罕见的现象。如果下雨的话，就在礼堂集合，到时我会为他们放一部有关彗星的影片。"

收到命令的值班军官对上尉说："根据少校的命令，今晚8点，76年出现一次的哈雷彗星将在操场上空出现。如果下雨，就让士兵穿着野战服列队前往礼堂，这一罕见现象将在那里出现。"

上尉便向中尉传达命令说："根据少校的命令，今晚8点，非凡的哈雷彗星将身穿野战服在礼堂出现。如果操场上有雨，少校将下达另一个命令，这种命令每隔76年才出现一次。"

中尉收到命令后对上士说："今晚8点，少校将带着哈雷彗星在礼堂出现，这是每隔76年才有的事。如果下雨，少校将命令彗星穿上野战服到操场上去。"

这个命令到这里已经完全变了形，可怜的上士再怎么准确地传达中尉的命令也阐述不了事情的本来面目。所以上士干脆对士兵说："今晚8点下雨的时候，著名的76岁的哈雷将军将在少校的陪同下，身着野战服，开着他那'彗星'牌汽车，经过操场前往礼堂。"

我们姑且不论上校到该部后怎样看待他的下属或下属怎样看待他的领导，就问题本身的走向来说，导致这一结果的原因是决策信息失真。少校的命令在传递过程中一次次被过滤、被叠加、被篡改、被遗漏,最后到士兵这里已是面目全非。这样的失误在一个演讲当中可能造成的损失不是很大,但如果这一失误出现在外敌入侵或地震防范的传达中,造成的损失可能谁也无法估量。因此,把握好决策信息的真实、准确度至关重要。

在经济工作中科学地预测未来的发展动向,正确地使用决策技术和手段,是经济工作者经常碰到的问题。一般在经济领域,决策失真会导致财产的损失和企业形象的破坏。例如,经济领域中会计信息严重失真等问题比较突出时,审计机关就要依据财政、财务收支的各项规定,以真实性为审计目标。所以减少决策信息失真度,使决策建立在真实、可靠的信息基础之上,就可以最大限度地减少决策失误。

另外,想减少决策失真,有效的决策人首先需要辨明问题的性质:是一再发生的经常性问题呢,还是偶然的例外?换言之,某一问题是否为另一个一再发生的问题的原因?或是否确属特殊事件,需以特殊方法解决?倘若是经常性的老毛病,就应该制定规则来根治;而偶然发生的例外,则应该按情况做个别的处置。比如减少决策传递的层次;在企业内部要理顺信息传递的机制和渠道;建立决策执行失真责任追究制度等。

> **小知识**
>
> **肯尼斯·约瑟夫·阿罗(Kenneth J. Arrow)**
>
> 肯尼斯·约瑟夫·阿罗,美国人,与约翰·希克斯(John R. Hicks)共同深入研究了经济均衡理论和福利理论,并于1972年获得诺贝尔经济学奖。重要著作有:《社会选择与个人价值》(Social Choice and Individual Values)、《公共投资、报酬率与最适财政政策》(Public investment, the Rate of Return, and Optimal Fiscal Policy)(与喀西合作)、《风险承担理论论文集》(Essays in the Theory of Risk Bearing)、《组织的极限》(The Limits of Organization)等。

89. 夜叉的烟幕弹
——信息的不完全性

> 信息不完全性导致了传统的经济学理论从微观到宏观的过渡成为不可能。

有两位商人，各带领了五百位商人出外经商，这两队人同时来到一个旷野。这时，一个夜叉鬼化身成年轻人，穿着华贵的衣服、头上戴着花，一边走，手里还一边弹着琴。见到商人，就对他们说："你们何必辛辛苦苦载这么多的粮草和水？前面不远的地方，就有清澈甘甜的水，更有肥美的草。你们何不跟着我走，我来带路！"其中一位带队的商人，听信了年轻人的话，立刻放弃所有背负的水和粮草，跟着年轻人先走了。另一位带队的商人则说："我们现在并没有真的看到水和草，还是应该谨慎些，不能丢弃身上的粮草！"结果丢弃水和粮草先走的这一队商人因为找不到水和粮草，全部渴死了。另一队商人则顺利到达了目的地。

决策的成败是决定企业兴衰的重要因素，决策成功是企业最大的成功，决策失误是企业失败的根源。20世纪90年代以来，苏州市建造了不少高层建筑。当时，金阊区商业局拟建五洲大饭店，最初方案是建14层，后来经反复论证，发现几年后苏州市高楼必然"过剩"，后削减一半，改为7层。近五年来，金阊区商业局在石路地区建造了20幢商业大楼，但都在7层以下，至今无一"套牢"。实践证明，这一决策是成功的，而已经建造的高楼十有八九被"套牢"。

决策的成败取决于决策者素质的高低，掌握高科技、高智商的人才对企业发展有重大的促进作用。当今世界经济已进入知识经济的新阶段，知识资本对经济增长的贡献率已远远高于传统的生产要素，并对经济增长的轨迹和趋势产生重要的影响。知识企业已成为知识经济的核心，关键就在于企业要有掌握高科技、高智商的人才。

另外，在作出正确的决策之前，还要对参与这项决策的人员进行分析，一般正确的决策是在掌握了各参与者的信息后才出台的。第二个商人之所以能顺利到达目的地在于他能作出正确的判断。首先，他要对夜叉的言行作判断，没有见到水怎能轻易丢了备物;其次,这个只有一面之缘的人是否能靠得住?判断后他作出了正确选择:不去跟随夜叉,见到水再说。现实生活中,有些个体为了自身利益最大化,会放烟幕弹,蛊惑人心。这种情况下,人们很容易作出错误的决策,这跟信息不对称不无关系。在几乎所有的情况下,不同经济主体的信息资源和信息处理都是不对称的。由于主体本身的能力和环境的差异,使得就算是相同的信息,经过处理和得出的决策可能是完全不同的。因此,由此发出的新的信息将继续扩大这种不对称。经济学不考虑解决人们的有限理性局限,信息的不对称单方面就是信息的不完全。

所以研究任何一种经济现象和行为,都必须充分注意到这个信息的不完全性,我们不可以撇开这个基本原理来谈论经济,尤其是涉及所谓微观、个人的经济行为问题。信息不完全性导致了传统的经济学理论从微观到宏观的过渡成为不可能。

小知识

罗纳德·科斯(Ronald H. Coase)

科斯,1910年12月29日生于英国,1951年获伦敦大学博士学位。重要著作:《英国的广播:垄断的研究》(British Broadcasting: A Study in Monopoly)、《厂商、市场与法律》(The Firm, the Market, and the Law)、《经济学与经济学家论文集》(Essays on Economics and Economists)等。罗纳德·科斯在揭示并澄清了经济制度结构和函数中交易费用和产权的重要性,从而获得1991年诺贝尔经济学奖。

90. 老鼠的风险
——风险型决策

> 风险型决策是指每个备选方案都会遇到几种不同的可能情况,而且已知出现每一种情况的可能性有多大,即发生的概率有多大,因此在依据不同概率所拟定的多个决策方案中,不论选择哪一种方案,都要承担一定的风险。

玉皇大帝决定挑十二个动物代表人间生肖,并赐封为神。为体现公平原则,玉帝下令,在规定的日子,人间的动物都可以到天宫应选,并且以动物们赶到天宫的先后作为排名次的顺序,只取最先赶到的前十二名。

那时鼠和猫是一对好朋友,他们约定一同到天宫争取当生肖,并约定到时老鼠来叫猫一同出发。可是,机灵的小老鼠想,人间的许多动物都比自己漂亮,并且还对人类有用,自己应当想个法子才能争取到属相。于是,争选那天一早,小老鼠悄悄地起来,也没去叫猫,自个儿偷偷跳到老牛的角中藏起来。韧性最好、最勤奋的老牛第一个赶到天宫大门。天亮了,四大天王刚打开大宫门,牛还没有来得及抬蹄,小老鼠从牛角中一跃而下,直奔天宫大殿。尽管玉帝不愿意封这个小小的老鼠为生肖,可是君无戏言,自己定下的规定不能更改,玉帝也只好宣布鼠为生肖之首。

猫在家等了半天,不见鼠的影子,只好自己赶去天宫。由于等待老鼠耽误了时间,等猫赶到天宫时,十二生肖的名额已排满,没有猫的份儿了。从此,猫和老鼠变成了天敌。人们也觉得老鼠这个生肖之首来得不怎么光明正大,也对老鼠失去了好感,其他动物也疏远了它。

为了避免猫的追打和人类的鄙视,老鼠不得不躲到地下。这一来反倒免去了

90. 老鼠的风险——风险型决策

和其他动物的纠缠、争斗，所以鼠的家族始终昌顺、繁衍不息。不管怎么说，老鼠毕竟是凭自己的机警和聪明坐上了生肖的第一把交椅。

小老鼠在这个故事中做了一个风险型决策。在庞大的动物群体中，它想入选，必须先人一步。对于它来说，面对的竞争对象不仅仅是猫，还有成千上万的比它占优势的动物，所以老鼠必须作出一个正确的决策使自己处于优势。但另一方面，这个决策可能带来很大的风险，比如落选、众叛亲离、一辈子见不得阳光等。经权衡这项风险带来的效益，老鼠还是愿意去冒这个险。

对于人们来说，做一项决策可能成功也可能失败，也就是决策者要冒一定风险。现实生活中，遇到的决策问题很多是属于风险型决策问题。风险型决策是指每个备选方案都会遇到几种不同的可能情况，而且已知出现每一种情况的可能性有多大，即发生的概率有多大，因此在依据不同概率所拟定的多个决策方案中，不论选择哪一种方案，都要承担一定的风险。在多数情况下，要获得较高收益的决策，往往要冒较大的风险。对决策者来说，问题不在于敢不敢冒险，而在于能否估计到各种决策方案存在的风险程度，以及在承担风险时所付出的代价与所得收益之间作出慎重的权衡，以便采取行动。

风险型决策方法不同于确定型决策方法，其适用的条件也不同。运用风险型决策方法必须具备以下条件：

（1）具有决策者期望达到的明确目标：老鼠的目标就是为了做十二生肖中的一员；

（2）存在决策者可以选择的两个以上的可行备选方案；

（3）存在着决策者无法控制的两种以上的自然状态（如气候变化、市场行情、经济发展动向等）；

（4）不同行动方案在不同自然状态下的收益值或损失值（简称损益值）可以计算出来；

（5）决策者能估计出不同的自然状态发生的概率。

91. 小老板的困惑
——经营权和所有权

> 现代企业理论将企业视为使一组生产要素联结起来的特殊合约。行使合约中未经指定权利的相关抉择权是企业的剩余控制权;获取由企业总收益与总成本之差构成之剩余(利润)的权利是剩余索取权。

张靖在单位旁承包了一家小饭店,雇了一个自认为信得过的人打理小店,他只有正午和下午下班时,才能到小店料理一下或结算一下开支。初开业时,雇来的代理老板还算勤快,只是偶尔会哀叹一下自己的辛苦,或夸耀一下自己的劳动回报。但日子一长,代理老板竟对小饭店"独当一面"起来。张靖这时才发现,代理老板已然假公济私、暗渡陈仓了:不是饭钱不入账,就是时不时地小吃一顿,还顺便拿小店的东西养起自己的家人来。张靖抱怨说,我给他开的工钱也不少,但如此下去,本钱收不回说,还可能面临倒赔。换人吧,不一定比这个代理老板好到哪儿去;关门大吉,却又有不甘。张靖开始对人的信誉和道德感到困惑。

作为个体的人,私利之心是难免的,我们不能说这是私人企业中的个人主义在作祟。其实在某些以集体主义为主的国有企业,经理、负责人难道就不会出现类似的"道德问题"和"诚信问题"吗?当然会,李经纬事件就是很好的例证。2002年10月,一手打造了"健力宝"的李经纬因涉嫌贪污罪被罢免第九届全国人民代表大会代表职务。在褚时健事发3年之后,李经伟亲手复制了第二个褚时健式的悲剧。

经济学家说,现代企业理论将企业视为使一组生产要素联结起来的特殊合约。行使合约中未经指定权利的相关抉择权是企业的剩余控制权;获取由企业总收益

91. 小老板的困惑——经营权和所有权

与总成本之差构成之剩余（利润）的权利是剩余索取权。类似于张靖或李经纬这样的公司制企业中的所有权与经营权是分离的。企业中所有者完全占有剩余的制度产生了对企业经营者的激励不足。所有者追求的是剩余最大，经营者追求的是自身报酬最优。小老板的困惑缘于代理老板的剩余索取权问题，即代理老板除享有工资外，还应享有饭店最后盈余。经营小店的代理老板和投资开办这家小店的张靖就因为最后盈余问题，使二者的利益相互侵蚀。直白一点说，就像"顶身股"一样，此时的代理老板已不仅仅是投资者的帮手或管理者，还成为入股者之一。以何入股，就是代理老板人力资本的入股。而人力资本——用经济学家给出的定义——包括了人的健康、容貌、体力、干劲、技能、知识、才能和其他一切有经济含义的精神力量。

小饭店之所以出现令小老板困惑的问题，是因为代理老板的剩余索取权问题。事实上，代理老板与纯粹的帮工是不一样的，他挣的是帮工的钱，干的却是主人的活。他要靠自身的才智和才能管理小饭店，而这个小饭店却又不属于他自己。也就是说，不论他管理得好与坏，他所拿到的工钱都是一样的，顶多也只能额外拿点奖金，饭店的利润与他无关。对于李经纬来说，付出再多，这家企业也不会属于他个人，认识到经营权和所有权的区分后，人往往都会走极端。

小老板投入的人力资本是经济增长中最具能动性的因素，而人力资本的一切秉性如干劲、技能、才能等，天然又是属于个人拥有，别人是无法剥夺和强行控制的。但是，人力资本入股后，即人力资本真正融于企业后，会自愿发挥出巨大的能量。小饭店如此，大企业也如此。正如经济学家所说，人力资本只有产权化，才能使人力资本的作用充分发挥出来，甚至能够百分之百地涌流出来。

92. 与鲨鱼有关的100枚金币分配法——收益最大化

> 一个集体当中,当你有一定的权利可以分配一定的利益收成,但同时又要承担风险时,无论什么样的"分配者"想让自己的方案获得通过的关键是事先了解清楚"挑战者"的分配方案是什么,从而获取正确的信息。

有这样一个故事,五个海盗抢得100枚金币,他们都心怀鬼胎,尽可能希望自己多得金币。为了使自己的利益最大化,他们将有如下分配方法:一,抽签决定个人的号码(1,2,3,4,5);二,由1号提出分配方案,然后5人表决,当且仅当超过半数人的同意时,方案通过,否则他将被扔入大海喂鲨鱼;三,1号死后,由2号提方案,4人表决,当且仅当超过半数同意时方案通过,否则2号同样被扔入大海……以次类推直到方案被多数人通过为止。

这作为职场上的一道应聘题,凡在20分钟内答对者不仅能得到一份工资不菲的工作,而且还将额外获取8万元的奖金。经济学在这里就派上了用场。

我们假定每个海盗都很聪明,都能很理智地判断得失,从而作出选择,那么,第一个海盗提出什么样的分配方案才能够使自己的收益最大化且不被扔到海里呢?标准答案是:1号海盗分给3号海盗1枚金币,4号或5号2枚,独得97枚。分配方案可写成(97,0,1,2,0)或(97,0,1,0,2)。

为什么会这样分配呢?首先我们来分析一下:假设1~3号海盗都喂了鲨

92. 与鲨鱼有关的 100 枚金币分配法——收益最大化

鱼,只剩 4 号和 5 号的话,4 号提出的方案 5 号一定投反对票,因为他想独吞金币,在这种情况下,4 号一定会支持 1—3 号中的某一位而不至于使自己葬身鱼腹,但为了最多的金币由最少数的人分,4 号可能会支持 3 号。3 号够聪明,算准 4 号虽一无所获但还是会投赞成票,再加上自己的一票,二比一,准赢后,就会提(100,0,0)的分配方案,不给 4 号、5 号 1 块金币而自己独吞。2 号也不会眼睁睁看自己葬身鱼腹而让自己辛苦得来的金币任人瓜分,所以他也会寻求切实可行的方案让别人支持自己。推知到 3 号的方案后,就会提出(98,0,1,1)的方案,即放弃 3 号,而给予 4 号和 5 号各一枚金币。

由于该方案对于 4 号和 5 号来说比在 3 号分配时更为有利,他们将支持他,不希望他出局而由 3 号来分配。这样,2 号将拿走 98 枚金币。

不过,没有人愿意自己葬身大海,作为 1 号处境最危险,只有洞悉其余四人的想法,才能保全自己。这样,1 号将提出(97,0,1,2,0)或(97,0,1,0,2)的方案,即放弃 2 号,而给 3 号 1 枚金币,同时给 4 号(或 5 号)2 枚金币。由于 1 号的这一方案对于 3 号和 4 号(或 5 号)来说,相比 2 号分配时更优,他们将投 1 号的赞成票,再加上 1 号自己的票,1 号的方案可获通过,97 枚金币可轻松落入囊中。这无疑是 1 号能够获取最大收益的方案了!

处在一个集体当中,当你有一定的权利可以分配一定的利益收成,同时又要承担风险时,"分配者"想让自己的方案获得通过的关键是事先了解清楚"挑战者"的分配方案是什么。在别人赞成你,并能使自己获得最大利益的方法就是拉拢"挑战者"分配方案中最不得意的人们。

这一交易中存在着先发优势和后发劣势的区分。1 号看起来最有可能喂鲨鱼,但他牢牢地把握住先发优势,结果不但消除了死亡威胁,还收益最大。这不正是全球化过程中先进国家先发优势吗?而 5 号,看起来最安全,没有死亡的威胁,甚至还能坐收渔人之利,却因不得不看别人脸色行事而只能分得一小杯羹或什么都得不到。可见这是后发制人的最鲜明表现。

试想一下我们的生活,很多人总是处在 5 号的位子,希望守株待兔,坐收渔翁之利,可最后往往什么也得不到。海盗的逻辑当然不是真实世界的唯一内幕,细究的话,现实世界其实要比这个黄金分配的模型复杂得多。

作为个体的人,希望的是个人利益最大化,如果他们处在海盗分金这样一个场景,为了满足自己的私欲,不可能冷静去思考。回到"海盗分金"的模型中,只要3号、4号或5号中有一个人偏离了绝对聪明兼绝对理性的假设,海盗1号保不准就会被扔到海里去了。所以,1号首先要考虑的就是他的海盗兄弟们的聪明和传递给他的信息靠不靠得住。

小知识

罗伯特·A·蒙代尔(Robert. A. Mundell)

罗伯特·A·蒙代尔,1932年出生于加拿大安大略省德金斯顿。美国哥伦比亚大学教授、1999年诺贝尔经济学奖获得者、"最优货币区理论"的奠基人。蒙代尔教授撰写的著作包括《国际货币制度:冲突和改革》、《人类与经济学》、《国际经济学》、《货币理论:世界经济中的利息、通货膨胀和增长》、《新国际货币制度》(与J. J. Polak共同编写)、《世界经济中的货币历程》(与Jack Kemp共同编写)、《中国的通货膨胀与增长》等。

93. 平均主义下的南郭先生
——平均与分配

> 平等观念是一定经济关系的产物。没有超越一切经济条件或经济关系的绝对平等。

位于柏林菩提树下大街西端的保罗公司,是一个专门生产暖瓶的厂家,具有100万只的年生产能力。因为老板保罗善于经营,所以保罗暖瓶厂在同行业中地位最高。

对于暖瓶的生产量,保罗有自己的规划。如果饱和生产,则可使每支暖瓶的成本降低1元,这样他的厂子在市场上就极具竞争优势。但是相关部门害怕这种竞争优势带来同行业的垄断,所以下达指令,该厂每年只能生产5万只暖瓶,而且零售价必须跟其他厂家完全相同。既然国家出台了这样的政策,保罗公司就必须遵守。

老板保罗是个非常仁慈的人,为了不让他的员工失业,并且为了保证让全厂以前生产100万只暖瓶的500名工人都有事情做。于是波罗把厂里的工作只好平均分配给每一个人,即每人完成100只暖瓶,因为厂里无权让其中一半的工人干双倍的活拿双倍的工资,而让另一半的工人不干活也不拿工资。在这种看似公平,其实扼杀了人的积极性的分配下,很多人浑水摸鱼,不愿劳作,得过且过,于是出现了很多南郭先生。到了年底,经检验5万只暖瓶中将近有一半的暖瓶存在质量问题。而且这种缺少激励机制的分工,很多人积极性受挫,他们都准备着跳槽或改行。在这一政策条件下,保罗的生意最后一塌糊涂,本来一个很好的企业却走入了死胡同。

从保罗工厂的实例中不难看出,平均主义是滋生懒人情绪的温床。平均主义的宗旨看似要缩小贫富的差距,但这种差距的缩小带来的负面影响是社会总收益的减少。平均主义严重损伤了人们的劳动积极性,人们的劳动付出没有真正体现在收入当中。这种表面上的公平,实际上对许多具有创造性、愿意加倍努力工作的人来说是不公平的。

平等观念是一定经济关系的产物。没有超越一切经济条件或经济关系的绝对平等。平均主义往往把任何差别都看作像阶级差别一样的"贫富不均",一概加以反对,认为毫无差别的平均分配绝对好。就像保罗的厂子,为了达到公平公正,保罗将工作分给了500个人,无论好坏让他们拿同样的工资,享受到同样的待遇,在一种毫无竞争意识和激励机制的情况下,企图让企业效率更好。这一思想使得很多想通过多劳动拿到更多报酬的人的积极性严重受挫,同时也使那些不愿劳作的人的惰性助长,生产的东西也无法达到合格,其实表面平均的分配法实质上并不平均。这种平等观是一种历史唯心主义的观念。

这种平均主义对企业产生很多危害:① 严重挫伤劳动者的生产积极性和力求上进的精神。② 使得劳动者队伍涣散,腐蚀劳动者的思想,不利于劳动者的团结。③ 助长人们的懒惰思想,影响劳动生产率和经济效益的提高,不利于生产要素的合理配置,不利于提高社会生产力。因此,只有彻底清除平均主义倾向,才能真正贯彻和实现按劳分配的原则。

小知识

保罗·安·萨缪尔森(Paul A. Samuelson)

保罗·安·萨缪尔森,1915年出生于美国印第安纳州,现任麻省理工学院教授。他的研究涉及经济学的全部领域,经过多年的研究,特别是发展了数理和动态经济理论,将经济科学提高到新的水平。1970年获得诺贝尔经济学奖。重要著作:《经济分析基础》(Foundations of Economic Analysis)、《经济学》(Economics)、《萨缪尔森科学论文选》(The Collected Scientific Papers of Paul A. Samuelson)等。

94. 超级明星超级 fans
——明星效应和广告效应

> 企业的产品之所以能被人们了解和购买，很大程度上靠明星效应，而明星的发迹和走红有一大部分归功于广告效应。

近几年，随着明星在电视媒体和各大场合的频繁曝光，便滋生出了一大批追星族。追星族追星的故事也是层出不穷。赵殊是个典型的月光族，每月的工资除去生活费和交通费，基本上都捐献给了演艺界。有一次，他去看一个明星在泉州举办的演唱会。开场前他注意到前排坐着一个打扮很入时的少妇，手里还抱着一个婴儿。攀谈中才知道，她是这位歌星的拥趸，歌星的演唱会她从未错过。婴儿是她的儿子，还不到一岁，因为那天没有人带，无奈之下只有抱着儿子来看演唱会了。

偶像登台表演，少妇无比投入，索性把孩子放在椅子上。可怜的孩子半躺在椅子上，一只脚悬空，妈妈则在相邻的两张椅子上各搭上一只脚，站起来欢呼，时而合着节拍跺脚，时而用力挥动双手，非常狂热。孩子离开了妈妈的怀抱，挥着小手哭闹起来，突然孩子挣扎了几下，眼看着就要往椅子下滑去。赵殊惊出一身冷汗，赶忙把孩子扶正坐好。孩子的妈妈正陶醉在偶像的歌声中，对刚发生的惊险一幕全然不觉。其实赵殊也是典型的星迷，但他觉得比起这位少妇，他真的是相差很远。

这种事情在我们的日常生活中也是屡见不鲜。如果管理部门毫无缘由地将公园 2 元一张的门票涨到 200 元，游客数量一定会大减。同样，让你花 20 元去看场京剧表演，你或许觉得不值，但如果让你花 400 元买张票去听某红极一时的歌星的演唱，你可能会毫不犹豫地掏腰包，只因为他是超级明星，我是超级粉丝。

这就是明星效应。明星一向因为高知名度、高曝光率，被看作是商品通向消费者的最好介质，所以，利用明星来宣传企业产品，借此提高产品知名度，从而扩大产品的市场份额已被大大小小的企业看作是促进销售的宝典。

投资者为某个知名的歌星投资开个唱，因为明星的 fans 和拥趸们不计其数，所以无论投资者用多高的价格售出个唱门票，都会有人买。投资公司利润的增加

也拉动了社会整体经济的增长。

不过并不是所有的歌手都有上千万的年收入,可以说绝大多数的歌手只能在歌厅串场,每月的酬劳仅能解决温饱。由于天赋、努力和机遇的不同,从事同一职业的人收入也不同。这如同家用电器修理工,手艺好的绝对比手艺差的挣钱更多,但无论如何他们之间收入的差别决不会像歌星与无名歌手那样相距千里。

这种差距的原因在于,这个歌星一出场就受人喜欢,所以不少企业都愿意请他为自己的产品做广告,并开出高额价码,内地明星几十万到二三百万不等,港台明星做一次广告可以高达近千万元,国际明星价更高。

信息时代,各种广告铺天盖地,作为一种促销手段,没有人会否认广告存在的合理性和有效性。一则好的广告对于提升企业知名度,树立企业品牌形象,打造主流产品,增进消费力等都有着特别重要的作用。广告效益正越来越受到企业的推崇。不过这些拥有超级 fans 的超级明星们并不是人人都会成为广告的宠儿。企业请明星做广告,除了利用明星的知名度和形象外,更希望透过聘用此明星使自己的产品获得更多的关注和议论,以期达到广告效应。所以,一个好的明星广告往往是先分析该明星的状态,找到明星被人们认同的巅峰状态,使之成为无限可被传播的资源。这使得原本差距不大的明星之间,因为广告的缘故,收入和影响力迅速拉开。

正因为广告选择的时机与明星本人所散发出的光芒点一致,广告费才不会浪费在观众的漠视之中,产品信息流也不会在向观众传播的过程中被阻塞,甚至还可免费获得媒体的报道,以及众人在茶余饭后津津乐道。明星在广告上的频繁出现也使人们对他们记忆深刻,更愿意将很多钱投入到演唱会当中去。

总之,企业的产品之所以能被人们了解和购买很大程度上靠明星效应,而明星的发迹和走红有一大部分归功于广告效应。

95. 借"洋"鸡生"土"蛋
——境外投资

> 将国民的储蓄作为新的投资并不是唯一的办法,吸引境外资金也是一条极为重要的途径。说得通俗一点,就是借别人的鸡下自己的蛋。

有个故事讲,经历"三下乡"、开荒种地、资本主义改造等活动的某资本家小姐阿静,经过改造后,响应党中央十一届三中全会"让一小部分先富起来"的精神,跟随从俄罗斯学养兔技能回来的养兔专业户赵刚,在东北某农村承包了一块草地养起了兔子。他们引进俄罗斯种兔,用自己配制的饲料喂养。赵刚还从朝鲜买回了一些草籽,种植在承包地里。用天然肥料孕育并被充足阳光照射过的草来喂兔,等到种兔的毛足够长后,赵刚将这些毛剪下来,交给从俄罗斯学了编织手艺的阿静,让她编织兔毛毛衣、毛裤,然后批发零售给一些经销商。经销商又把这种兔毛织品销售给了回家探亲的外籍华人。外籍华人把这种制品穿到国外后,很多外国人羡慕不已,于是一些外国商人从赵刚那里买了一批种兔,引向本国,而且让他们的员工拜赵刚为师,学习养兔技术。等到技术和资源都具备后,外国人就将本国种兔和中国种兔杂交,培养出毛色质地更纯的兔子来,并用这种兔毛编织了很多织品,销售到世界各地。世界各地包括中国的赵刚、阿静在内的人都尝到了这种兔毛织品的甜头。得到了好处的人们,日子过得越来越红火。

从这个故事中我们获知,实践证明,将国民的储蓄作为新的投资并不是唯一的办法,吸引境外资金也是一条极为重要的途径。说得通俗一点,就是借别人的鸡下自己的蛋。

来自外国的投资有很多形式,一种是让外国的生产实体到国内兴办企业,既可以充分利用国内相对过剩的劳动力,又可以带来先进的生产技术和管理经验。同时,允许外国人拥有国内企业的部分股份,或者让国内企业到境外上市,允许外国人购买该企业的股票。发行股票的企业可以利用从股市上募集的资金去开发新的生产项目。通过这些投资方式,投资国和被投资国均可从中获得收益。

作为国际组织的世界银行，正是从世界上一些发达国家筹集资金，并用这些资金向贫穷的发展中国家贷款，使这些国家在交通、能源、教育等方面有能力加大投资力度。与世界银行有相似职能的是国际货币基金组织。

由于一国的经济萧条往往引起社会动乱和局势紧张，并有可能因此引发战争，而战争必将波及邻国及与之有经济往来的其他国家。因此，在和平与发展成为世界主题的今天，境外投资在客观上也起着谋求共同繁荣的作用。

小知识

大卫·李嘉图（David Ricardo）

大卫·李嘉图（1772年4月18日—1823年9月11日），英国政治经济学家，对系统经济学作出了贡献，被认为是最有影响力的古典经济学家。他也是成功的商人、金融和投机专家，并且积累了大量资产。李嘉图出生在伦敦的一个犹太移民家庭，在17个孩子中排行第三。14岁时，他跟随父亲进入伦敦证券交易所，在那里开始学习金融运作。这一开端为他将来在股票和房地产市场的成功奠定了基础。李嘉图最著名的著作是《政治经济学及赋税原理》，在第一章阐述了劳动价值论，然后论证了价格不反映价值。

96. 四大美女值多少钱
——美女效应

> "美女经济"是市场发展到相当程度的产物,它不仅冲击市场销售的理念,也改变了人们对财富的理解,促使了人们对家庭婚姻观念的变化。

古语中,形容美女有"沉鱼落雁,闭月羞花"之说。美得让花朵都不敢开放的貂蝉,是东汉末年司徒王允的歌女,国色天香,有倾国倾城之貌。王允见董卓将篡夺东汉王权,设下连环计。先把貂蝉暗地里许给吕布,再明地里将貂蝉献给董卓。从此两人互相猜忌,王允趁机说服吕布,铲除了董卓。

汉朝与匈奴和亲,汉元帝决定挑个宫女给单于,他吩咐人到后宫去传话:"谁愿意到匈奴那儿去的,皇上就把她当公主出嫁。"有个宫女叫王昭君,长得美丽,有见识,自愿到匈奴去和亲。昭君远离自己的家乡,长期定居在匈奴。她劝呼韩邪单于不要去发动战争,还把中原的文化带入匈奴。匈汉和睦相处,有六十多年没有发生战争。

杨贵妃通晓音律,能歌善舞,最初为唐玄宗第十八子寿王的王妃,唐玄宗垂涎杨玉环的姿色,纳入宫中,封为贵妃。唐玄宗迷恋杨,从此不再上朝听政,夜夜沉沦笙歌。安史之乱,唐玄宗逃离长安,途至马嵬坡,六军不肯前行,认为杨玉环蛊惑君王,让他沉沦美色,荒废朝政。于

是,杨贵妃被缢死于路祠。

西施,名夷光,春秋战国时期出生于浙江诸暨苎萝村,天生丽质。在国难当头之际,西施忍辱负重,以身许国,与郑旦一起被越王勾践献给吴王夫差,成为吴王最宠爱的妃子。西施的美色把吴王迷惑得众叛亲离,无心国事,使勾践乘机灭了吴国。

人们都说美女祸国殃民,并马上搬出四大美女的典型案例作为这一说法的有力证据。因为西施的美,让一个强国被颠覆;因为貂蝉的美,让两强互斗,最后两败俱伤;因为杨贵妃的美,让君王不思政务,荒废政绩,引发内乱。历史学家们考虑的是美色的祸国殃民,而经济学家却拿着笔开始估量美色到底值多少钱。

凤凰卫视拉开了中华小姐选美序幕,于是经济学家所谓的"美女经济"这个概念呼之欲出。美女到底值多少钱这个问题也新鲜出炉。应该说美丽属于美学范畴,经济学与美丽风马牛不相及。然而经济学家哈莫米斯和比德尔却就此进行了深入调查,他们发现漂亮的人比相貌平常的人收入高5%,相貌平常的人比丑陋的人收入高5%~10%。同样的调查对男人和女人都得出了类似的结论。

也许对于越王勾践、皇室宗亲王允、汉元帝来说,送个漂亮的女人要比送个姿色一般的女人更能达到理想的效果。所以从美女们的故事看来,那些有远见还能抵制美色的人,他们可能是最早意识到"美女经济"的人。虽然在古代还没有"美女经济"这一概念,但人们都明白美女在某些时候、某些场合对某些人来说,还是一颗极具爆发力的炸弹,谁沾上了边,谁就可能身败名裂。也许对于帝王安乐的日子来说,美女只是一个能给自己带来欢悦的玩物,但国难当头时,她们的价值可能就变成了一个城池甚至一个社稷。

在现实生活中,随着"美女经济"的火热,人们对"美女"的追求也一发而不可收拾。如今的商家都热衷于请美女出台,借美女生财。房展、车展、商场促销,再加上人体彩绘秀、服装内衣秀、人体行为艺术、写真摄影等,似乎让这类活动与美女搭边,已成了商家淘金的法宝。

在电视、报纸等媒体上不断向观众传输美女的时尚形象时,许多对自己的容貌不那么满意的人也开始按美女的标准来改造自己。于是乎,相关产业也都开始大踏步地发展,满大街的美容、美发、美体院和形形色色的健美运动场所,各大商场里琳琅满目的高档化妆品和光怪陆离的减肥养颜营养品占据了最抢眼的柜台。"美女经济"随之也带动了国民经济的发展。应该说,国家的GDP之所以能升高与这些美女不无关系。

"美女经济"是社会进步的一种表现,是市场选择的结果。孔子早就说过,食、色,性也。商家也正是借助了人们的这一感觉来制造种种美女形象,并以此发展自己的企业及推出自己的产品。

但是,在市场经济条件下,一件东西有没有价值,值多少钱,并不是随便定论的,完全取决于市场的供求关系。既然爱美是人的天性,那么人就有这方面的欲望与需求,企业就得制造出各种产品来满足人们这种需求与欲望,从而来创造利润。

总之,"美女经济"是市场发展到相当程度的产物,它不仅冲击市场销售的理念,也改变了人们对财富的理解,促使了人们对家庭婚姻观念的变化。同时也表明,在市场中,尽管我们每个人的际遇不同,资质各异,但每个人都有自己的特别天分。如何发掘自己的天分是每个人都希望的。政府如何提供相关的市场,如何制定好的市场运作规则也是很重要的。

小知识

亚当·斯密(Adam Smith)

亚当·斯密(1723—1790),是英国古典政治经济学的主要代表人物之一。他的代表作《国富论》(全称《国民财富的性质和原因的研究》)早已被翻译成十几种文字,全球发行。而他本人也因此被奉为现代西方经济学的鼻祖。此外,1759年出版的《道德情操论》也获得学术界极高评价。

97. 老人的决策
——风险投资

> 风险投资作为投资的一个组成部分，与商业银行相似之处在于风险投资家也像银行家一样，充当投资人（如贷款人）与企业家（或借款人）之间的媒介和桥梁。

一个雨天，一位老先生走进一家百货公司，漫无目的地闲逛着。售货员们都看出了他并不想购买什么，就自顾自地忙着去整理货架上的商品。一名非常有洞察力的年轻男店员看到这位老先生举止不凡，就立刻上前礼貌地和他打招呼，询问老先生是否需要服务。老先生坦率地告诉他，自己只是进来避避雨而已，并不打算买任何东西。年轻店员听了，微笑着对老先生说，即便如此，他仍然很受欢迎。年轻店员陪老先生聊天，回答着老先生的一些问题，老先生离开的时候，年轻店员将老先生送到街上，替他把雨伞撑开。

当年轻店员几乎忘记了这件事的时候，他突然被公司老板叫到办公室，老板将一封信递给他。信是那天到公司避雨的老先生写来的，他希望这家百货公司能让那名年轻店员前往苏格兰为其经营一家商铺，条件是为这家百货公司投资扩大规模。

年轻人当然接受了这个邀请。没过一年，那位老先生投资帮那位年轻的店员在苏格兰开了五六家商铺，年轻店员在这几家商铺间周旋着，并有跨出国门的倾向。

对于一个刚刚完成学业的大学生来说，要想开创事业，先前投入的都是才智和能力。它是相对来说比较安全的一种投资方式，借助别人的平台发展自己的未来。如果他才智平平，他的投入只能从体力下手，这种投入虽然也不具备多少风险，但相对于用脑来说，体力方面的付出所得到的回报要比脑力方面得到的回报少得多，后期财富的积累也慢。还有第三种情况就是机遇。遇到一个赏识你的人，愿意为你投资，这对于一个人的成功来说，就是快捷方式，如同故事中的年轻店员一样。

97．老人的决策——风险投资

当自身发展到一个阶段后，就会不满足于目前的状况，就会考虑加大投资来获得更多利润，这里就包含着风险。风险投资意味着"承受风险，以期得到应有的投资效益"。风险投资被定义为"由专业投资媒体承受风险，向有希望的公司或项目投入资本，并增加其投资资本的附加价值"。

风险投资作为投资的一个组成部分，与商业银行相似之处在于风险投资家也像银行家一样，充当投资人（如贷款人）与企业家（或借款人）之间的媒介和桥梁。但与商业银行贷款截然不同之处在于：银行家总是回避风险，而风险投资家则试图驾驭风险。银行在贷款前，总是向借贷者要求财产抵押；风险投资家一旦看准了一个公司或项目有前途，他们就会投入资本，同时他们还会帮助他们所投资的公司经营管理。

这如同那位老先生一样，他前期的投入是具有一定风险的，这种风险表现在年轻店员能否做好这项工作。除了聊天以外，对于他的技术和经营能力，他了解得并不巨细，不过他具有驾驭这种风险的能力，因为他手里握有雄厚资本。对于年轻人来说，其还处于起步阶段，接受风险投资，投资家带给他的不单纯是钱，还常常有更重要的诸如战略决策的制定、技术评估、市场分析、风险及回收的评估以及帮助招募管理人才等资源，但前提是他有足够的能力运营好一切，可以这么说，这是无风险基础上的大冒险。

传统的风险投资对象主要是那些处于起动期或发展初期却快速成长的小型企业，并主要着眼于那些具有发展潜力的高科技产业。风险投资通常以部分参股的形式进行，它具有强烈的"承受风险"之特征，而作为高投资风险的回报则是得到中长期高收益的机会。

98. 与人交往中的经济学
——竞争与适应

> 竞争生活中的人们都按适者生存的原则行事,于是,社会衡量一个人成败的准则,就决定了人们的发展方向。

乡下人阿朗从来没有出过远门,攒了半辈子的钱,终于鼓起勇气参加一个旅游团出了国。他参加的是豪华团,一个人住一个标准间,离开了太太、儿女的唠叨,独自在夜幕下看大都市的灯火美景,这让他新奇不已。

一大清早,睡得正香时,有人来敲门。阿朗打开门后,看见一个服务生来送早餐,一看见他就大声说道:"Good Morning, Sir!"阿朗愣住了。这是什么意思呢?在自己的家乡,一般陌生的人见面都会问:"您贵姓?"于是阿朗大声叫道:"我叫阿朗!"如是这般,连着三天,都是那个服务生来敲门,每天都大声说:"Good Morning, Sir!"而阿朗亦大声回道:"我叫阿朗!"

不过阿朗非常生气,这个服务生怎么这么笨呢,天天问自己叫什么,告诉他又记不住。终于他忍不住去问导游"Good Morning, Sir!"是什么意思,导游告诉了他是早上好的意思。阿朗真有点无地自容,于是反复练习"Good Morning, Sir!"这句,以便能体面地应对服务生。

又一天的早晨,服务生照常来敲门,门一开阿朗就大声叫道:"Good Morning, Sir!"与此同时,服务生叫的是:"我叫阿朗!"

有经济学家说,千规律,万规律,经济规律仅一条,就是适者生存。决定一个人的生活境况、富贵贫贱的因素,始终脱离不了适者生存、不适者淘汰的原则。

既然是适者生存,那适应社会、适应环境,就成了一个人行为的导向。阿朗没有出过远门,当然不知道怎样适应他现在所处的环境,当他意识到后,马上学着改变。虽然阿朗不说"Good Morning, Sir!"不至于被社会淘汰,但既然他来到异国,就要试着去适应外国的一些东西,这样不仅不会丢脸,还会让人尊重你。对于服务生来说,顾客就是上帝,为了适应阿朗这个顾客的要求,他必须学着改变,要不然得罪了顾客,他就有可能被炒。虽然结果适得其反,但他们却在为适应对方而改变着。

竞争生活中的人们都按适者生存的原则行事,于是一个社会衡量一个人成败的准则,就决定了人们的发展方向。

A 对 B 说:"我要离开这个公司。我恨这个公司!"B 建议道:"我举双手赞成你报复! 破公司! 一定要给它点颜色看看。不过,你现在离开还不是最好的时机。"

A 问:"为什么?"

B 说:"如果你现在走,公司的损失并不大。你应该趁着在公司的机会,拼命去为自己拉一些客户,成为公司独当一面的人物,然后带着这些客户突然离开公司,公司才会受到重大损失,非常被动。"

A 觉得 B 说的非常在理,于是努力工作,事遂所愿,半年多的努力工作后,他有了许多的忠实客户。

再见面时,B 问 A:"现在是时机了,要跳赶快行动哦!"

A 淡然笑道:"老总跟我长谈过,准备升我做总经理助理,我暂时没有离开的打算了。"

其实这也正是 B 的初衷。

"物竞天择,适者生存。"在一个大的环境中,要想创造更多的利润,有更多的收获就要适应竞争,适应环境,而不是环境来适应你。如果像 A 一样,面对公司的情况马上逃避,不去竞争,不去适应,那么他只有走人。再极端点,可能在报复了公司的同时也让自己付出巨大的代价。

同样,生活在市场化经济生活中的我们,要想让自己不被淘汰,也要学会竞争,学会适应。我们没有办法改变世界,但是要随着时代的步伐不断改变自己、充实自己。我们现在面对的就是一个充满竞争的社会,鼓足勇气的去竞争、去适应,你就是一个强者,就可能会生活得很好;反之,你就是时代的落伍者,就可能会被淘汰。

99. 亏本买卖也得做
——固定成本和可变成本

> 每月需要支付的房租属于固定成本,换句话说,不管你卖不卖服装,你都必须付房租。而进货的资金、员工的工资、管理费用等属于可变成本,如果你关门歇业,你就不必支付这些费用。

有一家刚开业不久的超市,它的店址不在繁华商业区,附近也无大的居民区,由于刚开业更没有固定的客户群。然而,就是这个超市,却以"亏本生意"打开了经营局面。

该超市开业后的第一招就是广发传单,宣称优惠大酬宾,鸡蛋只要两块钱一斤。谁都清楚,当时鸡蛋的市场价格最低也要两块五一斤,这超市明明做的是"亏本生意"。这种优惠对于那些善于精打细算的家庭主妇来说,无疑是一个令人振奋的好消息,她们还主动为该超市当起了义务宣传员,一传十,十传百,超市便在市民中树立了物美价廉的口碑。

也许有人担心,这样下去真的亏本了咋办?其实,人们只要仔细一想就会明白,由于是限量销售,每人只能买两斤,即使每斤鸡蛋亏五毛钱,每天就算卖出一百斤,也才亏了一百多元。而每天超市的门口挤满了排队买鸡蛋的顾客,这无形之中就为它做了"廉价广告"。这样一来,又给超市带来了巨大的经济效益。

此外,因为相当一部分顾客还存有这样想法,这里的鸡蛋便宜,其他东西也可能比别处便宜。这又带动了其他商品的销售。加上还有不少人喜欢舍近求远,宁愿多跑路也要跑到该超市去购物。所以,这家超市虽然在鸡蛋上做了"亏本生意",但从整体上看,却获得了较大利润,超市的生意日渐红火也就不足为奇了。

99. 亏本买卖也得做——固定成本和可变成本

该超市由做"亏本生意"入手，进而赢得顾客赢得市场的经验告诉我们：做生意，一要掌握顾客心理，善于"投其所好"；二要根据市场行情，适时调整货源；三要坚持诚信原则，切忌自欺欺人。

虽然人们常说亏本的买卖没人做，但亏本的生意让自己撞上时不得不从亏本中寻求突破，就像超市一样处于偏僻地段，生意肯定红火不到哪里去，但不能坐以待毙，必须寻求一个切实可行的方法来转变局面。如果实在没有办法，亏本买卖还是要做，因为它比全亏要好得多。

假设你不像上例中的超市一样处于偏僻街段，而是在市区最繁华的街区租了一个铺面卖服装，一年的租金是 365 000 元。也就是说，你每天都要支付 1 000 元的租金。由于你认为该地段的生意会很火暴，所以你答应了房主的要求，一次性签了三年的合约，而实际情况却远不及你的想像，每天的销售收入扣除进货成本、员工工资以及管理费用等，只能赚 800 元钱。在这种情况下，你是该关门大吉呢，还是应该继续经营下去？

这就涉及到一个成本计算问题。你每月需要支付的房租属于固定成本，换句话说，不管你卖不卖服装，你都必须付房租。而进货的资金、员工的工资、管理费用等属于可变成本，如果你关门歇业，你就不必支付这些费用。

弄清了固定成本与可变成本，我们就不难理解为什么亏本的生意也有人做。如果选择关门歇业，就意味着你每月要损失 1 000 元的房租。如果继续营业，在收回可变成本之后，你还有 800 元的盈利，可以抵消部分的固定成本损失。而且说不定慢慢累计了老客户，生意还会扭亏为盈。因此，在做与不做之间，亏本买卖无疑是更明智的选择。

100. 捐钱还是捐物
——社会福利

> 经济学家对于这种帮助计划有着不同的看法。有的人支持实物捐赠,这只能对于那些受灾严重或温饱问题都尚未解决的地区比较适用。

一对老夫妇都已60出头,经过一年的储蓄,他们终于可以如愿捐助一名贫困大学生上学了。其实他们两个人的生活并不富裕,两个人每月的退休金加在一起也就两千元左右,加上两人身体不好,还要承担不菲的医药费,日常生活一直很节俭。

春节期间,因为在电视里看到反映贫困学生生活的纪录片,知道他们因为贫穷无法圆自己的大学梦,决心要资助一位优秀的贫困大学生。老两口为此专门准备了一个大信封,每个月除去必要的生活开支,剩下的一分不剩全装在信封里,经过一年多的积攒,终于攒够了四千元钱。起了大早,他们把钱寄给了一名联系过的学生。

老两口用心良苦,寄钱寄到第三个年头,却听说这位大学生被学校开除了,原因是没交学费。奇怪了,老两口一年寄两次的钱难道寄错了,还是学校费用太高,四千块钱根本不够呢?后来经查证得知,三年来,这位学生从未交过学费,老夫妇寄的钱他都拿去谈恋爱和海吃山喝了。

这不是一个偶然的现象,此类情况在我们社会中还有很多,很多人拿着自己辛辛苦苦积攒的钱救助那些需要救助的人,可往往很多时候收效甚微,甚至让自己处于尴尬的境地。对于老夫妇来说,他们的捐赠并没有真正地起作用。这种情况下其实最受伤的还是捐赠者。

对于穷人来说,帮助他们的一种办法是向社会募集现金或物品捐赠给穷人。可是捐钱往往会出现上述事件中的问题。如何杜绝这种现象,又能扶贫呢?有人说那就捐物。

经济学家对于这种帮助计划有着不同的看法。有的人支持实物捐赠,这只能适用于那些受灾严重或温饱问题都尚未解决的地区。例如，1998年夏季洪水造成的灾害，由于受灾地区广泛，受灾人数众多，很多人的房屋遭到损害，不得已住进临时搭建的简陋房屋，生活必需品十分短缺，食物、水、衣物以及药品可以解决燃眉之急，如果捐赠现金，广大的灾民根本无处购买所需的物品。这个时候捐物最合适。如果向某些贫困地区捐赠实物，有时赠物根本派不上用场，另外，有些受赠者很快就将赠物贱卖出去，失去了帮助的意义。对于那些染有恶习的穷人，捐物比捐钱更好，否则他们一转身就把救济金挥霍掉。

近年来，也有机构尝试以提供免费医疗或教育作为一种援助方式，这样最能保证患有疾病的穷人真正得到医治，或者无钱的孩子圆上学梦。总之，对穷人的援助应该视情况而定，不能一概论之。

小知识

米尔顿·弗里德曼(Milton Friedman)

米尔顿·弗里德曼，1921年7月31日生于纽约州的布鲁克林。由于创立了货币主义理论，提出了永久性收入假说，并且由于他证明了稳定政策的复杂性，于1976年10月14日被瑞典皇家科学院授予诺贝尔经济学奖。主要著作有：《消费函数理论》(1957年)、《货币稳定方案》、《资本主义与自由》、《美国货币史，1867—1960年》。

历年获诺贝尔经济学奖名单一览表

【2006年】埃德蒙·费尔普斯,他被誉为"现代宏观经济学缔造者"和"影响经济学进程最重要的人物之一"。他在加深人们对于通货膨胀和失业预期关系的理解方面作出很大的贡献。

【2005年】托马斯·谢林和罗伯特·奥曼两人共同获得,两人透过赛局理论分析,有助于世界理解冲突与合作的关系,提升了世人对商业冲突的理解,甚至能解释冲突、避免战争而获奖。

【2004年】爱德华·普雷斯科特(Edward C. Prescott)和基德兰德(Finn E. Kydland)共同获奖,其获奖之主要理由为其对动态总体经济学的贡献:经济政策的时效不一致性,以及景气循环背后驱力的探讨。

【2003年】罗伯特·恩格尔与克莱夫·格兰杰,他所提出的"自动递减条件下的异方差性理论"能精确地获取很多时间数列的特征,并对能把随时间变化的易变性进行统计模型化的方法进行了发展。

【2002年】弗农·史密斯(Vernon L. Smith)和丹尼尔·卡尼曼,史密斯博士被誉为"实证经济学之父",他把实验室的方法引进经济分析的领域,让经济研究亦可在人为制造的环境及可控制的条件下,重复进行实验,使之成为经验经济分析控制的主要工具。

【2001年】阿克尔洛夫(G. A. Akerlof)、斯彭斯(A. M. Spence)和斯蒂格利茨(J. E. Stiglitz),以其对"信息不对称市场分析"的研究,共同摘冠。

【2000年】詹姆斯·赫克曼(James J. Heckman)与丹尼尔·麦克法登(Daniel L. Mcfadden)在微观计量经济学领域的贡献。他们发展了广泛应用于个体和家庭行为实证分析的理论和方法。

【1999年】罗伯特·蒙代尔(Robert A. Mundell),他对不同汇率体制下货币与财政政策以及最适宜的货币流通区域所做的分析使他获得这一殊荣。

【1998年】阿马蒂亚·森(Amartya Sen)对福利经济学几个重大问题作出了贡献,包括社会选择理论、对福利和贫穷标准的定义、对匮乏的研究等。

【1997年】罗伯特·默顿(Robert C. Merton)和迈伦·斯科尔斯(Myron S.

Scholes),前者对布莱克—斯科尔斯公式所依赖的假设条件做了进一步减弱,在许多方面对其做了推广。后者给出了著名的布莱克—斯科尔斯期权定价公式,该法则已成为金融机构涉及金融新产品的演算方法。

【1996年】詹姆斯·米尔利斯(James A. Mirrlees)和威廉·维克瑞(William Vickrey)。前者在信息经济学理论领域作出了重大贡献,尤其是不对称信息条件下的经济激励理论。后者在信息经济学、激励理论、博弈论等方面都作出了重大贡献。

【1995年】罗伯特·卢卡斯(Robert Lucas)倡导和发展了理性预期与宏观经济学研究的运用理论,深化了人们对经济政策的理解,并对经济周期理论提出了独到的见解。

【1994年】约翰·纳什(John F. Nash)、约翰·海萨尼(John C. Harsanyi)、莱因哈德·泽尔腾(Reinhard Selten),这三位数学家在非合作博弈的均衡分析理论方面作出了开创性的贡献,对博弈论和经济学产生了重大影响。

【1993年】道格拉斯·诺斯(Douglass C. North)和罗伯特·福格尔(Robert W. Fogel),前者建立了包括产权理论、国家理论和意识形态理论在内的"制度变迁理论"。后者用经济史的新理论及数理工具重新诠释了过去的经济发展过程。

【1992年】加里·贝克(Gary S. Becker)将微观经济理论扩展到对人类相互行为的分析,包括市场行为。

【1991年】罗纳德·科斯(Ronald H. Coase)揭示并澄清了经济制度结构和函数中交易费用和产权的重要性。

【1990年】默顿·米勒(Merton M. Miller)、哈里·马科维茨(Harry M. Markowitz)、威廉·夏普(William F. Sharpe),他们在金融经济学方面作出了开创性工作。

【1989年】特里夫·哈维默(Trygve Haavelmo)建立了现代经济计量学的基础性指导原则。

【1988年】莫里斯·阿莱斯(Maurice Allais)在市场理论及资源有效利用方面作出了开创性贡献,对一般均衡理论重新做了系统阐述。

【1987年】罗伯特·索洛(Robert M. Solow)对增长理论作出贡献。他提出长期的经济增长主要依靠技术进步,而不是依靠资本和劳动力的投入。

【1986年】詹姆斯·布坎南(James M. Buchanan)将政治决策的分析与经济理论结合起来,使经济分析扩大和应用到社会政治法规的选择。

【1985年】弗兰科·莫迪利安尼(Franco Modigliani)第一个提出储蓄的生命周期假设。这一假设在研究家庭和企业储蓄中得到了广泛应用。

【1984年】理查德·约翰·斯通(Richard Stone),"国民经济统计之父",在国民账户体系的发展中作出了奠基性贡献,极大地改进了经济实践分析的基础。

【1983年】罗拉尔·德布鲁(Gerard Debreu)概括了帕累托最优理论,创立了相关商品的经济与社会均衡的存在定理。

【1982年】乔治·斯蒂格勒(George J. Stigler)在工业结构、市场的作用和公共经济法规的作用与影响方面,作出了创造性重大贡献。

【1981年】詹姆士·托宾(James Tobin)阐述和发展了凯恩斯的系列理论及财政与货币政策的宏观模型。在金融市场及相关的支出决定、就业、产品和价格等方面的分析作出了重要贡献。

【1980年】劳伦斯·罗·克莱因(Lawrence R. Klein)以经济学说为基础,根据现实经济中实有资料的经验性估计,建立起经济体制的数学模型。

【1979年】威廉·阿瑟·刘易斯(Arthur Lewis)和西奥多·舒尔茨(Theodore W. Schultz)在经济发展方面作出了开创性研究,深入研究了发展中国家在发展经济中应特别考虑的问题。

【1978年】赫伯特·亚·西蒙(Herbert A. Simon)对于经济组织内的决策程序进行了研究。这一有关决策程序的基本理论被公认为关于公司企业实际决策的开创性见解。

【1977年】戈特哈德·贝蒂·俄林(Bertil Ohlin)和詹姆斯·爱德华·米德(James E. Meade)对国际贸易理论和国际资本流动作了开创性研究。

【1976年】米尔顿·弗里德曼(Milton Friedman)创立了货币主义理论,提出了永久性收入假说。

【1975年】列奥尼德·康托罗维奇(Leonid Vitaliyevich Kantorovich)和佳林·库普曼斯(Tjalling C. Koopmans),前者在1939年创立了享誉全球的线形规划要点,后者将数理统计学成功运用于经济计量学。他们对资源最优分配理论作出了贡献。

【1974年】弗·冯·哈耶克(Friedrich August Von Hayek)和纲纳·缪达尔(Gunnar Myrdal),他们深入研究了货币理论和经济波动,并深入分析了经济、社会和制度现象的互相依赖。

【1973年】沃西里·里昂惕夫(Wassily Leontief)发展了投入产出方法,该方法在许多重要的经济问题中得到运用。

【1972年】约翰·希克斯(John R. Hicks)和肯尼斯·约瑟夫·阿罗(Kenneth J. Arrow),他们深入研究了经济均衡理论和福利理论。

【1971年】西蒙·库兹列茨(Simon Kuznets)在研究人口发展趋势及人口结构对经济增长和收入分配关系方面作出了巨大贡献。

【1970年】保罗·安·萨缪尔森(Paul A. Samuelson)发展了数理和动态经济理论,将经济科学提高到新的水平。他的研究涉及经济学的全部领域。

【1969年】拉格纳·弗里希(Ragnar Frisch)和简·丁伯根(Jan Tinbergen),他们发展了动态模型来分析经济进程。前者是经济计量学的奠基人,后者被誉为经济计量学模式建造者之父。